じっぴコンパクト文庫

車窓の山旅
中央線から見える山

山村正光

実業之日本社

はじめに

千里の野山を束の間に
過ぎ行く旅路の面白や
遙かのみ空に見えたる山
忽ち来りてやがては行く
送り迎えて幾度か
数多の野山窓に入る

「汽車の旅」　中等音楽教科書、明治四十一年より

遠くに見える村の屋根
近くに見える町の軒
森や林や田や畑
後へ後へと飛んで行く

「汽車」　尋常小学唱歌、明治四十四年より

このように車窓からうしろに去り行く景色を楽しむ旅のことを「逆旅（さかたび）」というのだそうだ。私は、仕事として、新宿―松本間を三十九年間、四千回をこえる逆旅をしてきた。私たちは、普段、中央線と呼んでいるが、国鉄の正式名称は中央本線といい、東京駅から新宿、塩尻を経て名古屋までをいう。でも時刻表もお客さんの流れも、新宿―松本といったパターンが圧倒的に多い。ところで、この線路はいつ完成したのか、国鉄が編纂（へんさん）した「鉄道略年表」で追ってみると、

明治22・4・11　甲武鉄道　新宿―立川間開通
〃　22・8・11　同　立川―八王子間開通
〃　34・8・1　八王子―上野原間開通
〃　35・6・1　上野原―鳥沢間開通
〃　35・10・1　鳥沢―大月間開通
〃　35・12・15　松本―塩尻間開通
〃　36・2・1　大月―初鹿野間開通
〃　36・6・11　初鹿野―甲府間開通
〃　36・12・15　甲府―韮崎間開通
〃　37・12・21　韮崎―富士見間開通
〃　38・11・25　富士見―岡谷間開通

〃39・6・11　岡谷―塩尻間開通

と、こんな具合であった。そして、いつの時代でも、初物喰いというか、物見高い人たちはいるものだ。開通したばかりの甲府までの列車に早速乗り込み、一書をものにした人たちがいる。吾妻搠水、山本松谷、水島正喜、野口勝一の四氏である。明治三十六年八月五日発行の「風俗画報」臨時増刊第二百七十二号「甲斐名勝図会」がそれである。六月十五日午前九時二〇分、飯田町を出て八王子で汽車に乗り換え、夕方四時五〇分に甲府着、七時間半の旅であった。それが八十年たてば新宿―甲府が特急で一時間五〇分、大変なちがいである。

ちょうど梅雨時で周囲の山は見えなかったらしく、文中に出てくる山は、岩殿山、塩山、富士山、この三つだけである。それに最近のように、山登りの対象として山を見るわけではないから、生活や歴史に関わりのない山など関心がなかったものと思われる。

ところが、驚くべき記録が残されている。明治四十五年一月発行の「旅行」第二巻第一号の「冬季山岳観望汽車旅行」と題する記事である。筆者は、日本山岳会創立発起人の一人であった小島烏水である。これは同年七月、前川文栄閣発刊の烏水の名著の一つ『日本アルプス』第三巻に「冬季日本アルプス観望汽車旅行」と改題されて再録されている。内容は、中央線の飯田町から名古屋まで、車窓から見える山々を詳述している。中には若干の間違いはある。なにしろその当時は、ずさんきわまる二十万分の一の地図がたよりだったのだから無理もない。でも、これが中央線の車窓から見える山々に触れた最初の文献である。その一部を抜いてみると次の通りである。

「そこで私が、冬の旅行に、多くの人に薦めたいのは、又大概の人に珍らしく思はれ、清新といふ感じを与へ得られると信ずるのは、冬の休暇を利用する観山旅行である」と説きおこし「韮崎へ来ると、もう地平線が白んで、左の窓からは、地蔵岳、鳳凰山、甲斐駒ヶ岳が見える、右の窓からは、茅ヶ岳と八ケ岳火山とが見えるが……」「日野春から以北、上諏訪に至るまでは、全日本国で最も適当な大山岳の観望台で、応接に遑(いとま)がないほどである。殊に日野春から小淵沢までの間では……花崗岩の大王、甲斐駒ヶ岳は、鐘状をなした、鞍掛山から、屏風岩状をなせる『八丁尾根』の絶壁となり……」「朝与岳よりも鳳凰山に近く寄つた背後に、標高富士山に次げる日本アルプス中の第一高座、三千百九十二米突の白峰北岳が、鋭錐状の首を、ちょいと出す、……青柳近くになると、北の方遙かに空線を画して、日本北アルプスなる大天井岳、常念岳、蝶ヶ岳の一列が芒の波のように……茅野へ来ると、八ヶ岳の北の方に、諏訪富士の称ある蓼科山が、整斎せる円錐形をして、孤立してゐる、……北の方には、飛騨山脈の大傑、穂高山が、銀白に光輝を放ち……」と、冬の車窓の山々を活写している。

そのあと、田山花袋の旅行記、「夢子もの」といわれる宇野浩二の私小説の中などに沿線の山々に触れたものが散見される。時代は一気にさがり、第二次大戦後、まだたべるものにも事欠き、汽車のキップすら思うにまかせなかった昭和二十三年、俳人、水原秋櫻子は、勝沼の台地を訪ねている。これが三回目のことであった。（昭和二十八年刊『薩摩山菊』より）

「まことに数ある山岳展望台中での偉観で、しかも中央線の沿線では此処を除いて白峰三山を眺め得る場所はない」と書き、ともすれば見おとしがちな聖岳を「畳み重なる尾根の窪に尖った頂をのぞかせるもの」と適確にとられている。こうなれば素人の領域ではない。誰か指南番がいるのだ。調べてみると石橋辰之助であった。明治四十二年東京生まれ、山岳俳句の草分けで、秋櫻子のお弟子さんだった。句集『山行』『山岳画』『山暦』などを残し、昭和二十三年に亡くなった。

これら先人のあとを辿りつつ、中央線、山の逆旅の記を綴ってみた。もとより浅学菲才、独断と偏見、甲州人の身びいき、あやまち等多々あることは重々承知である。読者諸賢の御叱正、有難く有難く頂戴いたす所存である。でも、何らかの意で、旅のよすがともなれば筆者望外のよろこびである。

山村正光

車窓の山旅　中央線から見える山　目次

本書をお読みになる前に

●本書は1985年2月1日に弊社から刊行された『車窓の山旅・中央線から見える山』を底本としています。本文、写真、図版等、いずれも底本の初版刊行当時のものですので、中央線はJRではなく国鉄であり、駅名も現在とは異なります。写真に写っている風景や展望図も現在の姿とは大きく異なります。いまから30年以上前の「車窓の山旅」として、当時の情景を感じつつ、お楽しみください。

●本書は、底本を元に、表記の統一を行い、適宜、読みがなを振るなどの修正を加えています。

カバー写真 ―――――― 南正時
展望解説図 ―――――― 藤本一美
沿線イラストマップ ―― 藤井龍二
企画・進行 ―――――― 磯部祥行（実業之日本社）
DTP ――――――――― 株式会社千秋社

車窓の山旅　中央線から見える山

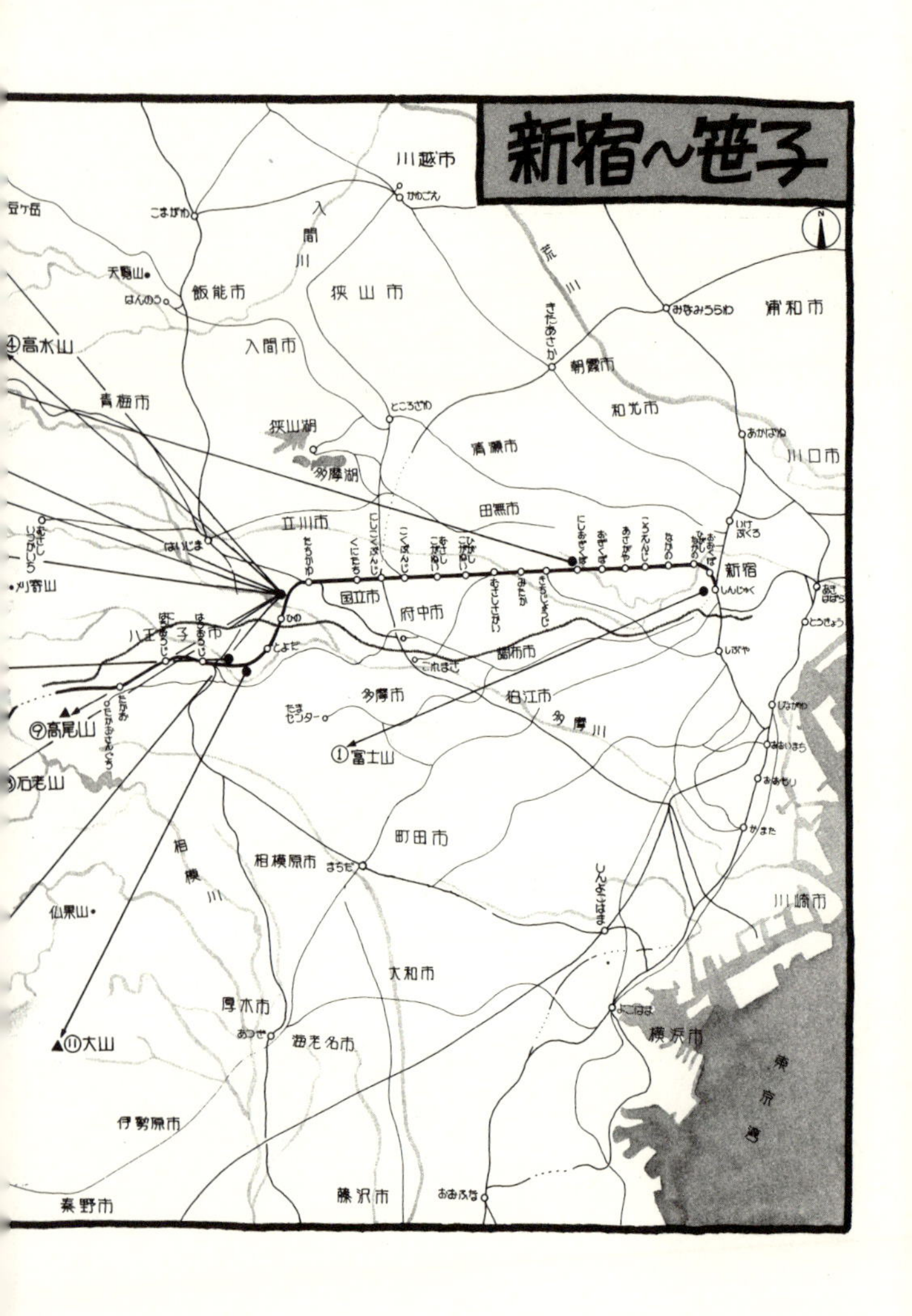

新宿〜笹子
川越市
かわごえ
こまがわ
入間川
荒川
飯能市
狭山市
天覧山
はんのう
④高水山
入間市
きたあさか
みなみうらわ
浦和市
朝霞市
和光市
青梅市
ところざわ
狭山湖
多摩湖
清瀬市
あかばね
川口市
田無市
立川市
はいじま
いけぶくろ
新宿
しんじゅく
あきはばら
とうきょう
国立市
府中市
ひの
八王子市
とよだ
これまさ
調布市
しぶや
多摩市
狛江市
たまセンター
⑨高尾山
多摩川
しながわ
おおいまち
①富士山
おおもり
かまた
町田市
相模川
相模原市
まちだ
仙果山
しんよこはま
川崎市
大和市
厚木市
あつぎ
よこはま
横浜市
▲⑪大山
海老名市
東京湾
伊勢原市
秦野市
藤沢市
おおふな

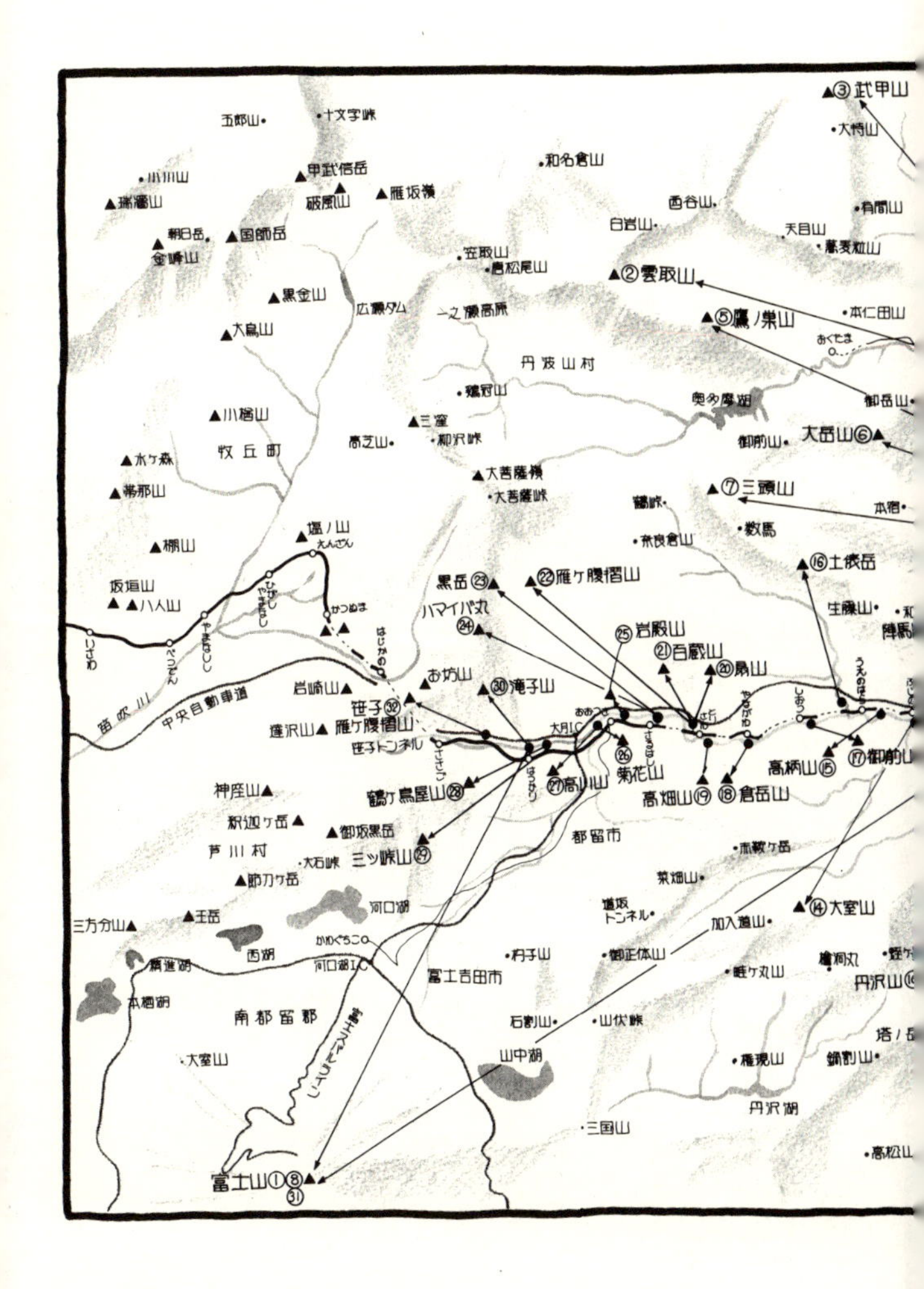
③武甲山
五郎山
十文字峠
大持山
和名倉山
甲武信岳
小川山
破風山
雁坂嶺
瑞牆山
西谷山
有間山
白岩山
天目山
朝日岳
国師岳
蕎麦粒山
金峰山
笠取山
唐松尾山
②雲取山
黒金山
広瀬ダム
一之瀬高原
本仁田山
⑤鷹ノ巣山
大烏山
おくたま
丹波山村
鶏冠山
奥多摩湖
御岳山
小楢山
三窪
牧丘町
高芝山
柳沢峠
御前山
大岳山⑥
水ヶ森
大菩薩嶺
大菩薩峠
⑦三頭山
帯那山
鶴峠
本宿
数馬
奈良倉山
塩ノ山
えんざん
棚山
⑯土俵岳
黒岳㉓
㉒雁ヶ腹摺山
坂垣山
生藤山
八人山
ハマイバ丸
㉔
陣馬
かつぬま
㉕岩殿山
㉑百蔵山
はじかの
㉚滝子山
⑳扇山
お坊山
岩崎山
笹子㉜
笛吹川
中央自動車道
笹子トンネル
雁ヶ腹摺山
大月IC
高柄山⑮
⑰御前山
神座山
鶴ヶ鳥屋山㉘
㉖
菊花山
㉗高川山
高畑山⑲
⑱倉岳山
釈迦ヶ岳
御坂黒岳
都留市
芦川村
大石峠
三ツ峠山㉙
赤鞍ヶ岳
節刀ヶ岳
菜畑山
河口湖
道坂
トンネル
⑭大室山
三方分山
王岳
加入道山
西湖
かわぐちこ
精進湖
河口湖IC
杓子山
御正体山
檜洞丸
本栖湖
富士吉田市
畦ヶ丸山
丹沢山
南都留郡
石割山
山伏峠
塔ノ岳
大室山
山中湖
権現山
鍋割山
丹沢湖
三国山
高松山
富士山①⑧
㉛

1 富士山 その一 三七七五・六メートル

車窓展望の山、トップはやはり富士山から。
富士見町、富士見台、本富士町……望岳都東京になじみの山。

電車の中で、お客さんが、「あっ富士山」と大きな声を出すことがある。反対側の席の人まで、どれどれと窓に鼻をくっつけんばかりに寄ってくる。

わがいほは　まつばらつづき　うみちかく　ふじのたかねを　のきばにぞみる

と詠んだのは、江戸城を築いた太田道灌であった。東京は望岳都と呼ばれ、古くは四囲に多くの山々が見えた（最近では忘岳都）。これについては、戦前、木暮(こぐれ)理太郎氏によるすぐれた研究が残っている。最近では、横山厚夫氏が『東京から見える山見えた山』（昭和四十六年、丸の内出版刊）を書いている。

さて、新宿から富士山までは、視程わずかに一〇〇キロ。よく見えてあたり前である。では、どのくらい遠くから富士山は見えるのだろうか。

辻村太郎博士の「富士の地質」によると、「……八丈島の八丈富士と云ふ火山の頂に上つた時に、島の人に聞いたのでは、秋の極めて澄み渡つた日に富士山が丁度小さな白い花かなにかのやうに水平線の上に見えるのであるさうである」と。

また、田山花袋は、「富士を望む」の中で「志摩の鳥羽の日和山の上から髣髴した山容などは、中でも一番遠い富士である」とも書いている。

本題にかえって、かつて東京には、富士を名乗った場所がいくつもあった。例えば、大田区富士見町（昭和三十五年に栄町通りとなる）、文京区本富士町、駒込上富士町（昭和四十年に本郷、本駒込とそれぞれ変更）、目黒区富士見台（昭和四十一年に南町となる）。港区富士見町（昭和四十一年に南麻布と変更）、千代田区富士見町（昭和四十一年に九段北、飯田橋とかわる）、中野区富士見町（昭和四十二年に弥生町となる）。

もう名が体をあらわさなくなったわけである。ところが逆に、練馬区谷原町、南田中町は昭和三十九年に堂々と富士見町と町名変更した。しかし、これさえ間もなく、「富士見たい」と願望をあらわす響きが聞こえてきそうである。

宇野浩二氏の「深田久弥と『わが山山』」（「文学界」昭和十年二月号）に、深田氏が井伏鱒二氏に、東京から見える山々を説明するくだりがある。そして、「おお、偉大なる山岳通よ」と称賛の声をあげている。

また山岳画家、足立源一郎氏の画文集『山は屋上より』は、新宿三越屋上からの山岳展望にふれている。生前、深田氏のいわれた「山は骨とう品と同じで、いいものをたくさん見れば見る程、目がこえてくる」こんな言葉を急に思い出した。登るも山、眺めるも山。山恋いの日々、これまた好日。

新宿駅から見えるのはビルと看板にネオンの山。西口高層ビルの展望台から望む富士の夕景

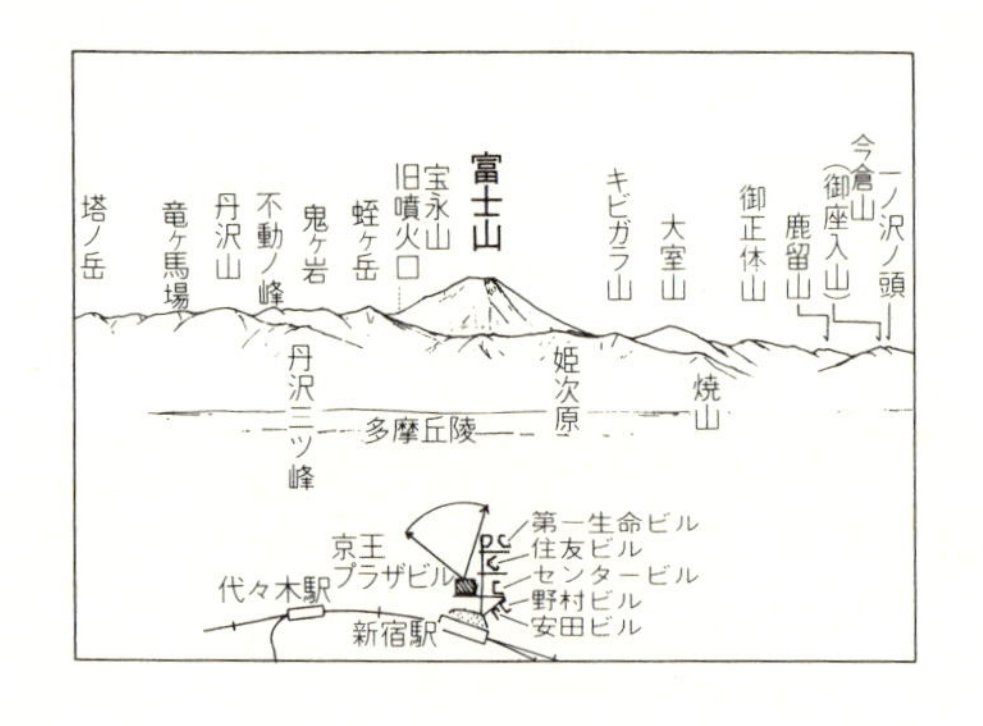

2

雲取山　二〇一七・七メートル

東京二十三区内の最高峰は新宿の箱根山。
東京都の最高峰は、大展望に恵まれたこの山。

東京二十三区内で一番高い所は、新宿区戸山町の箱根山（四四・六メートル）、東京都の最高地点は雲取山（くもとりやま）。東京、埼玉、山梨の県境で一等三角点の補点がある。

雑誌「山と高原」昭和二十四年一月号の「雲取山紀行」と題する高須茂氏のものは面白い。山頂下の雲取山荘で、通称鎌仙人といわれていた戦前からの小屋番、富田治三郎氏との対話。後の日本山岳会名誉会員、故神谷恭氏が、雲取山でバイケイソウの芽をサワギボシと間違えて摘み、横浜に帰り、味噌汁に入れてたべ、死ぬ思いをしたとのこと。この事件は、本人をはじめ、本人所属の霧の旅会の方々からもよくきかれた。

このバイケイソウの話は、朝日新聞昭和五十六年七月二十日の「文化欄」にも載っている。京大の伊谷純一郎教授（人類学のノーベル賞といわれるハクスリー記念賞受賞者）が、九州本谷山で、やはりギボシだと思って今西錦司先生と食べたというものだ。夜中に両氏とも何度も吐いた。翌朝、その吐瀉物をついばんだ鶏が空をつかんで死んでしまった。宿の老婆が、これは鳥を殺す草だといったという。この話も、今西先生から直接うかがったことがあるが、やはり、春の山菜で気をつけなくてはならないのは、ハシリドコロとバイケイソウである。

さて、本題にかえって、この山はさすがに一等三角点の補点。四囲の眺望はすばらしい。手前の飛竜山の彼方、南アルプスの甲斐駒ヶ岳から光岳（てかりだけ）まで。それが終わると、大菩薩嶺（だいぼさつれい）の彼方の富士山。左の丹沢の山々。ぐるっと頭をめぐらせて、日光、谷川の連山から浅間へと続く。こんな大展望を手中にしている東京の人は何とめぐまれていることか。

山頂下には、奥秩父の先駆者、田部（たなべ）重治先生のレリーフが昭和三十八年秋に建立された。先生は、明治四十二年五月、初めてこの山に登り、「私に取って潜在的なものが目覚めた時であった」と、のちに「秩父の想ひ出」の中に書いておられる。この山行が引金となり『日本アルプスと秩父巡礼』の名作が生れたと聞いている。

終わりに山名の由来。『日本山名辞典』には「雲に隠れやすい、サルオガセなどが付いた幽幻な森林があるからとの説などがある」と記しているが疑問が残る。『新編武蔵風土記稿』三峰神社の項で「雲採」の字を使っている。江戸末に出された『武蔵名勝図会』には「この辺は悉く高山なれどわけてこの山は俊峰にて雲をも手に取るが如く思ふといふより斯くは号するなり」とある。この方がなんとなく説得力があるようだ。

西荻窪駅付近の高架線上からは都内西部の山々が望める

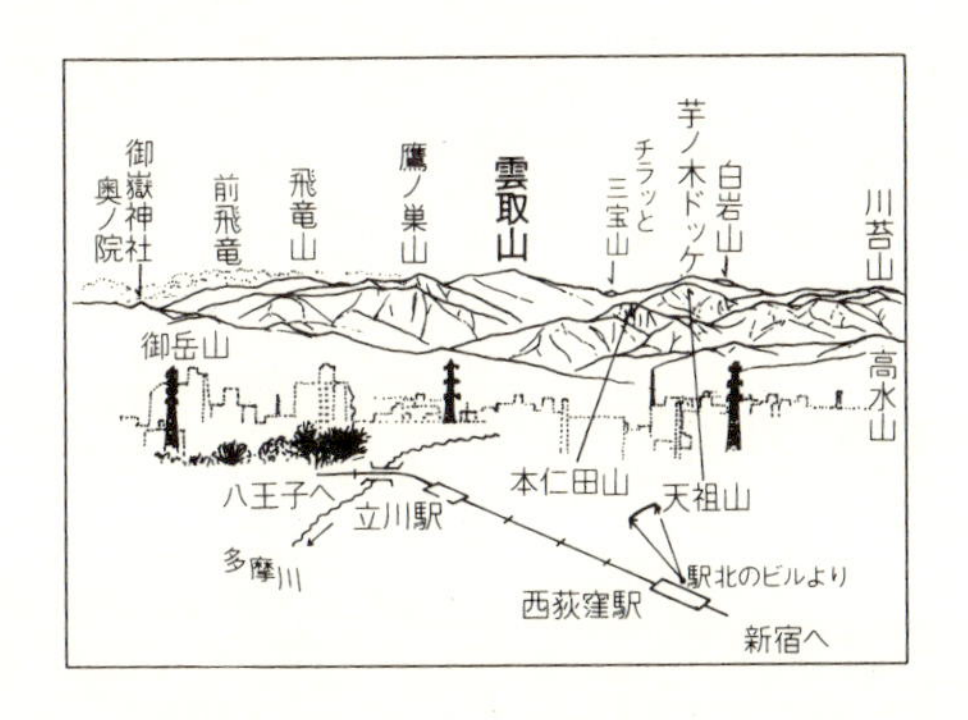

3 武甲山

一二九五・四メートル　最高点一三〇四メートル

武蔵と甲斐で武甲山？　全山石灰岩で、日に日に山の形が変ってゆく。
いつの日にかは幻の名山に。

私用で新宿からの帰り、電車は立川を出て轟音とともに多摩川の鉄橋を渡った。隣りに坐っていた家内が、川の上流右はじのひときわ高い独立峰を指さして、「あれは何山？」。シルエットだけになっているが、すかさず「武甲山」と答えた。家内曰く「甲武信岳は、甲州、武州、信州の境でしょ、だったらあの山は武蔵と甲斐の国境なのね」ときた。それはちょっと違うと、次のような伝説を語るはめになった。

昔々、日本武尊が東征のみぎり、山容が、「勇者の怒り立つるが如し」といって賞賛し、武尊の甲を山頂に奉納したことから名付けられたという。

でも、これでは現代人は納得しがたい。麓の秩父では、向うにある大きな山を「向う山」といっていた。これに「武甲山」の字をあてた。また谷文晁の『日本名山図会』では、「武光山」の字を使っている。これは『武蔵野話』（斎藤鶴磯／有峰書店）に出てくる「武光の荘内の山なるゆえ武光山なり」これが出典だろうが、この方がはるかに説得力がありそうだ。

この山が有名なのは、何といっても、全山石灰岩であることである。石灰岩は、石灰やセメントの原料であることはよく知られている。日本はセメントの生産量ではソ連についで世界第二位だそうだ。何でも輸入にたよる工業原料の中で、ただ一つ、自給自足ができるのは、この石灰岩だけだという。そのため、この山はどんどんきりくずされて、山の形は日に日に変わりつつある。昨年（昭和五十八年）の十一月、久しぶりに十文字峠から栃本にくだり、電車の窓から、無惨にえぐられた満身創痍の山肌を間近に仰いだ。

古くは信仰登山の山として栄えたが、今では、近代工業の尖兵としての役割が大きい。いつの日か、山はなくなり、「ここに武甲山在りき」とわずかに残った石灰岩に彫りきざまれるのではないか。

岳友、神原忠夫氏は、昨年の年賀状の年頭随筆で次のように書いてこられた。「熊谷に向う秩父鉄道の最後尾に乗って、暮れゆく武甲の黒い影を見えなくなるまで、見つめていたものである。そして名山とは、こんな山をいうのだなあ……と思うのであった」と。

最後になってしまったが、この一帯を語る時、決して忘れてはならない人がいる。秩父市の写真館主、清水武甲氏である。業績をくわしく述べるスペースはないが、大正二年生まれ、秩父の山と民俗を撮り続け、写真集を上梓すること、すでに十二冊を数えている。

立川を過ぎて渡る多摩川の鉄橋から。この武甲山の姿は昭和 58 年 12 月現在

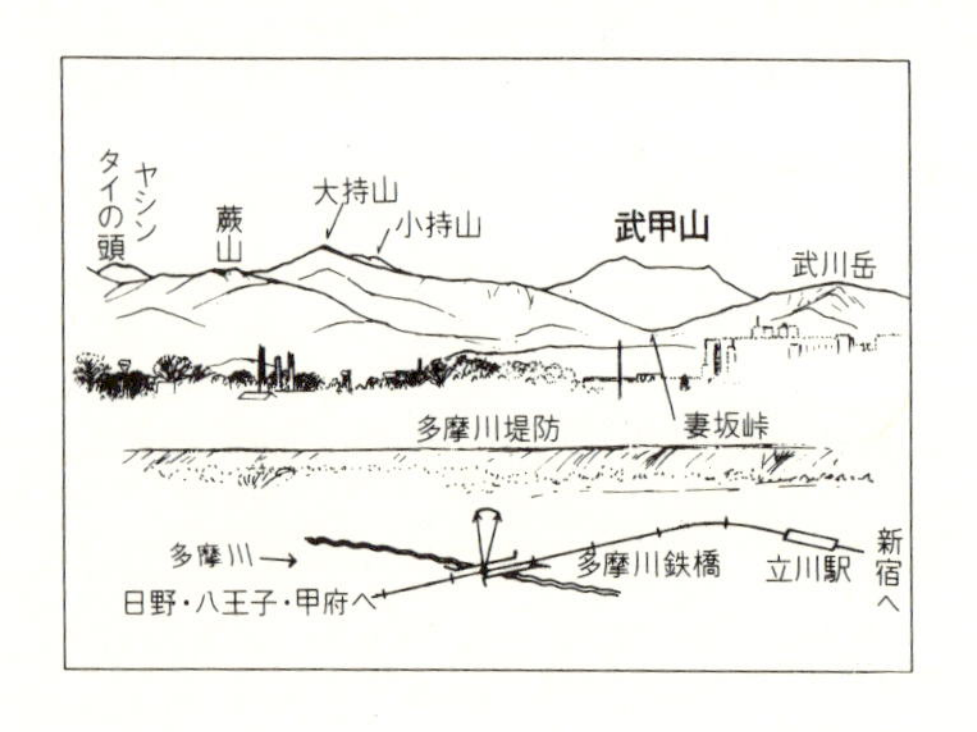

4 高水山　七五九メートル

高水三山と呼ばれて親しまれる奥多摩ハイキング入門の山。
古い歴史を秘めて信仰登山のあとも残る。

高水山と岩茸石山、惣岳山の三つを、高水三山と呼ぶ。私たち甲州の人が三山といえば、鳳凰三山、白峰三山とか荒川三山といった三千メートル級の山々をすぐに思いうかべる。

全国には、越後三山（八海山、中ノ岳、駒ヶ岳）、勝浦三山（高城山、高丸山、雲早山）、位山三山（位山、船山、川上岳）、毛勝三山（毛勝山、釜谷山、猫又山）、毛猛三山（浅草岳、鬼ヶ面山、毛猛山）、上毛三山（赤城山、榛名山、妙義山）、白馬三山（白馬岳、杓子岳、鑓ヶ岳）、寸又三山（朝日岳、前黒法師岳、沢口山）、立山三山（立山、別山、浄土山）、出羽三山（月山、湯殿山、羽黒山）、遠野三山（早池峰山、石上山、六角牛山）、南部三山（岩手山、早池峰山、姫神山）、屋久島三山（宮之浦岳、永田岳、黒味岳）、大和三山（耳成山、天香具山、畝傍山）と結構あるものだ。

その他、ここ奥多摩周辺には、比企三山（堂平山、笠山、大霧山）、戸倉三山（臼杵山、刈寄山、市道山）、奥多摩三山（大岳山、御前山、三頭山）もある。

さて、昭和の初め爆発的に売れたガイドブック『東京附近の山々』（河田楨・高畑棟材共著）の中に次のような記事がある。「高水山縁起によると、山中に四十八瀑が懸かり如此高山にして如此流水あり故に高水山と名乗るのださうだ……。」

いずれにしても、青梅線の軍畑からあがり、御嶽におりても、四時間くらいで奥多摩の匂いを満喫できるのだからこたえられない。ただ不思議なのは、この東京の西縁を限る小さな山々の頂のほとんどに、信仰登山のあとの残されていることである。

この高水山のふもとには、曹洞宗高源寺があり、頂上直下には真言宗の高水山常福院がある。智證大師がつくったといわれる浪切白不動尊が本尊である。また秩父庄司畠山重忠が銀の玉を奉献したという伝説も残っている。さらに頂上には小さな石祠もある。西側は伐採されて、岩茸石山（別名鷹之巣山）や惣岳山を間近に見ることができる。その惣岳山には延喜式内社としての古い歴史を秘めた青渭神社も鎮座している。

今でこそ、交通の便をかりて一気に山頂に立ってしまうが、かつては不毛の地、埼玉の入間郡、東京の西多摩、北多摩の地に水路を開き、土地をおこし、農蚕業を定着させていった先人たち。彼らは、西の方、静かに大きく沈んでいく太陽に、西方浄土をはるか夢み、その遙拝所として奥武蔵、奥多摩、丹沢の山々を選んだのではなかろうか。

多摩川の鉄橋からは奥多摩の山々がずらりと勢ぞろい

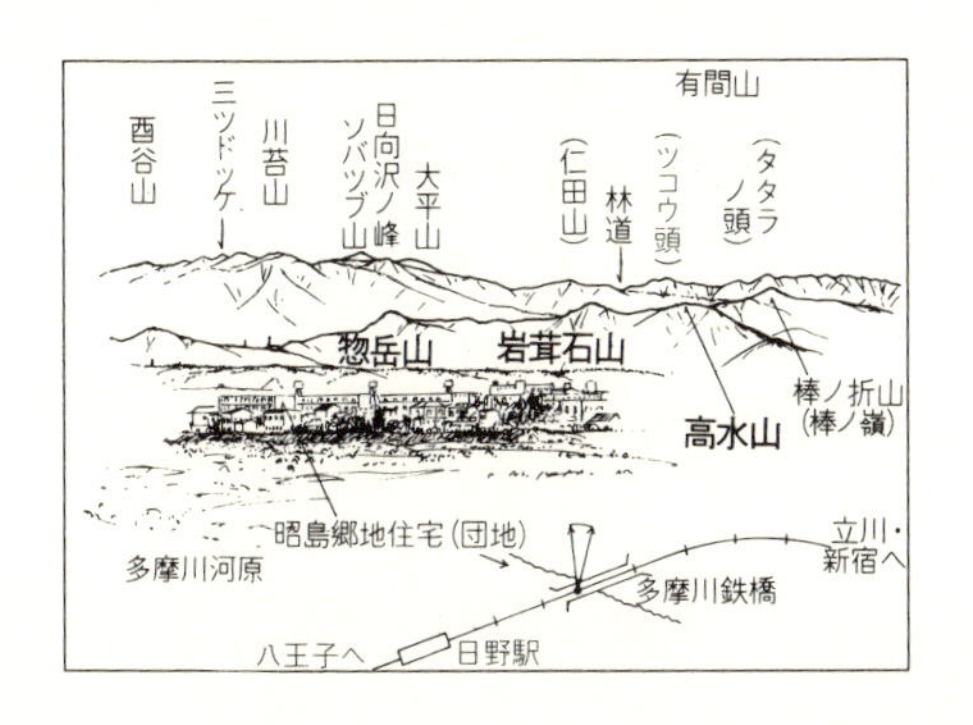

5

鷹ノ巣山　一七三六・六メートル

同名の山は全国に数あるが、
鷹狩りにつかった貴重な鳥の巣があった山の意か。

鷹ノ巣山という名は全国に十五もある。『日本山林史』によれば「北多摩郡氷川日原等、甲州都留郡ニ隣接ス村々ニ現存スル官林ハ……鷹隼ノ能ク巣ヲ結フ所ナリシカハ、其鷹雛ヲ捕獲シテ、幕府ノ用ニ供セシヲ以テ伐採禁制トナリシト云フ、故ニ此等ノ山林ヲ総称シテ御巣鷹山ト呼ヒナセリ……」とある。

肉食の鷹や隼を使って小動物をとらえる狩猟法は、人類が文字を発明する以前からあったという。『日本書紀』には、仁徳天皇の四十三年に、朝鮮を経てわが国に伝来したことが記録されている。

『地名語源辞典』（校倉書房刊）には「江戸時代のはじめから各地に設けられ、御巣山、御鷹の巣山、巣鷹場、巣入山、御鷹巣山、御鷹林などともいった。江戸幕府は寛永三年（一六二六）に巣鷹の発見者は重く賞したが、巣鷹をぬすみかくすものは一類ともに死罪におこなうことを令して、その保護にあたり、……だが一度巣鷹山に指定された山林は、鷹がよりつかなくなっても解除されたことはほとんどなく……」とある。大名、貴族のお道楽のために、一族死罪とはむごい仕打ちではないか。そして、一度指定をしたら無用の長物となっても頬かぶり。現在の官僚機構の原点を見る思いがするが、いかがなものだろうか。

本題に入って、多摩川鉄橋上から川の上流、御前山、大岳山に続くその右奥の山を、私はてっきり雲取山だとばかり思っていた。ところが、本書各項の展望解説図をお描き下さった藤本一美氏が、雑誌「アルプ」二六〇号で、イラスト入りでくわしい山座同定をしている。そこには「もの足りないのは、雲取山が前山の鷹の巣山に隠されて望見できないことである」と書いておられる。こちらは、物足りないどころか、大変なショックを受けた。

鷹ノ巣山頂の眺望は、北側を除いて大展望が得られる。特に、川苔山（かわのりやま）、大岳山、御前山、三頭山、富士山、大菩薩連嶺、さらに雲取山と見あきることはない。

さて、この山の登山路は、国鉄の奥多摩駅からのルートが二本ある。一本は峰谷までバスで行き、浅間尾根を経て登るもの。もう一つは、バスを中日原ですて、稲村岩尾根をたどるもの。これはきつい登りだが、前者にくらべ勝負ははやい。

帰りは、両者とも、六ツ石山を経由して奥多摩駅に下る。頂上の景観もさることながら、奥多摩の山々を見渡しながらゆっくり下る、このカヤトの山道は、一日の山旅のフィナーレをかざるにふさわしいルートである。

多摩川の鉄橋より。下り線右車窓からは鷹ノ巣山や芋ノ木ドッケも見える

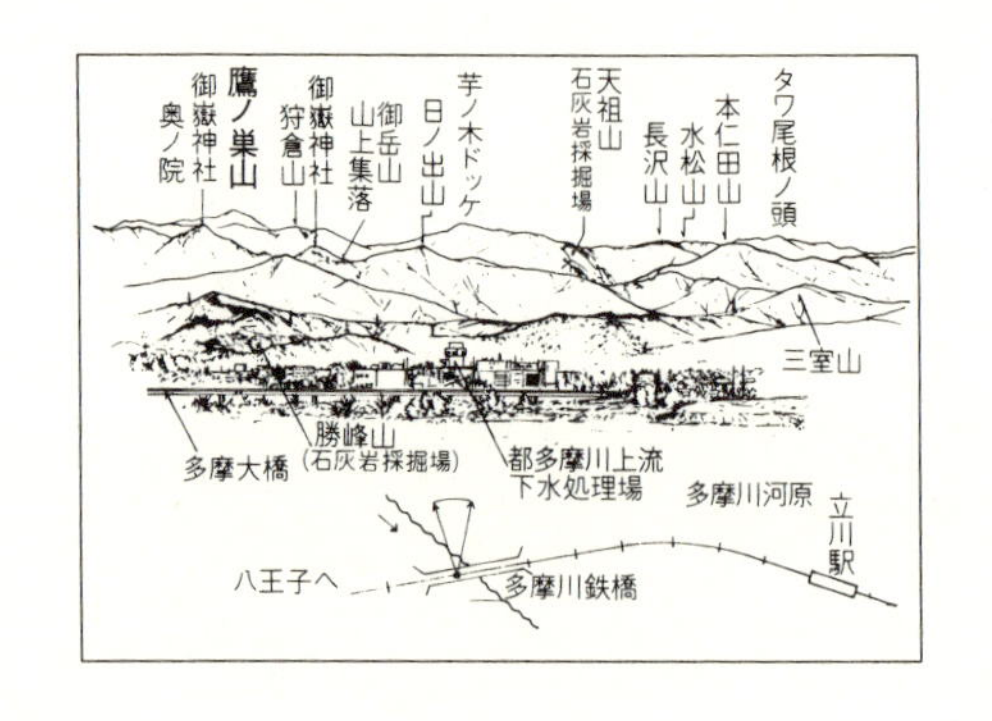

6 大岳山　一二六六・九メートル

大きな岳の山とは、ずいぶん欲ばった名前。岳と山の違いは？
ともあれ、東京の夜景が美しく見られる山。

甲州人は、だいたけさんと発音したがる。何故かといえば、笛吹（ふえふき）川の上流の、大嶽山那賀都（ながと）神社をすぐに思い浮かべるからだ。

この大岳山（おおたけさん）の近くには、「〇岳山」と少し欲ばった名の山がいくつか目につく。「惣岳山」「御岳山」など。全国には、木曽の御嶽山（おんたけさん）を筆頭に、三岳山、矢岳山（やたけやま）、見岳山、岩岳山、高岳山（たかおかさん）、倉岳山、廐岳山（うまやさん）、篦岳山（ののだけやま）などがある。

山と岳、岳と嶽ではどう違うのだろうか。山にくらべ岳は、山の上にまだ丘があるのでより高く、また岳より嶽の方がより迫力があるようだが、『漢和辞典』には、岳は嶽の略字にあらず、嶽の古字なりとある。また、『大言海』には、「高嶺の約」と出ている。

柳田国男氏の『海南小記』に「神自ら選定なされたもの、それが即ち御嶽である」。高橋文太郎氏の『山と人と生活』の中では「硫黄岳のオタケも諏訪之瀬島のオタケも同じやうな信仰の対象となってゐる」とある。

松本地方で「ダケ」といえば北アルプスであり、甲州では富士山である。この「タケ」と「ダケ」漢字で書けば同じだが、何となく意味が違うように思われる。

　何はともあれ、先を急ごう。まずは青梅線の御嶽で下車。滝本からケーブルカーで一気に御岳山にかけあがる。ここの御嶽神社は、人皇第十代崇神天皇の七年の創建といい、かつては宿坊三十六を数えた。

　鳥居の脇、文化三年三月に建てられた石碑があり、「相伝日本武尊征伐東夷凱歌西帰之日蔵兜於此巓武蔵之名由是起矣」とある。訳せば「日本武尊が東夷を鎮定しての帰り、カブトをこの山におさめた。それから武蔵の名が起こった」というわけだ。同じような話は武甲山にもあるが、あまり目くじらはたてず、高岩山への尾根を左に見送り、大岳山荘に着く。

　今は、そうガツガツと歩けばいいという時代ではない。御用とお急ぎでなかったら、ここでゆっくりと一泊。夜の大東京の光りの饗宴を楽しもう。東京には「ふるさと」がないなんてよく聞く言葉である。でも一度でいい、ここからの夜景に接したら、そのような思いは一変にふっとんでしまう。

　御嶽神社にくらべ、あまりにも小さな大岳神社を抜けて、急登わずか、ちょっとした広場の大岳山の長女。眺めはいい。もちろん、富士山から丹沢、大菩薩、奥秩父、奥多摩の山々など。これからたどる馬頭刈（まずかり）尾根、岩登りのゲレンデ葛籠（つづら）岩を経て、十里木（じゅうりぎ）、五日市までは少々長い。

多摩川鉄橋は山岳展望の一等地。大岳山は特徴ある姿でいちばん目につく

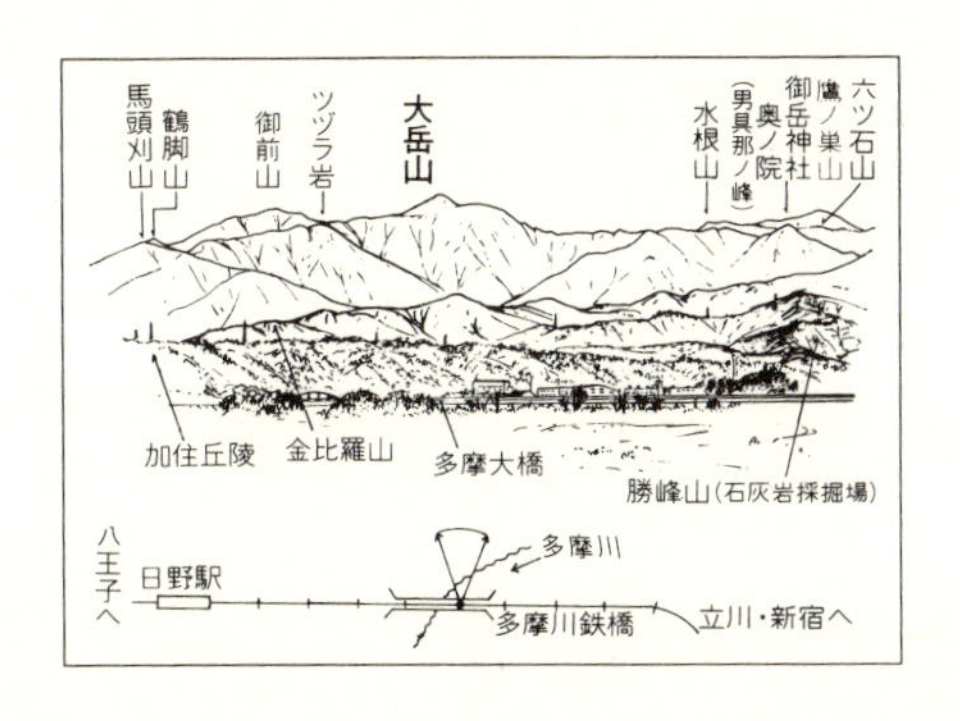

7

三頭山　一五二七・五メートル

三つの頂（頭）があるから三頭山？　でも御堂、御堂嶽という記述もある。
田部重治の名作をしのんで。

甲州、桂川の支流、鶴川に沿って北につらなる山々、笹尾根は東京、神奈川、山梨の都県界尾根である。この頂点にある三頭山（みとうさん）で、南東に蜒々三〇キロ、高尾山に至る。

三頭山は三つの頂から成っているのでその名があるという。しかし、『甲斐国志』では「御堂」とあり、「富士見十三州輿地之全図」にも御堂嶽と出ているのでその真疑のほどはわからない。

昭和四十八年、南秋川の奥、数馬（かずま）から奥多摩湖にかけて有料道路が開通してからは入山が楽になった。三頭沢に沿い、大滝を左下に見て鞘口峠からの尾根に出る道をたどれば、わずか二時間たらずで頂上に達する。

三頭御前という三頭権現の小祠のある東峰は巻いて、三等三角点のある中央峰をふんで西峰に立つ。南に富士山、西には大菩薩の連嶺。北は眼下に奥多摩湖と、遊子の眼を楽しませてくれる。

入山の基地、数馬は、かつては東京の秘境といわれていた。田部重治氏の「数馬の一夜」は、大正九年四月、この地を訪れた時の作品である。「こんなにもしんみりした、のどかな旅をしたことはあまりない。……私は何しにここへ来たのだらうか。早春の行方を追ふて来たのだらうか。私はただ何とはなしに、透明な流れの色、萌え出づる春のいろどりの、都とそれとは異った鮮かさを慕ふて……」と書きのこしている。

雑誌「山と高原」昭和二十二年六月号では、「奥多摩随想」と題し、昭和十九年から二十年と、敗戦の前後、たびたび訪れた数馬の人々との心温まる交流をえがいている。また、「多摩川より秋川」では、疎開先の信州からかえり、「再びここを訪れることができて何よりも嬉しい。丹波山も数馬も私の登山と切り離すことのできないゆかりの地、なつかしさ限りないところだ」と書いている。

調べてみると、先生が数馬の地を最初に踏んだのは、明治四十二年五月、木暮理太郎氏と、三頭山から御前山、大岳山への縦走を断念して数馬峠からおりて来られた時だった。

それにしても、この一帯、読みにくい村落名が多い。例えば、尾続（おづく）、聖武連（しょうむれ）、棡原（ゆずりはら）、西原（さいはら）、猪丸（いまる）、初戸（はど）、中郡、笛吹、人里、事貫（ことずら）、惣角沢（そうかくさわ）、樋里（ひざと）、三都郷（みつご）、出畑（いずはた）、案下（あんげ）、上坂（あがっさか）、梅沢、留浦（とずら）、岫沢（くきざわ）など。これらがすらすらと読めたら、相当の奥多摩重症患者ではないだろうか。笛吹はウズシキ、人里をヘンボリと読む程だから。

奥多摩有料道路や三頭山、そして大菩薩嶺まで。多摩川鉄橋より望遠レンズ使用

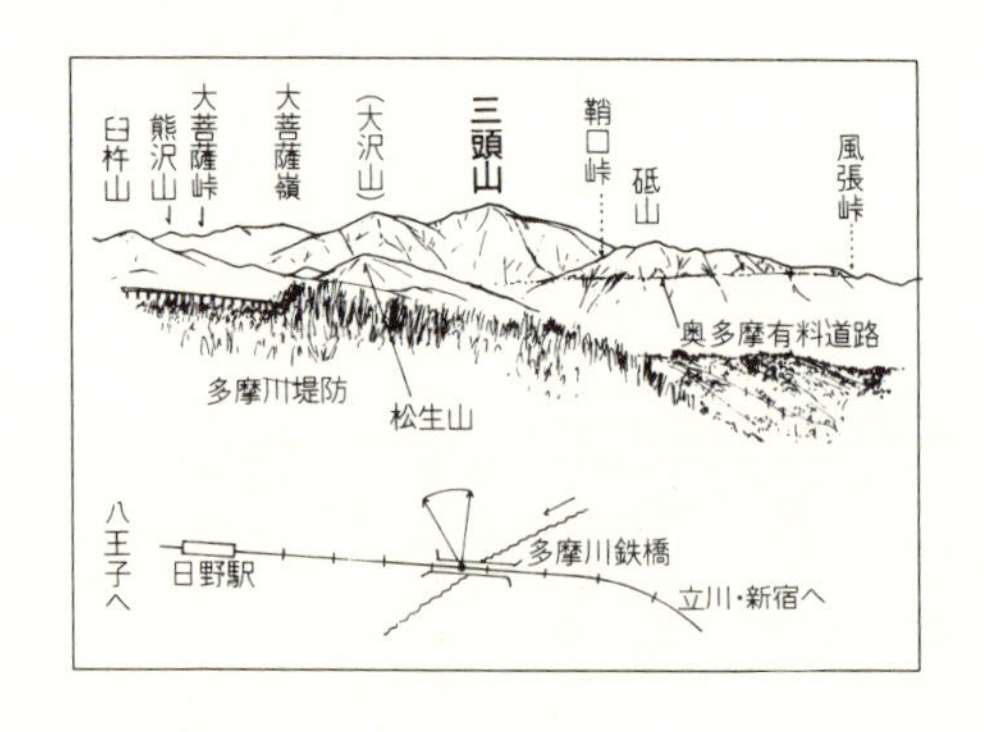

8

富士山　その二

中野を過ぎて立川へ、そして多摩川鉄橋を渡るまで、
富士はあきることなく車窓に付き合ってくれる。

新宿を発車した電車は、中野を過ぎると、真西に一直線に立川まで突っ走る。西高東低の気圧配置の冬の朝、そして夕方、本当にあきることなく、富士山は車窓子に付き合ってくれる。特に、朝日を浴びて丹沢や奥高尾の山々を従えた富士山は、今日も元気いっぱい働こうと呼びかけている感じである。

それが、立川を過ぎると、今まで車窓左前方に見えていた富士山が右窓に移動する。これはすばらしい。多摩川鉄橋上に見るそれである。朝の眺めもいいが、やはりここは、夕方のシルエットの富士が断然いい。残照が川面を照らし、その彼方に、モノトーンで静まりかえる富士山。私は、こんな静かに暮れゆく富士山が好きだ。

かくて、春がすみとともに富士は見えにくくなる。その頃はスキーだ。午前中アイゼンをつけて頂上まであえぎ登る。正午すぎ久須志神社の脇から吉田大沢にとびだす。わずかに融けた雪面をきり、大きな弧を描いて六合目まで。ふりかえると、我がシュプールは、午後の輝く雪面に黒いリボンの乱舞にも似て。こんなに広大なゲレンデが日本の

どこにあろうか。

さて、この武蔵野を走る中央線の、車窓からの落日で印象に残る光景が一つある。それは富士山頂に日が沈むのを望見するときである。冬至前後は国立あたり、二月はじめにかけては、東の方に移動して阿佐ヶ谷あたりで見ることができる。

これを、逆に富士山頂で見たならばどうか。東の方に影富士がのび、その先に新宿の超高層ビル群、少し左にはなれて、池袋のサンシャインビルの壁面が斜陽に輝いているのだ。

このように武蔵野とともにあった富士山も、立川、八王子となり、横浜線越しにフィナーレをかざる。あとは、八王子駅のホームでちらっと見える。そして相模湖の先で、それこそ一瞬見えて、もうあとは見えることはなく、甲州大月まで来てしまう。

おくればせながら、富士山の語源について少し触れてみよう。古くからいわれているのは、アイヌ語で火を意味する「フチ」に由来する、というもの。また同じアイヌ語の「プシ」噴火するの意から来ているという人もいる。

何はともあれ、冬になると朝な夕な、武蔵野からは実によく富士山が見える。こんなに遠くから富士山を眺めることができる、その幸せ、誰に感謝したらよいのだろうか。

多摩川鉄橋から望む富士の夕景。丹沢川塊から高尾山、景信山がシルエットに

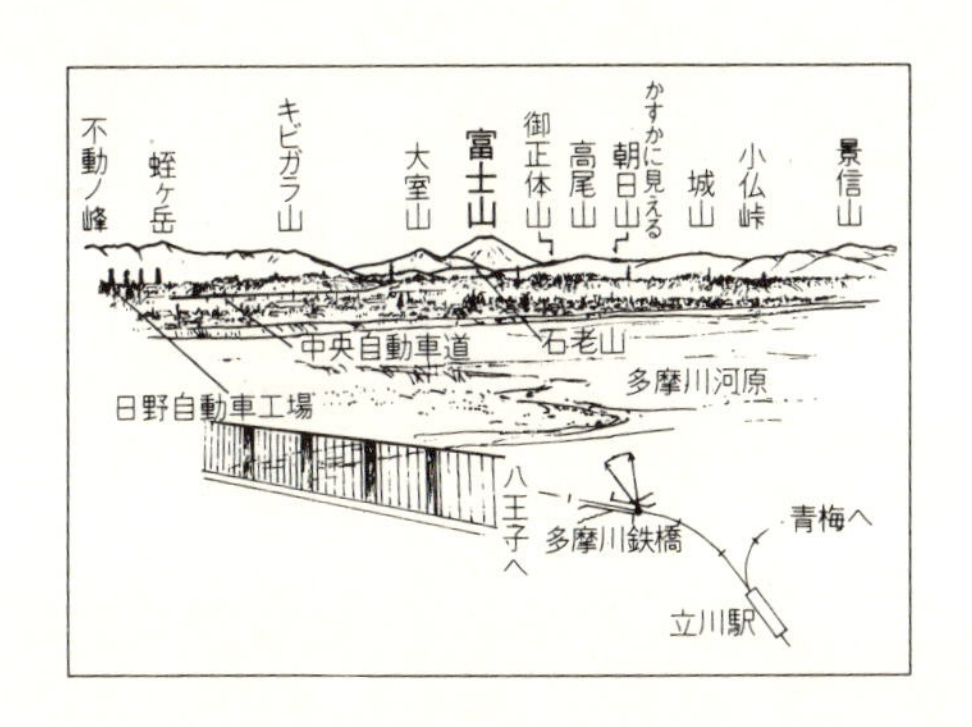

9

高尾山　六〇〇・三メートル

山頂から国内十二州が見えた人は美人になれる……。
坊さんがかしわ手をうち、山伏が経をよむ神仏混淆の山。

高尾山（たかおさん）は懐かしい山だ。昭和十四年六月、小雨ふる中、小学校五年生の修学旅行で登った山である。

久しぶりに赤茶けたその時の記念写真をひろげてみた。こうもり傘や、おみやげの杖や木刀を大事にかかえている五十人。名前を思いだせないのが半数以上。すでに鬼籍に入った者が四人。バックは高尾山の石柱と老杉。

弟たちのために、竹のうぐいす笛や蛇のおもちゃを買った。帰ってから学校でテストがあった。

「車窓から見えた木の花は何か」という問題がでた。答えを「ざくろ」と書いたがこれはペケであり、正解は「くりの花」であった。

さて、この山が有名なのは、何も東海自然歩道の東京側の出発点だからではない。高尾山薬王院有喜寺があるからである。成田山新勝寺、川崎大師平間寺とならんで、真言宗関東三大霊場の一つである。僧行基により天平十六年（七四四）に開かれたというから、千二百年以上も経っていることになる。その後室町時代の永和元年（一三七五）、修験道の総本山、京都の醍醐寺から俊源大徳が入山して、飯縄大権現をまつり、三千の講と百万人の信徒を集めるようになったとか。

先年、初詣客の臨時電車に乗務した折、久しぶりに訪れてみたが、神仏混淆に改めて驚いてしまった。飯縄権現堂の前には六メートルもある大鳥居、坊さんがかしわ手をうち、山伏がお経を読み、さかきでおはらいをするといったあんばいであった。歴史の重みといえばそれまでだが、第三者にとっては実に不思議な光景であった。

それはさておき、その奥の頂上の十二州見晴台には人影は少なかった。あいにく天気は悪く遠目はきかなかった。ただ、眼下にひろがる多摩丘陵の宅地開発には眼をみはった。

話はそれるが、ここから、日本国内十二州の国々を見ることができた人は美人になれるという言い伝えがある。十二州とは、関八州の常陸、下野、上野、武蔵、相模、安房、上総、下総であり、あとは、駿河、甲斐、信濃、越後であるとのこと。越後のどんな山が見えるのか、実に興味のある所である。恐らく、苗場山から巻機山にかけての上越の山々ではないだろうか。

ついでに隣の景信山の山名の由来だが、『武蔵通志』に「景信山一名高丸ト云フ山頂平地アリ方十四五間元亀中北條氏照望遠台ヲ此ニ設ケ横地景信（將監）ヲシテ之ヲ守ラシム因テ景信山ト称ス」とある。

初詣でやハイキングでおなじみの高尾山も多摩川鉄橋付近から見えてくる

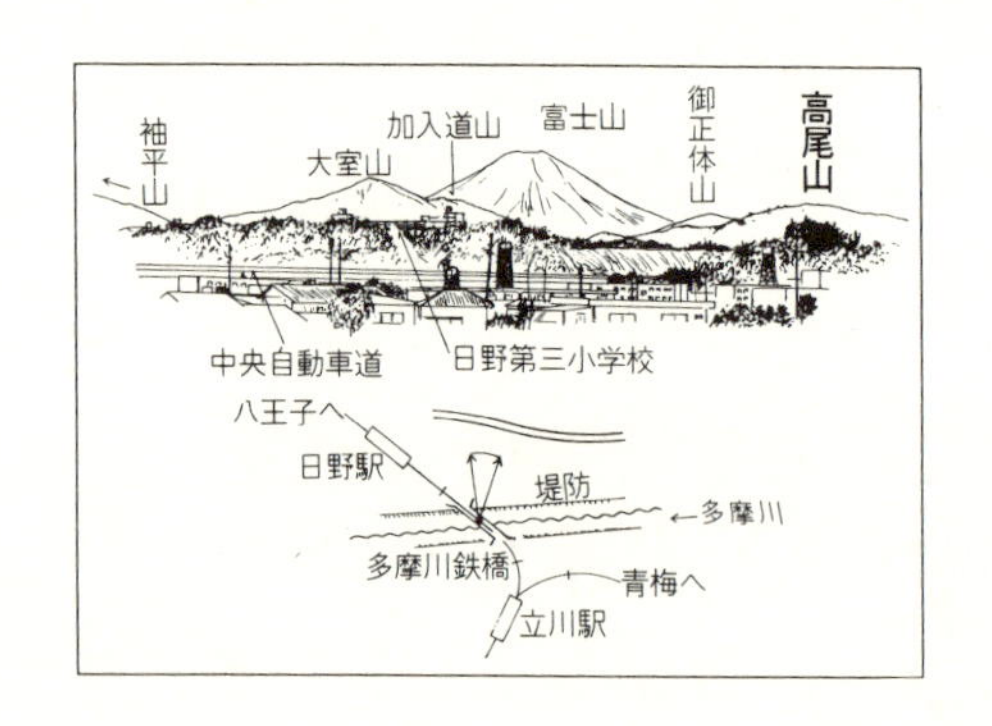

10

丹沢山　一五六七・一メートル

丹は谷がなまったもの？　朝鮮語との関連も。
一等三角点の本点がある。丹沢山塊の代表。

東京の岳人は、おそらく谷川岳や丹沢山塊でまず山の洗礼を受けたのではないだろうか。

重箱読みの丹沢の丹は谷がなまったものだそうだ。また一説には、朝鮮語で谷のことをタンという（『日本の地名』松尾俊郎著、『森林の思考・砂漠の思考』鈴木秀夫著）。丹沢一帯には朝鮮語から導かれる地名が多いので、なるほどと思う。いずれにしても、東京の山好きにとって、二つの山が同字義であるというのはうれしいことではないか。

『新編相模国風土記稿』には、太武坐波屋満という字を使い「山中喬木蓊鬱トシテ良材ニ富リ、按ズルニ元亀天正ノ頃北條氏ノ命ニヨリ煤々谷七沢ノ村々ヨリ良材ヲ小田原ニ運致セシコトアリ是皆此山ニ採シナルベシ」とある。また、吉田東伍氏の『大日本地名辞書』には、「相州第一の高峰なり」とあるが、相州で一番高いのは隣の蛭ヶ岳である。

しかし、この丹沢山（たんざわやま）は一等三角点の本点である。一等三角点の本点は全国に三四六基あるが、神奈川県には、これをふくめ六基もある。それも他県との県境ではなく、完全に神奈川県内にある。

地図をつくるには三角測量から始める。まず基準を決める。これを基線というが、これは全国に一三ヵ所あり、その一つが神奈川県にある。昔ならった地理の教科書には写真入りで載っていたが、相模原市（下溝村）と座間市（座間村）（カッコ内は国土地理院の名称である。以下同じ）間の一等三角点の基線長五二一〇メートルを一辺として、西は中津の鳶尾山、東は横浜市緑区（長沢町）の一等三角点が二つの三角点網をつくる。それをさらに南北にのばす。平塚市と大磯町の境の千畳敷山（浅間山）と東京多摩市（蓮光寺）の一等三角点。これに西の丹沢山を加えて、また大きな三角形がえがかれる。

これらのさらに大本になっているのは、東京麻布の旧東京天文台跡にある「測地原点」である。これと千葉県の鹿野山を結んで三角網を拡大していく。その間を、一等三角点の補点、二、三、四等三角点をもって補強し、初めて日本全土の精密な地図が造られていく。その基点の一翼を担っているからこそ、神奈川県には高い山が多くないのに一等三角点が六基もあるわけである。

このような地図の作り方について、国土地理院々長の要職にあった井上英二氏の『五万分の一地図』（中公新書）は、やさしく楽しい読み物となっている。

多摩川を渡るときは、ほんとに忙しい。丹沢の山々もはっきりと

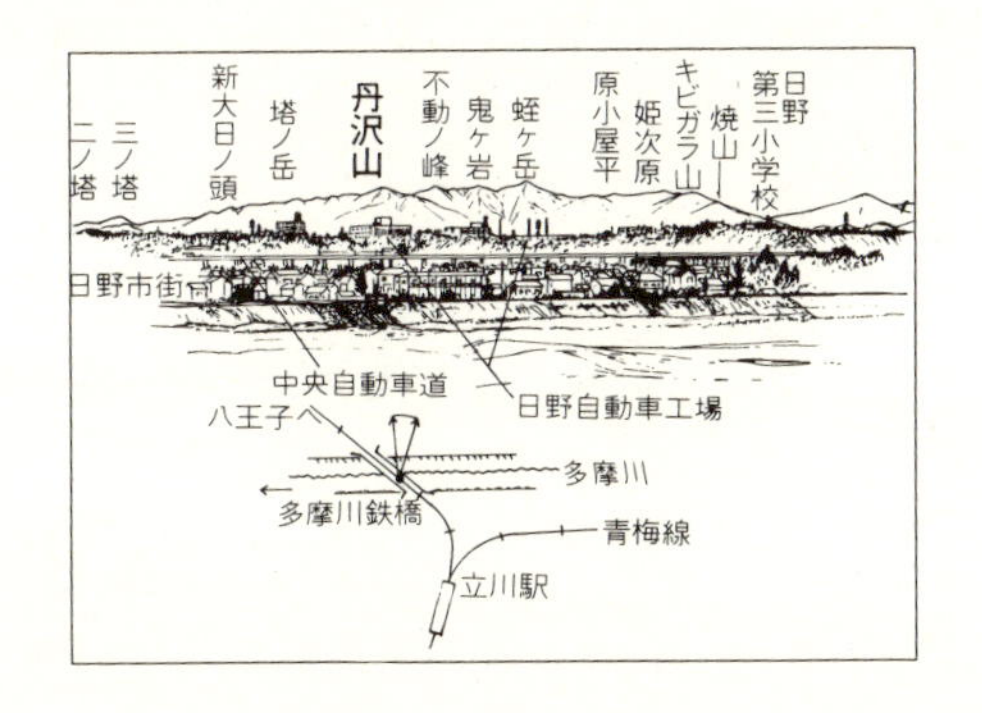

11 大山

一二五一・七メートル

江戸時代の初めから盛んだった大山詣り。
豊作から家内安全まで何でも受けいれたオールマイティの神の山。

丹沢山塊の東(車窓からは左端)に一つ離れて、ピラミッド形に見えるのが大山(おおやま)である。江戸時代のはじめから大山詣りが盛んになり、渋谷の道玄坂から、二子玉川、荏田(えだ)、長津田、下鶴間、厚木、伊勢原と、目指す大山を正面にした大山街道、今の厚木街道をたどったとのことである。

昔は、七月十四日から十七日にかけてのお詣りが一番賑やかだったという。店の支払いは盆暮勘定なので、これをのがれるために、大山に出かける人が多かったからだそうだ。

明治七年、文部省で出した『日本地誌略附図、第一巻・相模』を見ると、箱根山、足柄山と雨降山(大山の別名)、この三つの山しか載っていないのだから、やはり相当に有名だったことがわかる。山麓の秦野市に住む友人の小俣厚さんは、例年、年賀状に、昨年は大山に何回登ったと書いてくるほどだから、講中登山はすたれても、今もって、かくれたファンのいることも事実である。

地図には、大山、カッコして雨降山。すぐ脇に阿夫利神社がある。古い文献には「当国諸山ノ中最モ高嶺ナレバ大山ト称セルナリ」「頂上ハ常ニ雲霧深クヤヤモスレバ大ニ雲起リ忽雨ヲ降ス……雨降山ノ名ハ是ニ因カ」などと出ている。また「本山本宮石尊社ハ神体秘シテ開扉セズ、大山縁起ニ載スル彩光ヲ発セシ像ナルベシ」とあり、本尊は石神さんであることがわかる。この石について、例の日本武尊がこの上に坐って国見をした。富士小嶽太郎という行者が飛行中、途中下車をした。親鸞上人が石に経文を刻んだとかの伝説が残っている。

一方、『大山史稿』には、天平勝宝年間、良辨僧正が「年四十八にして頂上に登り、生身の不動尊を拝して南都に還り、朝廷に請ふて勅願となし、名を大山寺と命じ、其頂上を石尊権現と称す」とも出ている。いずれにしても豊作、豊漁、商売繁昌、家内安全、オールマイティの神さんなれば、五十万の人がおしよせても無理はなかった。

「山小屋」昭和十一年七月号に、岩科小一郎氏が「大山石尊」と題し「この御師の宿で講中の人達が盛大に盆胡座を敷いてゐたものださうです。これは大概二階で行はれますので、巡回の警官は上を見て歩かなかったと伝へます。今でも登山道に『詐欺賭博に御注意下さい』の立札を見る位ですから、昔はサゾサゾだったらうと推察されます」と書いている。察するに、下山後の精進おとしは相当に派手だったと思われる。

相州の名山といわれる大山はピラミッド形の姿でひときわ目をひく

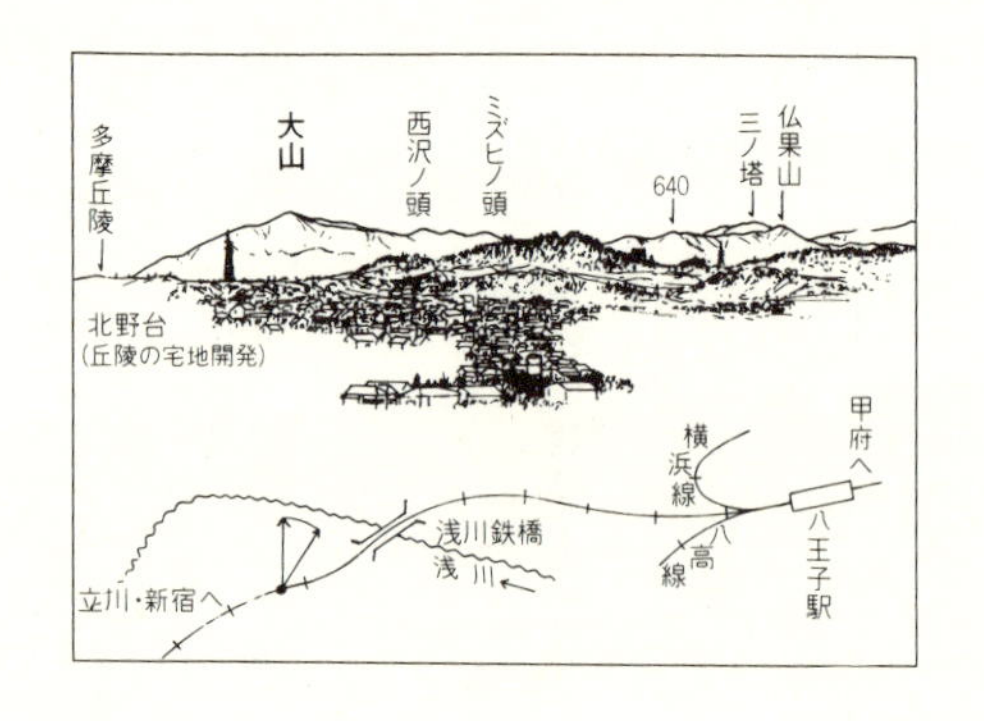

12

陣馬山

八五七メートト

陣馬山か陣場山か。一夜を明かすノヂンバか。
新宿の高層ビルから相模灘、南アルプスまでの大展望。

陣馬山(じんばさん)から景信山(かげのぶ)、高尾山にかけての尾根道は、通称、裏高尾といって東京都民のハイキングコースとしてあまりにも有名である。八王子から陣馬高原下までバスで行けば、あと歩いて一時間半で頂上についてしまうのだから無理もない。

ひろびろとした頂上には、高さ四メートルほどのコンクリート製の白馬が建てられているが、何となく場違いな感じがする。しかし、そんなことをすぐに忘れ去るほどの三六〇度の大展望を楽しむことができる。

西の南アルプスから始まり、富士山、丹沢の山々、遠く光るは相模灘、ひとみをこらせば江ノ島も見える。さらに東の方、煙霧の中の大東京。ひときわ抜きんでている新宿の高層ビル街や、池袋のサンシャインビル。さらに頭をめぐらせば、筑波山や近くに雲取山など奥秩父、奥多摩の山々。手近に、こんなに展望のすぐれた所があれば、誰だって行ってみたくなる。それが人情というものではないだろうか。

この山は、地図には陣馬山(陣場山)と出ている。学のある人の話では、神奈川県では陣馬山、東京都では陣場山と書くのだという。『日本山名辞典』（三省堂刊）には「昔、北條氏と武田氏が対陣した所と伝えられ、陣張山といったが、陣場山、陣馬山となった」とある。確かに、陣場というのは、陣所、陣屋ともいって兵用語（へいようご）である。『山梨郷土史年表』によれば、永禄十二年（一五六九）十月六日、北條氏政と武田信玄が相模三増（みませ）峠で戦ったという。一方、『新訂武蔵野風土記』（昭和四十四年、朝日新聞社刊）には「十十里（とどり）合戦」が記録されている。同年十月一日、八王子滝山城（城主北條氏照）を北から攻める信玄の本隊、東から攻略する小田山信茂の支隊、これが北條勢と滝山城の手前、十十里で会戦した。結局、城は落ちず信玄は小田原に転戦したとのことである。『日本山名辞典』の出典は恐らくこれであろう。そして小山田勢の陣屋がおかれたので陣場山となったと思われる。

史実はともかく、私はもう少しロマンチックに考えたい。山人の言葉に「ノヂンバ」というのがある。高橋文太郎氏の解説では「山中で露宿に適した場所。そこは多くは平らな地で草などが生えてゐる」とある。都会の喧騒をしばしのがれ、皆で草の上にねころがってのんびりとする広々とした山。陣馬山には、それにふさわしい山容とたたずまいが感じられるが、いかがなものだろうか。

浅川の鉄橋を渡るとき高尾山から陣馬山への尾根がよく見える

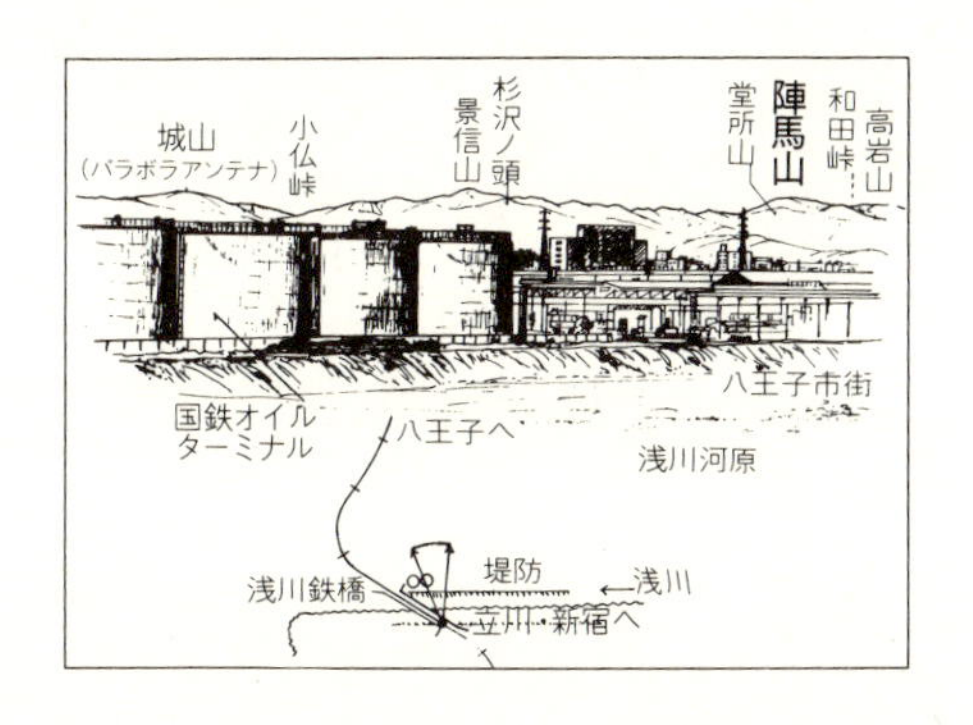

13 石老山　六九四・三メートル

中央線が神奈川県の北端をかすめて走るところ、相模湖の対岸に見えるこんもりとした山。

小仏（こぼとけ）トンネルを抜けると、電車は神奈川県の北辺、相模湖、藤野の二駅を過ぎる。相模湖駅の手前から左車窓一杯に山塊がまなかいに迫る。石老山（せきろうざん）である。

珍しく音読みの山名である。これには何かいわくがあるに違いない。果して、河田楨氏の『小さき峠』、高畑棟材氏の『山を行く』に出てきた。前者の方が割にくわしいが、全文を引用すると長いので、その概略を記せば左の通り。

文徳帝の御代（八五〇―八五八）、京の三條貴丞の子武庫（むこ）の郎子（いらつこ）が、八條某の娘と恋仲になり、彼は娘を奪い馬に乗せて逐電、現在の伊勢原あたりにやって来て、村の庄屋能條太郎兵衛に助けを求めた。庄屋は、道志（どうし）（道志川が津久井湖に合流する所にあり。『地名用語語源辞典』（東京堂刊）によれば、崩壊地形、浸食地形を〈とうし〉という）の洞穴へ案内した。

月満ちて女は男児を生み、名を岩岩丸と名づけた。郎子は出家し、自らを道志法師と名乗った。当時は僧形になる事が、手っ取り早い生活の道であった。

或る日、法師が留守中、母子は盗賊に襲われた。妻は拉致（らち）され、息子は気絶。法師は子供を太郎兵衛にあずけ、妻を探して他行。別れ際に、持っていた鏡を二つに割り、再会のときの証とすべく片方を岩岩丸に渡した。

それから幾星霜。とにかく一家は再会を果し、道志に帰って来た。岩岩丸も出家し、源海と号し、麓に一寺を建立、「鏡の奇瑞によって親子再会の縁を得たのに因み、顕鏡寺と号し、山号を苔むす岩の重々たるに象つて石老山と名付けた」とのこと。同趣旨のものが顕鏡寺の山門わきにもある。

それはそれ、この山をめぐって、馬にちなんだ地名が多い。赤馬(あこうま)、柳馬場、馬本(まもと)、牧野(まきの)、奥牧野、伏馬田(ふすまだ)、牧馬(まきめ)、牧馬峠、青馬橋、馬石などである。昔はこの一帯は馬の産地だったのかも知れない。

さて、相模湖駅から、三ヶ木(みかげ)行きバスで一五分、石老山入口で下車。ここの石の道しるべは見事。「石老山、東、大山みち、くぼさわみち、あつぎみち。南、下道志道、寛政七乙卯八月吉日、増原村神保久米八、信州高遠石工磯七」裏には金一分二朱と二行、施主の名がある。今から二百年も前、高遠の石屋さんがこんな所までやって来ている。やはり、信州高遠の石工は関東一円までその技をふるっていたのだ。

東海自然歩道の中のこのコースは正に深山の趣きがある。山頂からの眺望もこれまた立派。近くに丹沢、道志、高尾山、三頭山。遠く奥秩父、南アルプスの諸峰を麓からわずかに二時間で楽しむことができる。

左車窓いっぱいにひろがる石老山

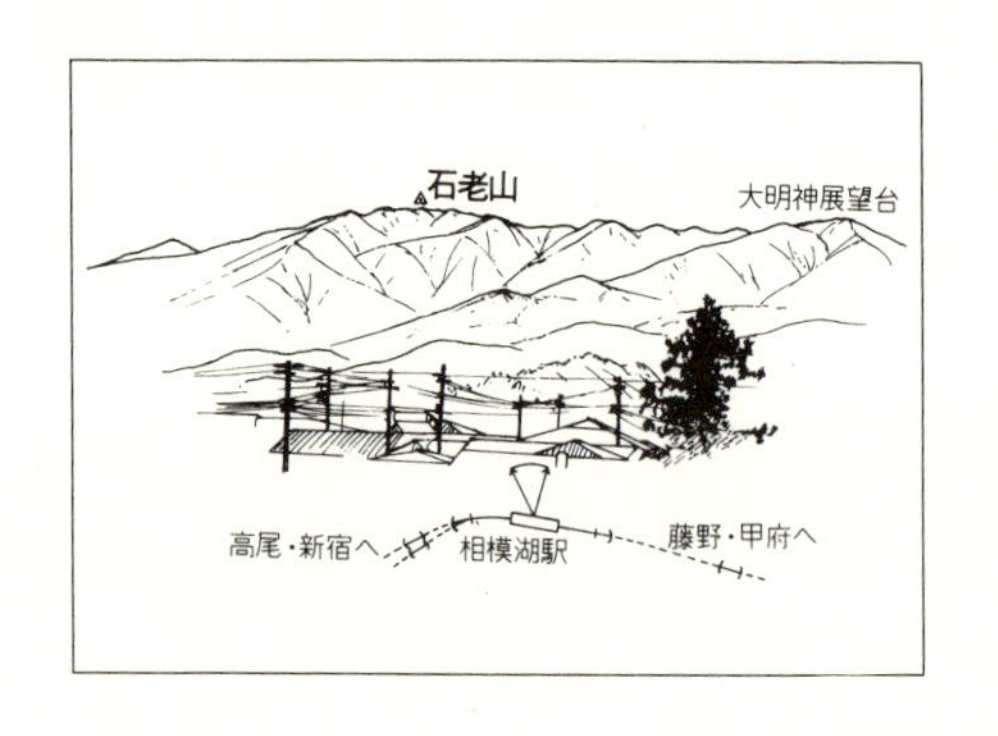

14

大室山

一五八七・六メートル

おおむれさん。この付近には、ムロ、ムレ、マルのつく地名が多い。朝鮮語との関連はここでも濃厚に。

第二次大戦のさ中、猿橋の裏の百蔵山に登った。その時、桂川や道志の谷の向うに、ひときわ高い山群を認めた。それが丹沢山塊であった。調べてみると、鳥沢駅から、秋山、道志と横断すれば大室山（おおむれさん）に登れることがわかった。そこで先輩が、道志村の役場に宿屋の手配を頼み、一行六人ほどで出かけた思い出がある。

地図を開いてみるとわかるが、この一帯には、ムロ、ムレ、マルという地名、山名があまりにも多い。これは朝鮮語で「山」という意味だというが、木暮理太郎氏の『山の憶ひ出』下巻に「マル及びムレについて」という題でくわしく考証されている。

最近、この上をいく研究が発表された。日本山書の会の谷有二氏の書かれた『日本山岳伝承の謎』という本である。谷氏は朝鮮語ができるので、実に説得力のある、地名や山名の解きあかしをしている。その中で、埼玉、山梨、神奈川は、昔、多数の朝鮮の人たちが移住して来たことを立証している。面白いのは、お祭りのみこしを「ワッショイ、ワッショイ」と掛声かけてかつぐが、これは朝鮮語で「来ました、来ました」という意味だという。

大変興味深かったのは、大ムレ権現の分布図を作っていることである。要約すると、この丹沢の大室山を中心に、南に中川の権現とよぶ、前権現山。さらに南に、丹沢湖の北側、世附の権現という前記と同名の前権現山。末端は、御殿場線の北山駅近くの大室生山（丸山）であること。東西は、西に鳥ノ胸山（殿群山）、東に袖平山（ここにも大牟礼権現がある）、北に向かうと、桂川をへだてて権現山（『甲斐国志』でいう王勢籠山＝オオムレヤマ）、これが鶴川沿いに、中群山（中勢籠山）、小中群、日武連、省武連山とならんでいる。その他、佐武連、大佐武連の地名のあることも指摘している。

何故これらの山々に、本地垂迹説に由来する、仏が権に現わす姿としての神がまつられたのであろうか。交通、運搬の便も悪く、食うや食わずの時代であったろうに。

さて、この大室山、別に大群山と書き沖権現ともいう。これは前権現の奥にあるという意である。また古くから富士隠しともいう。どうもこれは、丹沢山塊全般を指すらしい。横浜線の相模原から町田にかけて、また小田急線の、町田、相模大野、大和、厚木などではこれらの山々にさえぎられ、富士山が見え隠れするからである。

中央線はこの付近、神奈川県内を走る。左車窓に丹沢の山々が近い

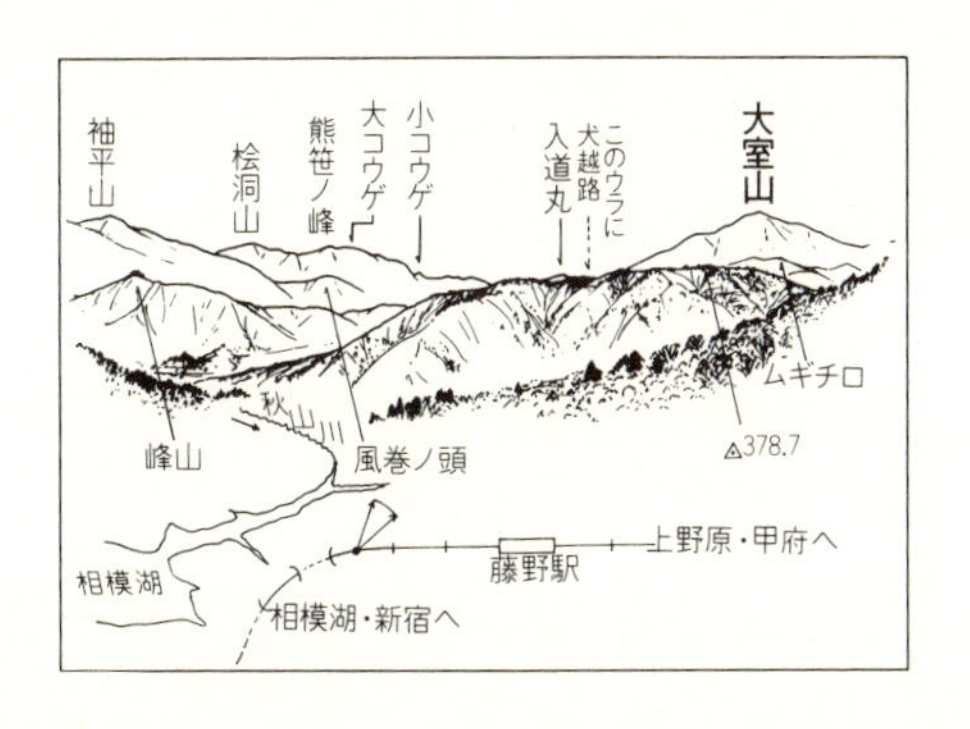

15

高柄山　七三三・二メートル

山梨県に入る。桂川の向こうに見える山。
山頂には、山麓の人が山神の加護を願った祠が。

新宿を発車した電車が、高尾、相模湖の諸駅をすぎると藤野駅。高柄山は奥相模湖の対岸に見えだす。諏訪トンネルを抜ける。窓の左がパッと開ける。山梨県に入ったのだ。幅ひろく流れる桂川にかかる桂川橋をへだてて、鶴島の集落の上にふたたび見える。この山に登るには、隣の四方津駅から大地峠にあがって稜線づたいに登るのが便利である。

頂上には、小さな祠が二つある。一つは、「安政六年己未正月十七日」の日付けの刻まれた石碑が鎮座している。もう一つは、昭和五年……元旦、上野原村中新田、上條嘉重と刻まれたものである。

ここで注目したいのは一月十七日という日付である。山村民俗の会の岩科小一郎氏の研究によると、桂川流域の山の神の祭礼の日が一月十七日であるということである。具体的な例として、神奈川県の津久井、山梨県の笹子村をあげている。それによると、一月十七日に弓矢をこしらえて、山神にそなえたという。

柳田国男氏の『山島民譚集』によれば「正月ト十月トノ十七日ナルガ」とある。

この高柄山も、同じ流域にあるので、当然同じような祭りが行われていたと推察される。それが、昭和になれば、そのような風習もなくなってしまったのか、元旦という日付で小祠が寄進されたのではないか。

弓矢をそなえるといえば、すぐに狩猟という発想をしがちであるが、本当は、山神の加護により、悪魔の侵入防止を願った祭事であったという。

この意味では、一月十一日から十四日にかけての道祖神の祭は、村の入口で悪霊の侵入を防ぐものであり、十七日からはさらに山神にお願いするとは、実に念が入ったものである。

話はかわるが、この地域の山名で、高○山というのが数多くある。列挙すれば、野田尻の北と、丹沢山塊にある二つの高指(たかさし)山、鳥沢の南の高畑山、道志の高丸山、初狩の高川山、笹子峠の北の大蔵高丸など。何か共通点がありそうな気がしてならない。

それにしても『日本山名辞典』には高塚山は十四座あるのに、高柄山はただこの山だけである。どうしてこの山だけ高塚山と書かないのだろうか。また、坂田公時で有名な足柄山は「あしつかやま」とは呼ばない。逆に高柄山を「たかがらやま」とも呼ばない。なぜだろうか。それとも狩猟と結びつけて鷹遣(たかつか)い山の転化を考えるか。とにかく、不思議な名前の山である。

大地峠と結ぶ道はハイキング・コースとして人気がある

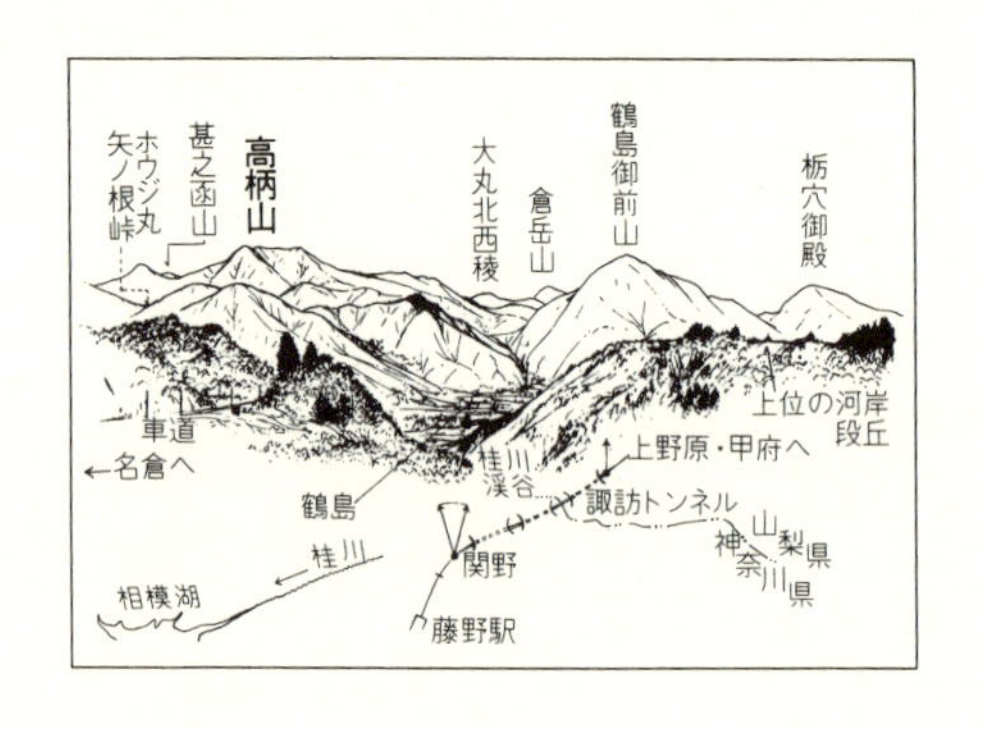

16

土俵岳　一〇〇五・二メートル

巨人伝説デーダラボッチの相撲場だからかと思って登ってみたが……。
地図には土表岳とも。

上野原駅を発車した電車は、すぐに鶴川の鉄橋を渡り、切通しを抜けると、右手に上野原の台地を前景に、小さな起伏の山稜が連なって見える。これは山梨と東京の国境で、通称、笹尾根といい、三頭山から高尾山に続いている。

新設の上野原高校の右上に見えるのが土俵岳（どひょうだけ）である。地図には土表岳とあるが、ガイドブックは土俵岳と書いている。

福島県の猪苗代湖の近くや東北の朝日連峰には、天狗角力取山（てんぐすもうとり）なんてのもあるし、これもテッキリそのたぐいだと決めてかかった。それに、武、甲、信州にかけては、昔から巨人伝説の宝庫で、ダイダラボッチ、デーダラボッチなどの活躍の場であったからだ。

柳田国男氏には「大太法師」と題したすぐれた研究があるが、それによると、日本ばかりでなく、結構外国にもあるという。

昔、巨人が富士山をつくっているとき、モッコからこぼれた土が塩山だとか、山梨県敷島町の池ノ原、八ヶ岳のふもとの白駒池、霧ヶ峰の八島池は、巨人の足跡に水がたまったものだとか、こんなにスケールの大きいロマンをつくりだした人は一体だれだろうか。

ひょっとすると、この土俵岳も、きっとデーダラボッチの相撲場ではないだろうか。胸ふくらむ思いで、国境の稜線をたどった。主稜北側には秋川の谷をへだてて、御前山、大岳山などがそびえ、左には道志連山の上に富士山がすっくと立っている。クマザサの小ピークをあがると、カヤトの原となり、前方に丸山、権現山が峰続きに見えた。そこにはぽつんと三角点があるだけだった。これはデーダラボッチの土俵ではない。アテがはずれてがっかりした。

不思議なことに、このあたりに「岳」とつく山名は一つもないのに、この山だけが「岳」を名乗っている。

岳というのは「ダケハ只ノ山又ハ峯ト云フ語トハ別ニシテ神山又ハ霊山ヲ意味スル日本語カト思ハル……沖縄ニ於テモダケハ悉ク神ノ山ナリ」と柳田国男氏は書いている。とすれば、山神を祀るあとが一つくらいあってもよいと思われる。

ところが、道中の宗教的遺物といえば、棡原の日原と南秋川の川苔を結ぶ日原峠に、小さな石仏一体、ポツンと残されていただけだ。

『甲斐国志』によれば、この稜線の東の方、浅間峠（せんげん）に「浅間明神ノ小祠アリ境ノ宮ト称ス」とあり、小さな祠がいまもあることはあるが、当時のものかどうか。

上野原を出て鶴川の鉄橋を渡るとき、右車窓に笹尾根の山々がなつかしい

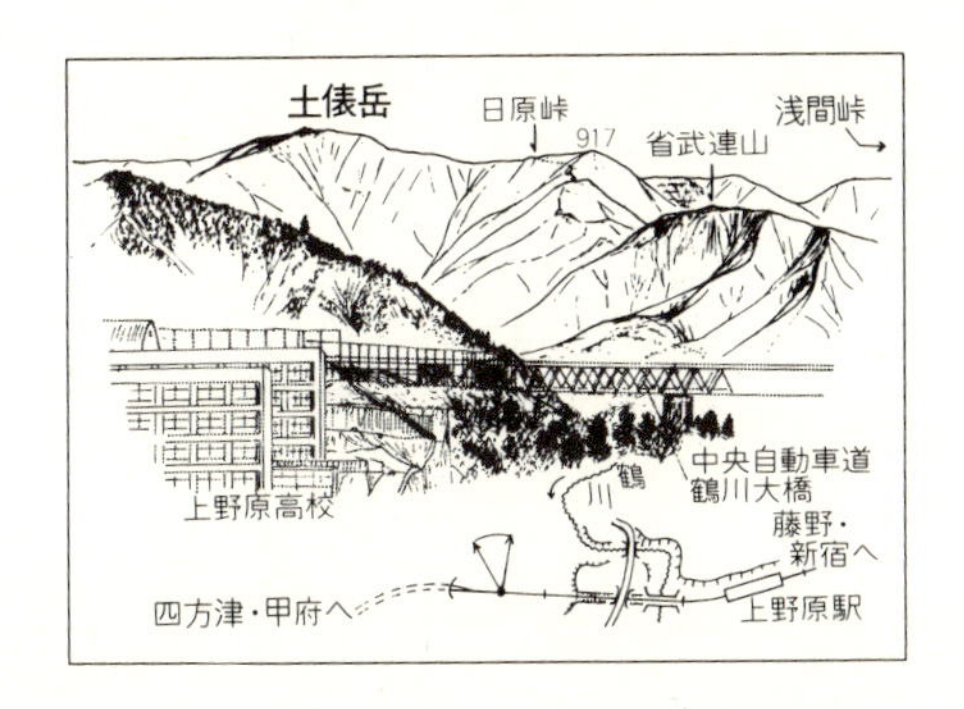

17

御前山

四八四・一メートル

桂川の河岸段丘の上に、こしらえたように、
もののみごとに「山」の字形に並ぶ三つのコブ。

高柄山の右手前、河岸段丘の上にチョコンと鎮座しているのが、御前山(ごぜんやま)である。

この御前山という名前はくせ者である。地図を広げるとよくわかるが、近くに同名の山が四つもあるのだ。ここにとりあげたもの以外の三つは、四方津のすぐ北にあるもの、『甲斐国志』が「御前ト云アリ烽火台ノ古趾ナリト云同名ノ山数多アリ」と記録している山。梁川(やながわ)、鳥沢間斧窪(おのくぼ)トンネルの真上のもの。それに大月の馬立山の北東にあるもので、頂には小さな祠がある。

『日本山名辞典』によれば御前山というのは、奥にひかえる本宮に対して、前宮を安置しているからつけられたとある。そうなると、この上野原・鶴島の御前山の本宮とはどの山だろうか。おそらく、高柄山ということになろう。

『甲斐国志』は「此ヲバ鶴島御前ト称ス山頂平坦ノ地ヲ日向屋敷ト云土人相伝ヘテ小俣日向守ナル者ノ居館ナリシトゾ」と記録している。

この御前山は、四方津で左車窓のうしろから見る方が印象に残る。河岸段丘の上に

「山」の字形に見える。左側の小ピークを栃穴御殿というそうだ。御殿というのは、小さなコブみたいな地形につけられている。笹子峠の北にやはり笹子御殿というのがある。

中央線はトンネルが多いので一つの山を連続して注視しにくい。「トンネルを抜ければ雪国であった」というような文学作品が生まれる場合はともかく、山名をあてはめるのがむずかしいのである。

この御前山のように東側の上野原で見た姿と、トンネルを抜けた反対側の四方津とでは全然山の感じがちがってくるのを見てもおわかりのことと思う。

余談になるが、上野原の北、奥多摩湖の東に、やはり御前山というのがある。御飯をお膳に盛ったように見えるからだという。そうなると、この山は御膳山と書いた方がよいではないか。

先年暮れ、大掃除をしていたら、昭和十八年発行の『クレパス画の描き方』という本がでてきた。中村善策画伯の著である。この口絵に、松留の発電所（桂川と鶴川の合流点）の放水口から見た御前山が載っていた。右前景が白い発電所の建物、左バックに御前山。中景の桂川の段丘上の建物の赤い屋根が、画面を締めており、小粋な小品であった。この建物、たしか「依水荘」（滑水荘？）といったように覚えているが、現在も車窓から望見される。

河岸段丘の上の可愛らしいコブ、本当に山の字に見える

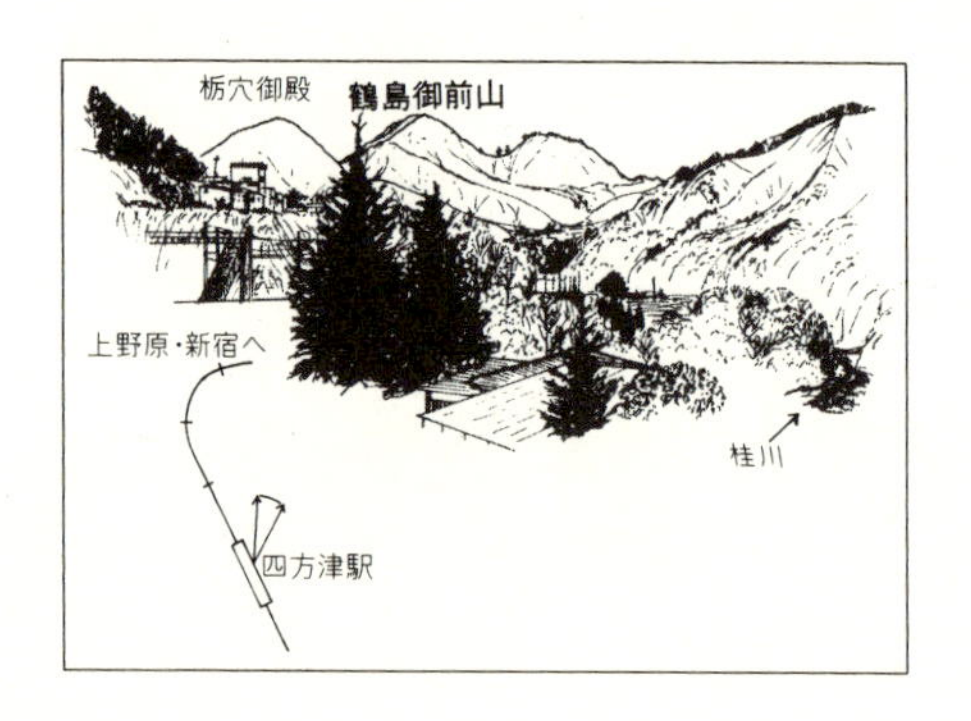

18 倉岳山

九九〇・一メートル

鞍を立てたような形の山。目の下を走る電車の汽笛ものどか。静かなひとときが味わえる好きな山の一つ。

この山はいい山だ。昔は、鞍(くら)立山とも書いていたようだ。『甲斐国志』には、鞍立山、倉岳(くらたけ)山とふたいろに記録されている。

個人的な好みでいえば、やはり「鞍立山」をとりたい。四方津駅あたりで見ると、いかにも鞍を立ててあるように見えるからだ。

小篠から穴路(あなじ)峠に登り東に稜線をたどって行くと、北側は松林、右はクヌギなどの雑木のゆるい登りとなり、幅広い馬の鞍に似た平をすぎると頂上である。東の方が切り開かれており、矢平山や高柄山が稜線通しに見える。左下には鶴島御前山が小さくうずくまり、はるか高みは陣馬山から、左に甲武国境稜線がのびているのが見える。

南側、秋山川の谷をへだてて見えるのは、道志山塊の重畳とした山々。その左肩に連なるのは丹沢の山々である。やはり、二等三角点だけのことはある。

ハイカーの数が少ないからか、ゴミもあまり見当たらない。それに指導標の数の少ないことも好感がもてる。指導標は急所に正確なものが一つあればいい。最近の南アルプスあたり、国立公園に編入されてから、バカデカイ、およそ芸術的センスを疑うようなものが、つまらない所に立てられており、まったく、目ざわりである。

本来、このような人工物はないに越したことはない。自然の景観をこわさない程度に、控えめにしてもらいたいものだ。

さて、下に見える、中央自動車道の豆みたいな自動車の動き、中央線を走る電車、どれもこれもあまりにものろい。白い∧型の鳥沢駅のブリッジも見える。しばらくしてから汽笛が聞こえた。のどかだ。時報を告げる役場のチャイムも、この山頂で聞くそれは、澄んだ音色、たゆたうようにきこえてくる。

長い距離と時間を濾過してきたものは、本当に心安らぐものである。鳥沢駅から歩いて二時間から二時間半で、このようなおだやかな山頂に立てること、本当に不思議でしかたない。毎日が忙しければ忙しいほど、こんな静かなひとときがかけがえのない宝物のように思えてくる。私の好きな山の一つである。

それはそうと前に土地の人からきいた話で、頂上近くに「ヘソ水」といって湧き水があったという。昔の人は旱魃になると登って雨乞いをしたとのこと。今では雨乞いなんて誰もする人はいない。「ヘソ水」もお払い箱となり、とうの昔に忘れさられてしまっている。

四方津から鳥沢にかけて桂川の対岸（下り線左車窓）によく見える

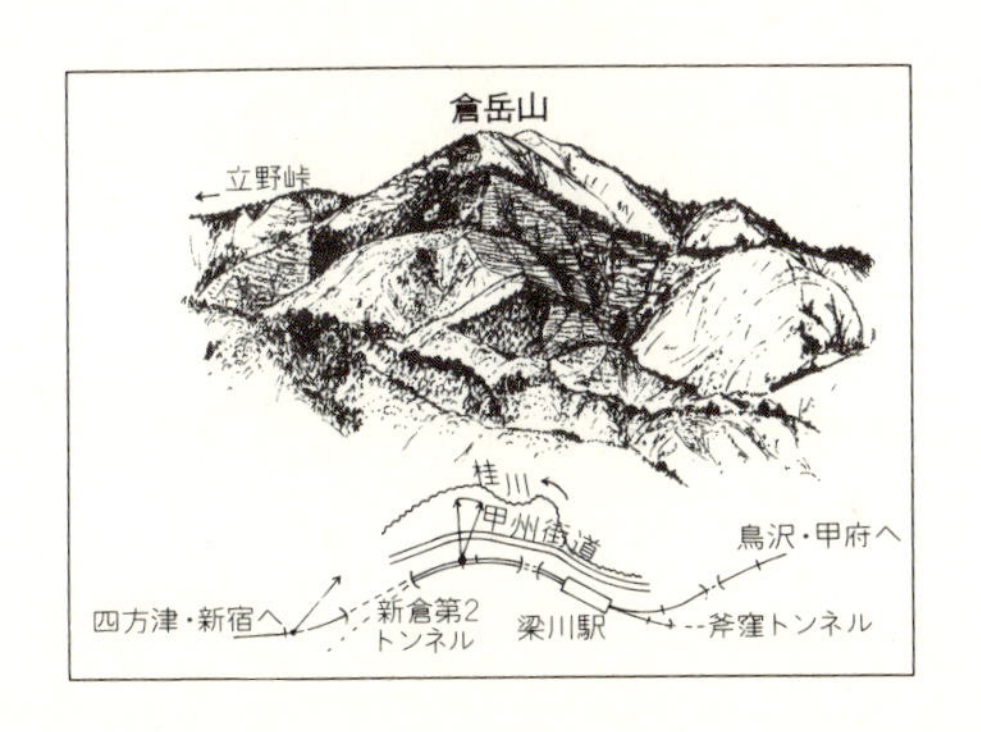

19
高畑山
九八一・九メートル

展望のない雑木の山。でも『甲斐国志』には「不死ノ峯」と。
戦後の一時期、仙人が住みついたこともある。

鳥沢駅から桂川をへだてて対岸の山々を眺めてみる。だれでも気付くのは、大桑山の右肩にたっているパラボラ・アンテナであろう。これは、電電公社の猿橋無線中継所である。

最近、山の中にこういった人工物がいくつもたつようになった。景観としては、少し異質の感なきにしもあらずである。でも、考えようによってはメリットもある。

その一つは、建設のため、その後の巡回保守点検のため、その地点まで車道がたいがい通じていることである。

その上、概ね山稜の見通しのよいところに建てられているから、展望はすばらしい。さらに、車を使えば相当アプローチの短縮もはかられる。

こんなのは、なまけ者のたわ言であろうか。でも次の理由は本当にありがたい。それは、地点、位置がハッキリ同定できることである。遠くにポツンと見えるパラボラ・アンテナを基準に、あれは何山といって同定するのは実に楽しい。

話がはじめから脱線してしまったが、この中継所には、猿橋から朝日小沢を経るものと、南側都留の朝日川に沿ってあがるものと二つのルートがある。

このアンテナの左肩は、地図に山名は出ていないが、大桑山である。『甲斐国志』には「大グワ山」とある。南西斜面はたくさんの桑畑であるが、何かの因縁だろうか。

ここは展望がいい。眼前に百蔵山、権現山、扇山など、それに重なるのは遠く雲取、笠取などの山々ではないか。さらに左には、大菩薩南嶺の黒岳から滝子山まで。その左は思いもかけず、鳳凰三山から白峰三山まで、首をめぐらせば三ツ峠から富士山へと続く。

いったん稜線を急降下して東進すると、この山域にはめずらしく、ナイフエッジの岩稜となる。わずか一〇メートルたらずだが一瞬緊張する。

ふたたび登れば、ナラのまじった雑木林で、ポツンと立木をけずった古い指導標一つの高畑山である。

周囲は雑木で展望はない。この高畑山、戦前の地図には名前はのっていなかった。ただガイドブックには、楢山、高畑倉山などの異名が記載されている。『甲斐国志』には「不死ノ峯」とでている。

それかあらぬか、戦後の一時期、高畑仙人がこの山の下に住みつき、若い人たちにだいぶ人気があった。観光パンフレットなどにもとりあげられたが、今は廃屋となっている。

倉岳山のつづきの尾根。パラボラ・アンテナがこの山を探すときの目印

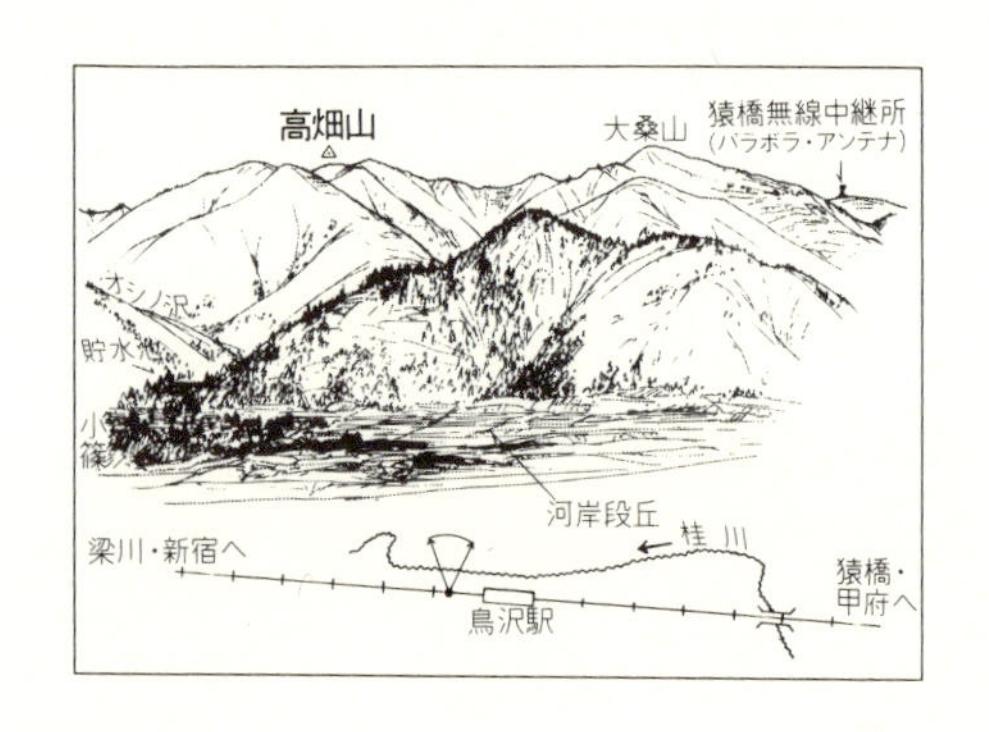

20

扇山

一一三七・八メートル

甲州街道の宿場町をぬけて登る道は人気のハイキング・コース。西に猿橋、東に犬目の宿。そこで……。

鳥沢駅のすぐ裏手、車窓いっぱいに見えるのが、扇山(おおぎやま)である。名前の通り、扇子をひろげた形をしている。

この山は、戦前からハイキング・コースとして知られていた。今でも人気があり、日曜日の朝など、ハイカーがどっとくりだす。これからのお客さん、帰りは東京までのキップをなかなか買ってはくれない。ソメカワ一枚とか、チクカワ一枚とか。そんな駅があったかしらん。実は隣の駅「梁川」である(今では金券式の自動券売機)。そして、都内に入れば定期券で改札口を抜ける。

本題に入って、なぜこの山はそんなに人気があるのだろうか。まずは名前がいい。それに初めから目の前に目的の山全体が見える。駅から出ると、そこは甲州街道の宿場町。時代劇のセットを思わせる家並みが山旅の出発点ときている。

左に百蔵山と高さを競いつつあがっていく。ふりかえると、富士山がぐんぐんとせりあがる。森林帯をぬけると、うまい所に水場がある。この水の味が都会人の旅心をくすぐる。

杉の植林地を抜けると、もう勝負はあったようなもの。ゆるく右に折れると待望の頂上である。箱庭のような、猿橋、鳥沢、四方津の集落。桂川の段丘越しには、道志、秋山、丹沢の山々。もちろん富士山は大きく裾を開いている。

そして、西の方は大菩薩、南アルプスの遠い山並み、右下には今日のフィナーレをかざる大野の貯水池。こんな道具だてを上下各三時間で楽しめるのだから、こたえられないわけだ。

出発点となる鳥沢のことに少し触れてみたい。

この鳥沢、明暦二年（一六五六）の『皆済目録』には小西村とあり、寛文九年（一六六九）の検地帳では鳥沢村となっている。その間に、改名が行われたようだ。これは『北都留郡誌』に出ている。

その理由であるが、西に猿橋の宿があり、東に犬目の宿がある。十二支にちなめばその間は鳥（酉）である。よって鳥沢と改名。本当だろうか。

もう一つ。昔々、桃太郎は、犬、猿、キジを連れて鬼退治に。キジは鳥である。家来は三匹そろった。目指す鬼は九匹、相手にとって不足はない。大月南の九鬼山である。でも桃にちなんだ場所、地名はどうだろうか。やはり主役が欠けては困る。どこか近くに桃はないだろうか。あった！　となりの百蔵(ももくら)山。少しばかりの字のちがい、おゆるしを。ごていねいに、その奥には桃太郎を育てたおばあさんの姥子(うばこ)山まである。

車窓右手に文字どおり扇をひろげたような形。山頂は気持のよい草原

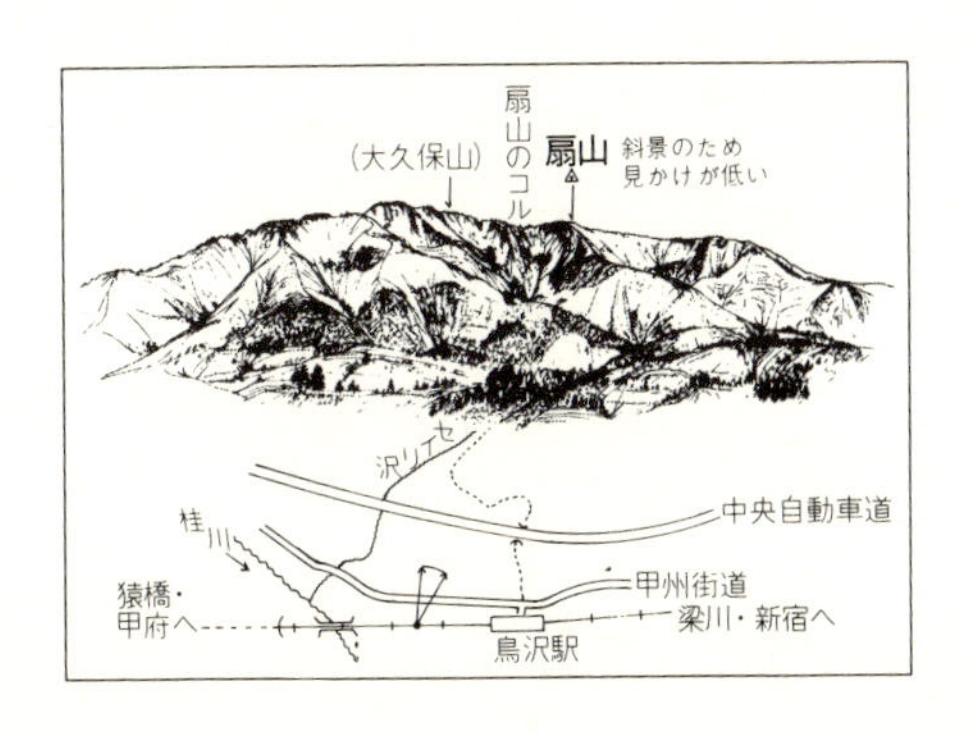

21

百蔵山　一〇〇三・四メートル

蔵が百もあるという縁起のいい名前の山。
前項の扇山と結ぶと楽しい一日のハイキング。

大月付近には縁起のいい山名や地名がたくさんある。この百蔵山(ももくらやま)もその一つである。百もお蔵があるのだからたいしたものである。上野原の鶴川、鶴島。鳥沢一帯の古名である福地。道志の古福志。桂川の南側の札金峠(さつかねとうげ)、天皇山、神楽山、菊花山、徳山など。その他では鶴ヶ鳥屋山(つるとややま)とか金山、小金沢もある。

また、明治七年十二月の町村合併で生まれた福地村（松山、新屋、上吉田）、瑞穂村（下吉田、新倉）。最近では富士急行線の「暮地(くれち)」が「寿」と改名した。中でも札金とはたいしたものだ。『甲斐名勝志』には「往昔右大将頼朝卿金ノ札ヲ付テ放チ給フ」と出ている。この札金峠一帯を「峯ヨリ山足ニ至ルマテ数峯起伏シテ畝ノ如シ土人頼朝の大根畝ト云」と『甲斐国志』は記している。初狩という地名は源頼朝が富士の巻狩をはじめたことから名づけられたというくらいだから、このあたり一帯が頼朝の狩のホームグラウンドであったのかも知れない。

前置きが長くなったが、鳥沢を出て、大月、初狩に至る間、桂川の左岸台地上に大きなふんばりを見せているこの百蔵山はやはり印象に残る。

『甲斐叢記』は、藤崎（鳥沢・猿橋間のトンネルあたり）から望んだ景を次のように述べている。

「此地駅路より川を隔て遙かに望めば其景色最佳麗く宛然巧匠もて造り成せる仮山水の如し」

実際、右から扇山、百蔵山、葛野(かつの)川奥の小金沢連嶺、大菩薩の峰々、その左下の岩殿山と、桂川沿いの車窓からの眺めの中ではいちばん空間のひろがりの大きさを感じさせる。

この山に登るのは、見た目より簡単である。猿橋から大月市営グランドのわきを経て北上すると、二時間くらいで頂上につく。

私が最初に登った昭和十五年ごろは、山火事があったらしく、ひどいものであった。でも頂上近くはツツジが満開で、歓声をあげた。それにもましてすばらしかったのは富士山の眺めであった。春がすみたなびく晩春など、命の洗濯に出かけてみてはいかがだろうか。

下を流れる桂川に目をおとしてみれば、中央道の自動車、中央線の電車など、まるで、おとぎの国の主人公になったような思いにかられる。だが一日の行程としては少しばかり物足りない。東の長尾峰、大久保山を越えて扇山と組み合わせて歩くと、楽しい一日のハイキング・コースとなることうけあいである。

鳥沢駅を出て桂川の鉄橋上から。このあたりは河岸段丘が発達している

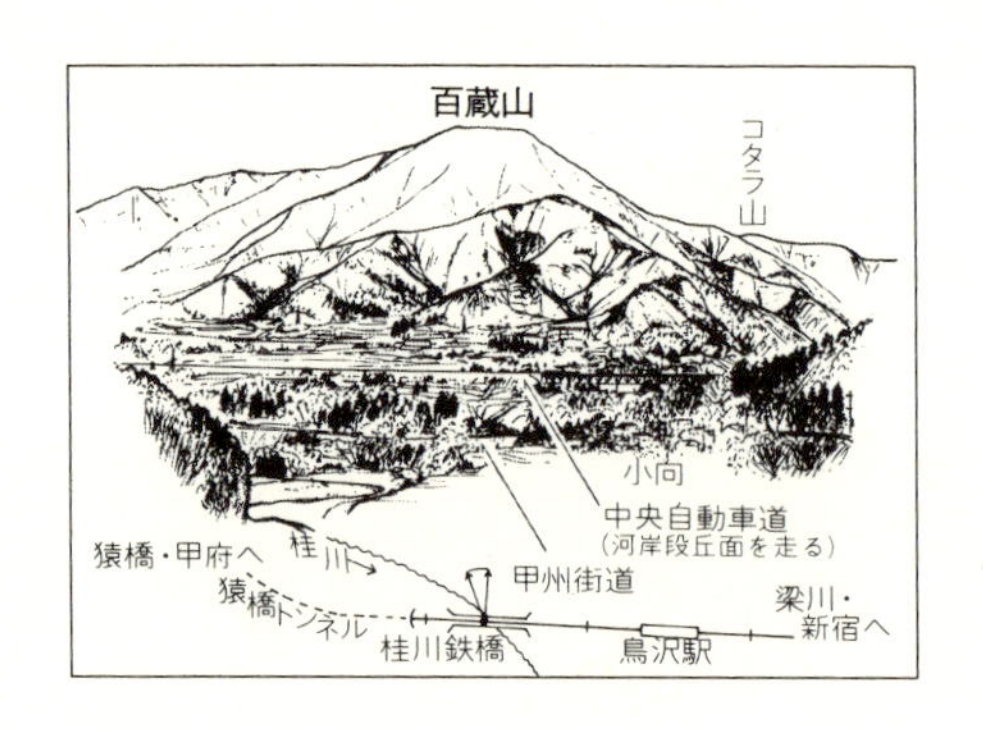

22

雁ヶ腹摺山

一八五七メートル

雁がおなかをする山とはケッタイな名前。
姿を消していく五百円札の裏の富士山はこの山頂からのもの。

初狩の真木川沿いに北上する林道は大峠を越えて、葛野川の支流、小金沢の右岸を経て、深城へとつながっている。この中間、大峠から右に歩いて一時間半、雁ヶ腹摺山というケッタイな名前の山頂に達する。

南面はカヤトの原で、富士山が大きくすそを開いて見える。五百円札の裏に印刷されている富士山がこれである。

昭和十七年十一月三日午前七時、当時国鉄大宮工機部（現在の国鉄大宮工場）につとめていた埼玉県与野市上落合の名取久作氏がこの山の頂上で写した写真を原画としている。

それから四十年余を経て、あらためて見くらべてみると、自然は全然かわっていない。ただ、前景の鶴ヶ鳥屋山と重なっている中景の三ツ峠の上にパラボラ・アンテナが建てられたのが目につくだけである。35ミリのカメラに１００ミリレンズをつけて写すと、五百円札のものと同じ構図となる。

最近五百円札が硬貨に変わっているので、その前に一目見ておこう、カメラにおさめておこうという人たちの山行が増えている。大月駅からタクシーを使うと楽に入山できることもあってか、なかなかの賑わいである。

それにしても、雁ヶ腹摺とはおもしろい名前だ。同名の山がこの近くに三つもある。一つは、大菩薩峠と黒岳の間にあり、もう一つは、笹子峠の東、中央自動車道の笹子トンネルの真上の山である。混乱するので、前者を、牛奥(うしおく)の雁ヶ腹摺山、後者を、笹子雁ヶ腹摺山といって区別している。

先輩からの聞き伝えによると、雁鳴き渡るとき、この山の腹をこすって山越えしたので名付けられたという。雁が腹を摺るほどの低空飛行をするとき、果して山の頂を越えるだろうか。鳥だって人間だって、わざわざ高いところを横断はしないだろう。

思うに、笹子雁ヶ腹摺山は笹子峠、牛奥のそれは、その南面のカヤトの原、賽(さい)の河原というが、これを越えたのだろう。そして、もう一つのは大峠ということになろう。

それというのも、地形的にみて、どのルートも雁の鳥道としてふさわしいタルミだからである。

ちなみに、この山の高さ、国土地理院の五万分の一地図昭和四十七年版までは一八八〇メートルと記されていた。頂上の案内板や、『日本山名辞典』、『世界山岳百科事典』その他ガイドブックなどにも旧標高で記されているものが散見される。

桂川鉄橋から。この付近に三つある同名の山の代表。左には小金沢連嶺がつづく

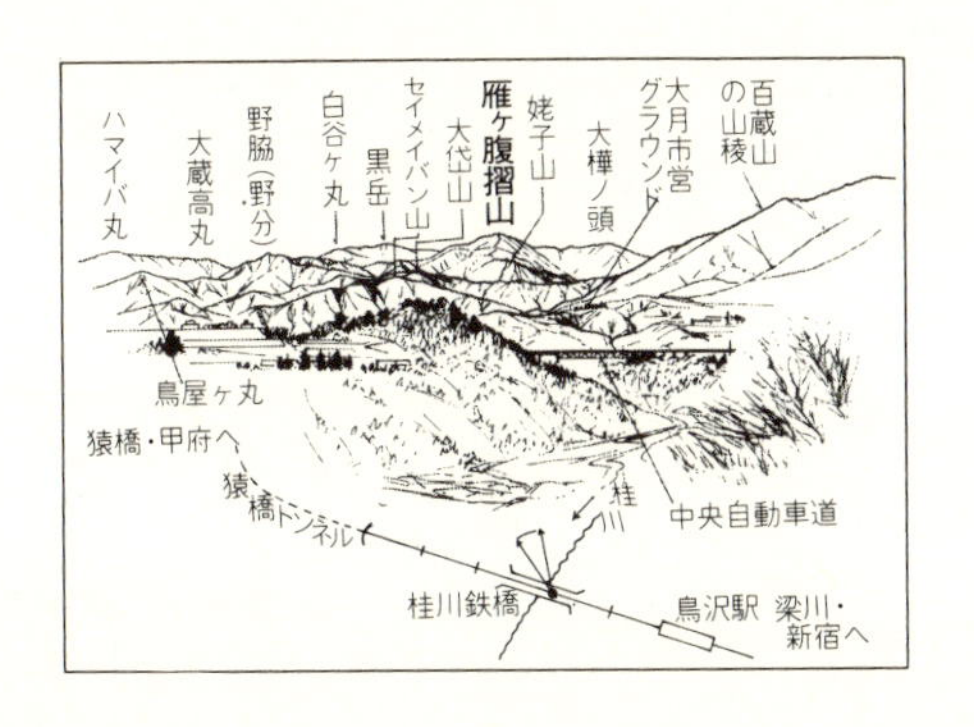

23

黒岳

一九八七・五メートル

黒木におおわれているが一等三角点の補点のある山。むかしは江戸沖の海をゆく船の姿まで見えたとか。

中里介山の小説で有名な大菩薩峠から南下すると、小金沢連嶺に達する。さらに南下すると黒岳(くろだけ)となり、ここで尾根が二つに分かれる。南にくだると、湯ノ沢峠を経て大蔵高丸(おおくらたかまる)、ハマイバ丸、大谷ヶ丸(おおや)、滝子山へと連なる。これを通称、大菩薩南嶺という。

黒岳から真東にいき、途中大峰から直角に近く南下して、葛野川と奈良子川の合流点におりてくるのを楢ノ木尾根という。

鳥沢から猿橋にかけて車窓右前方に見えるのが、『甲斐叢記』も絶讃しているこれらの山々である。

この山域のキーポイントは黒岳であるが、今では黒木におおわれ展望もきかない。しかし、この山は一等三角点の補点が埋められている。一等三角点には本点と補点がある。標石はどちらも小豆島産のモモイロミカゲ石を使って、上面は正方形、一辺の長さが一八センチ、頭部の高さが二一センチ、柱石全体で八二センチの直方体ときめられている。本点はほぼ四五キロメートルおきにあり、補点はその間に一辺二〇キロメートルほどの距離をおいて埋められている。日本全国に本点は三四六、補点は六二二ある。山梨県は山に囲まれているから、さぞたくさんあるだろうと思うが、さにあらず。本点はわずかに二ヵ所。南アルプス北部の甲斐駒ヶ岳、本栖湖の南西の毛無山だけである。他に国師岳Ⅱがあるが、実際は甲武信岳北の三宝山なので山梨県内ではない。

補点は、奥秩父の国師岳。八ヶ岳の赤岳。櫛形山の南の大峠山。河口湖の北の黒岳。山中湖の北東の御正体山（みしょうたいさん）。山梨、東京、埼玉の境の雲取山。それとこの黒岳。ところが黒岳が二つあるので国土地理院では小金沢山といっている。どれも皆高い山である。

平地にも一ヵ所だけある。正式呼称は、塩崎村というが、実は竜王町・竜王トンネル下りの出口の真東、四〇〇メートルの桑畑の中にある。

よく調べたなあと感心しないではほしい。実は国土地理院に、武田満子さんという建設技官が岳友でいる。その受け売りである。

『甲斐国志』によれば「黒岳山アリ高山ナリ峯ニテ望メハ武州ヨリ東海船舶の往来スル者明カニ見ユ」とある。さすが一等三角点である。でも文化十一年（一八一四）編纂の『甲斐国志』、いくらスモッグなどなかった時代とはいえ、果して船が見えたのだろうか。

猿橋東の殿上（とのうえ）から。黒岳左に白谷ヶ丸のカヤトのきれいな斜面がよく見える

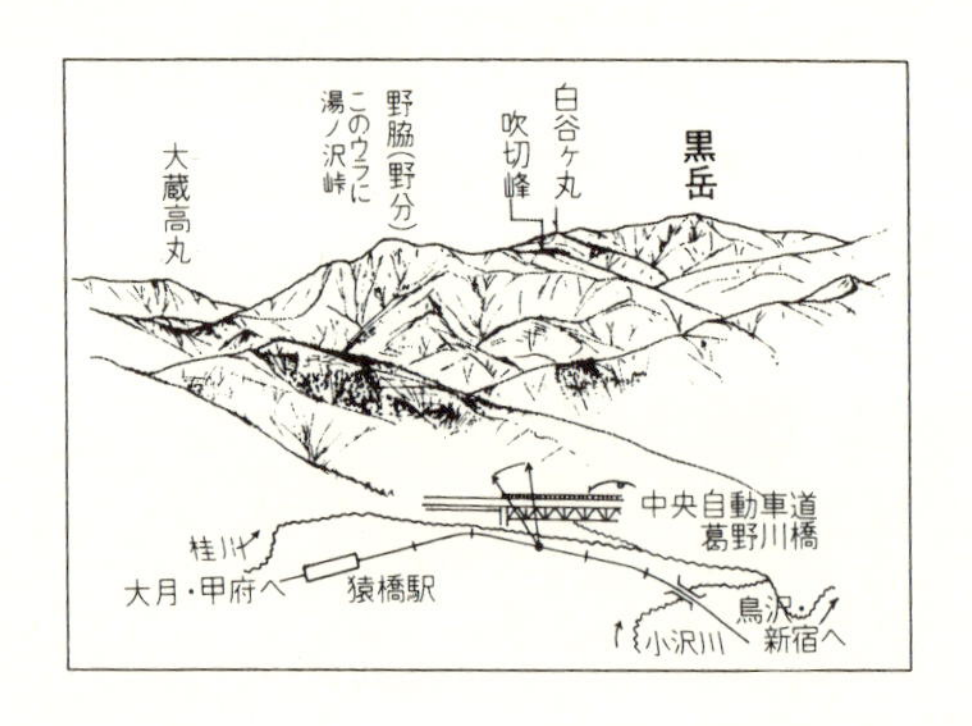

24 ハマイバ丸　一七五二メートル

破魔矢を射た場所だろうか。それにしては高い所だ。
この山上でどんなセレモニーがあったのだろう。

この地域一帯には、○○丸と名のる山が多い。赤岩ヶ丸、白谷ヶ丸、大蔵高丸、大谷ヶ丸、ハマイバ丸、コンドウ丸、鎮西ヶ丸、鳥屋ヶ丸、本社ヶ丸などである。

一体、「丸」とは何だろうか。これについては、小島烏水氏と同時代の、日本山岳会第三代会長木暮理太郎氏の研究が残っている。

彼の説によれば、マルは朝鮮からきた言葉であるという。『日本書紀』をひき、持統天皇の二年に、百済の敬須徳那利が甲州へ来たと、淳仁天皇の天平宝字五年三月十五日に百済の伊志磨呂が福地姓を賜ったこと（福地とは鳥沢一帯の古名）とか、とにかく詳しい。結論として朝鮮の言葉が残っていても無理ないこと。そして、そのマルであるが、これは「山」の朝鮮語であり、それが、モリ、モイに転じたという。

話はわきにそれるが、お茶の水女子大学の式正英教授は『自然の博物誌〈山〉』（NHKブックス）の中で、山を○○森とドイツでもいうことがあると書いている。シュバルツ・バルト、ボヘミアン・バルト、チューリンゲン・バルト。このバルトというのは森のことで、ここでは山地の呼び名として使われているということだ。

本題にかえり、この地域、おかしな地名がある。恵能野、間明野、桑西、寺ドコ、ヒルソフリ、ヒカゲジャクシ、コッポ沢、ジーロザス沢、アモウ沢、デンタエロ、ハマイバなどと。

ハマイバ、破魔矢を射た場所の意か。それにしては、一七五二メートルとはえらく高いところではないか。

木暮理太郎氏は、ハマは荒なわや、ふじづるでつくった直径三寸から一尺の輪である、これを転がすか、投げるかして、動いているところを横から射とめる、と書いておられる。上棟式や、最近では、初詣客が手にするのを見るが、やはり、魔除けの一種であろうか。

この山名、何となく気になるらしく、山村民俗の会の岩科小一郎氏の労作『大菩薩連嶺』の中でも、加藤秀夫氏が論及している。最近では日本山書の会の谷有二氏が『富士山はなぜフジサンか』や『日本山岳伝承の謎』でも言及している。これらを通読させていただいて、私なりの結論を出せば、次の通りである。

正月十七日、この土地の山仕事を業とする人たちが、南方の滝子山の西の浜立山（破魔を立てる山）に向かって矢を射る。そして山神の加護を願い、身の安全、豊猟などを願った。その矢を射た山をハマイバ丸というようになったのではないかと。

とにかく、この大菩薩南嶺は不思議な点が多すぎる。

前ページとほぼ同じ地点から。このあたり、マルのつく山名が多い

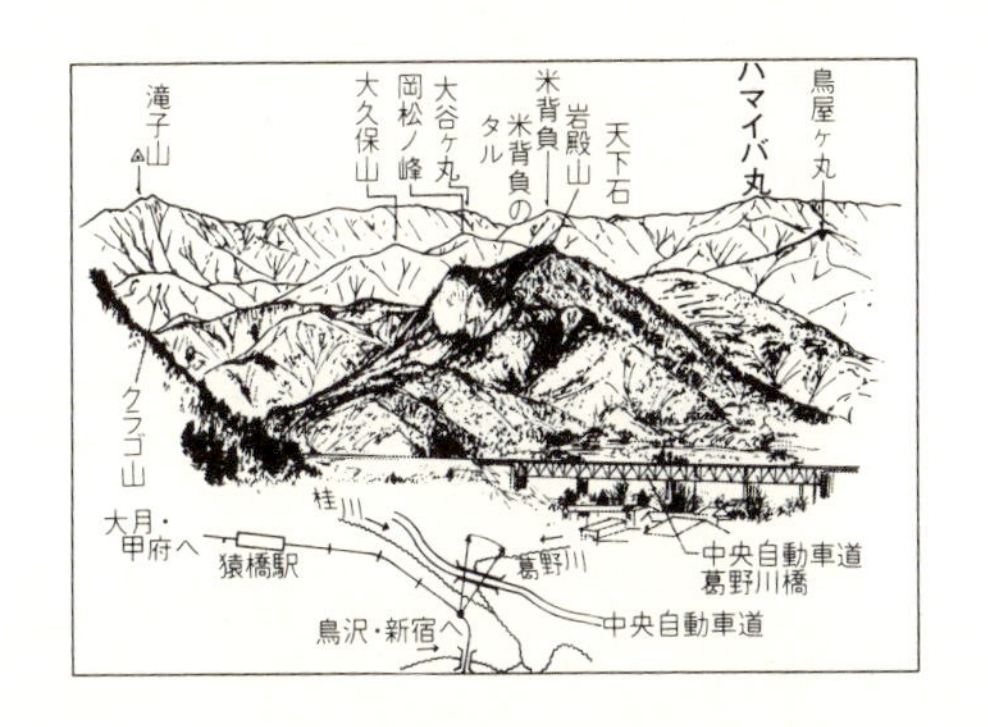

25

岩殿山

六三六・九メートル

鎌倉末期に築かれた山城。
武田氏滅亡の哀史を秘め、さまざまの伝説に彩られている。

岩殿山（いわどのさん）は、鳥沢―笹子間で見える。武田氏滅亡の哀史とともに登場するこの岩山、車窓から見える山の中では比較的知名度が高い。あの右手の大岩壁は迫力満点である。地元では、かぶと岩、大黒岩、鏡岩などと呼んでいる。

『甲斐国志』は「岩殿権現ノ祠アリ岩中ヲ屋守トシテ柱ヲ建ツ天井ハ自然ノ一片石ナリ故ニ岩殿山と云」と山名の由来を述べている。

『甲斐名勝志』には、この祠は平城（へいぜい）天皇の大同元年（八〇六）に造られ、三重の塔に、承平三年（九三三）七月十日の日付があったと書かれている。とにかく古い昔のことだ。

領主小山田氏が、ここに山城を築いたのは鎌倉末の小山田五郎行重の頃のこと。今でもその遺構がかなり残っている。そして最後の城主は武田二十四将の一人、小山田備中守信茂であった。

このくらい古い城ともなれば、いくつかの伝説が残っていても無理もない。一つは白米城の物語。山城なので水の便がわるい。それを敵にさとられないよう、あたかも滝のように白米を落したという。しかし、それを鳥がついばんだので、文字通り水泡に帰したとか。この話は全国各地にある。

それはさておき、武田勝頼を裏切った城主信茂は、その年善光寺の織田信長本陣に引き出され処刑された。時に天正十年（一五八二）春であった。

落城のとき、彼の妻は従者の小幡弥三郎と共に、生まれたばかりの赤子を連れて、裏山づたいに逃げた。その足音、ひそひそ話が岩の間で共鳴をおこした。それを追っ手が近いと錯覚、その上、赤子が泣きだした。もはやこれまでと、我が子を絶壁から投げ出し、自分も自害して果てた。

のちの人は、その岩壁のことを稚児落しと呼び、共鳴をおこした岩のはざまを、呼ばわり谷というようになったとのことである。

その他、この岩山の主、赤鬼が両手に持った石のつえをほうりなげたら、畑の中につきささった。そして、その石には鬼の手のあとが残っていたとか。いろいろ語りつがれている。

時代はかわり、最近では、春宵、中腹にぼんぼりの灯がともり、お花見としゃれこむ人も多くなった。

さあれ、いくら下剋上の時代であったとはいえ、信茂を斬った織田信長も、それからわずか二ヵ月、本能寺で明智光秀に命を断たれてしまうとは。

白米を落して山頂に水がめがあるようにあざむいたという伝説をもつ

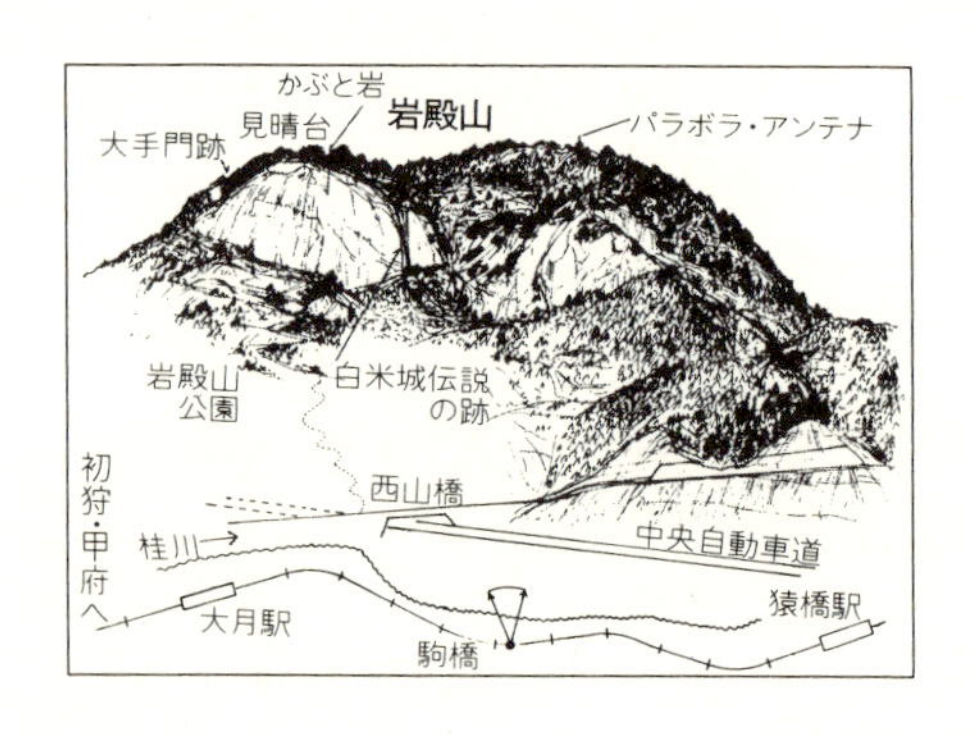

26

菊花山

六四五・一メートル

菊の花の山とは奥床しい。でも五つも別名があって、
地元では貧乏山、バカ山などとひどい名で呼ぶ人も。

私たちは、山といえばすぐに頂を思いうかべる。昔は、生活や信仰に関係なければ、山の名など用はなかった。だから、甲府盆地の人々はあんなに大きな南アルプスでも、たった一言、西山でかたづけていた。

同じ頂を持ちながら、片やキノコが採れるのでキノコ山。裏側ではタケノコが採れるのでタケノコ山。よって、山の名は一つのピークではなく、そのピークから派生する面をいうのだという説も生まれてくる。

ここに紹介する、大月駅の南側、岩殿山と対峙する菊花山(きくかやま)は名前が五つもある。

天明二年(一七八二)編の『甲斐名勝志』には「駒橋村幸暁寺と云(いう)禅院の東南の山也、又菊花石と云有、大きさ三尺許菊花の紋有」。三十年後の『甲斐国志』では「大月ノ分界ニ山上ニ登ルコト六町許ニシテ危岩峨々トシ峙立セル所アリ此岩ヲ砕ケハ(ば)菊紋アリ此菊花山ナリ」とある。

現在も菊花石が採れるが、専門家によれば、レピドーチクリナという有孔虫の化石と

のことである。

　菊花などとおそれ多い名を持ちながら、俗称はひどいものだ。貧乏山、バカ山というのだ。大月の人たちは、こんな山があるばかりに日もあたらず、町も大きくならない、おかげで貧乏をしている、こんなバカな山は消えてうせろというわけである。

　昔の人も切実だったとみえ、『甲斐国志』でも「之ヲ貧乏山ト云其南ヘ突起シテ日光ヲ障ルヲ悪ミテナリ、沢井ニテハ村北ヘ之ヲ負ヒテ冬温ナリ故ニ徳山ト称ス」と。南側の沢井村では徳山といい、大月では貧乏山とは全く逆な山名ではないか。

　そこで、町の有志が林宝山と改名した。しかし、こういった人為的な改名は、なかなか住民の間になじまないものだ。

　同じような例はほかにもある。甲斐駒ヶ岳の麓の濁沢は神宮川と改名した。明治神宮の境内の玉砂利を献じているからだという。ところが、ここに某ウイスキーの工場が建てられ、濁沢ではイメージダウン、神宮川と名を変えたというのが、もっぱらのうわさである。

　でも、その最たるものは、全国的に猛威をふるった住居表示の変更である。庶民の文化が一片の紙きれで破壊される。そんなことが許されていいものか。

　またも話のゲタがぬげた（国鉄の隠語で、脱線のことをゲタがぬげたという）。

桂川鉄橋上より。北側では貧乏山、南側では徳山と、正反対の名で呼ばれる山

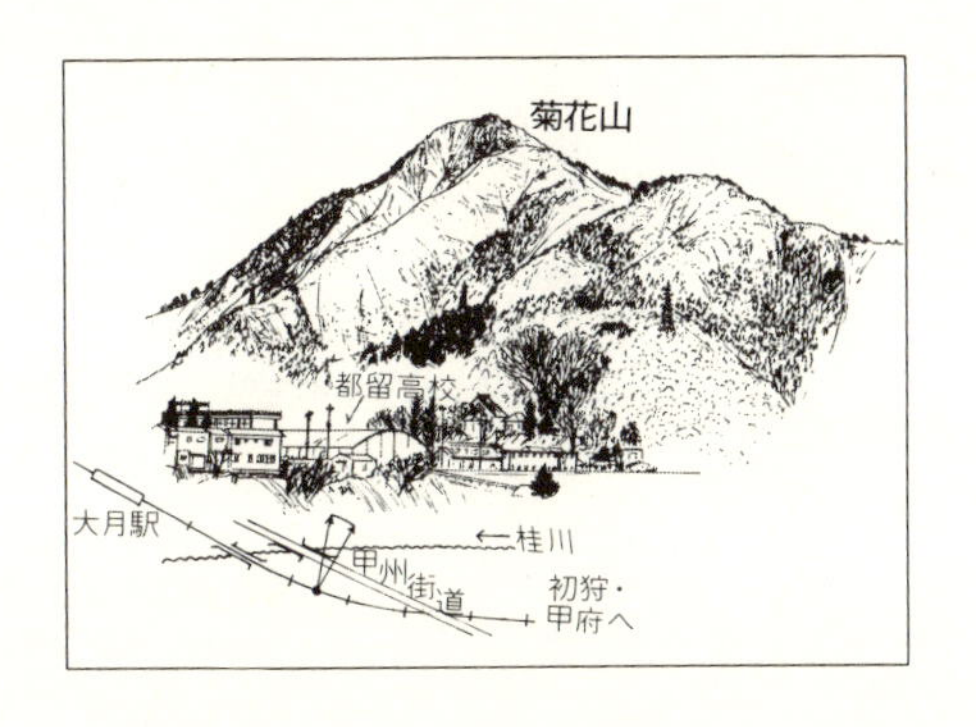

27

高川山　九七五・九メートル

御坂山塊東端の独立峰。山頂からは都留一帯が一望。
お七火事で焼け出された松尾芭蕉はこの山のふもとへ。

大月駅のホーム西端から、線路をまたぐようによく見える。桂川と笹子川にはさまれた、御坂山塊の東端にある独立峰を高川山（たかがわやま）という。

頂上に立てば、都留一帯の眺望をすべて手中にできる。その頂点は、極めつきが富士山であり、桂川をへだてて対峙するのは九鬼山（くきさん）である。うれしいことにごみ一つない。訪ねる人も少ないと見える。初狩から登り、富士急行線の田野倉におりるのが一般コースである。

『山梨県市郡村誌』には、「高尾山」。『甲斐国志』には「高尾山ノ最頂道心者」、別項には「大峯ト云」とある。河田楨氏の『かひしなの』は「高がはといふ名は笹子川方面の名称で、一般には単に〈たか〉と呼ばれ、この沢の奥には〈たかのお滝〉といふ滝などもある。壬生（みぶ）村の方では専ら高雄山と云つてゐる」「昔は二十三夜に村のもんが皆登つて月待ちをしたで、頂上を道心ヶ岳と云ふだ」と土地の老農の話を載せている。

この山を仰いだであろう一人の俳人に触れてみたい。延宝八年（一六八〇）、門人鯉屋杉風（さんぷう）の好意で、江戸深川六間堀に庵をむすんだ松尾芭蕉である。時に三十七歳であった。翌々年の天和二年十二月二十八日、いわゆるお七火事で焼けだされた。そして疎開したのが甲州の郡内（富士山麓、桂川流域地方）であった。

この寄寓先について三つの説がある。一つは、杉風の姉の嫁ぎ先、初狩の小林家。もう一つは、深川の仏頂和尚の所で知り合った、六祖五平を頼って来たという説。三つ目は、谷村（やむら）秋元藩の家老、高山麋塒（びじ）の所という。とにかく、天和三年正月から五月まで郡内に滞在したことは事実のようである。

谷村（現在の都留市）や初狩といえば、えらくはなれているように思う。ところが高川山の西、近ヶ坂（ちかさか）を越えればわずかに六キロ。推量だが、前記三ヵ所に逗留したと思われる。芭蕉は、谷村の田原の滝で、「いきほいあり氷柱きえては瀧津魚」とよみ、句碑が残っている。一方、初狩には、安永四年（一七七五）に「葎塚（むぐらつか）」が建てられた。初狩小学校の歩道橋の下に「山賤（やまがつ）の頤（おとがい）登つ留葎哉」の句碑がある。しかしこの句は「野ざらし紀行」の帰り、貞享二年（一六八五）に甲州を通った時の句である。

ちなみに、彼は猿橋では「水くらく日のまふ谷や呼子鳥」とよんだ。それはそれ、現在、芭蕉がこの高川山を仰いだら、どんな句をつくっただろうか。

強霜の富士や力を裾までも　　飯田　龍太

大月駅西端桂川鉄橋より。桂川をへだてて九鬼山と対峙する静かな山

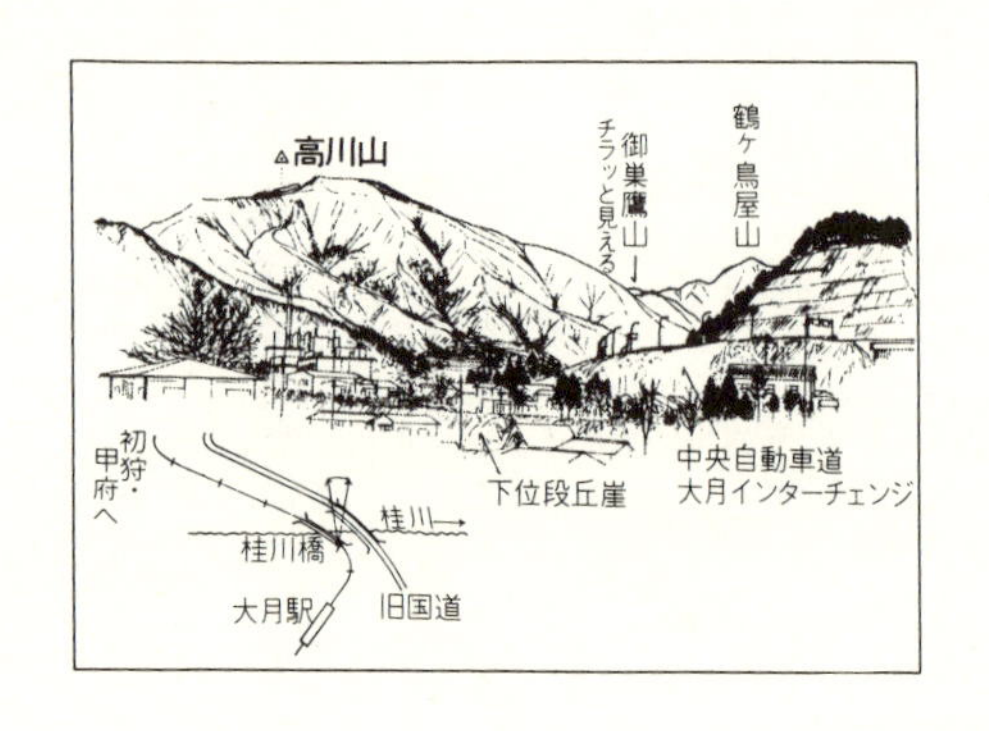

28

鶴ヶ鳥屋山

一三七四・四メートル

かつてカスミ網をおいた都留郡の鳥屋の意味か。
それにしても、どこの猟師がどの辺に？

地元の初狩の人の発音だと、ツルガタ山、ツルガト山ときこえる。でも、やはり鶴ヶ塒山（とややま）が正しい。

鳥屋（とや）を設置した都留郡の山の意であろう。都留という名は、古くは『和名抄』に出てくる。また元禄十一年（一六九八）に、富士山麓で遊んでいた白鶴三羽のうち一羽が死んだ。それを下吉田の福源寺に葬り、鶴塚を建てた。これから都留郡の名が生まれたとか。これはいただけない。最近では、朝鮮語の「ドゥル」、野原を意味する語からきているという説もある。木暮理太郎氏は、昭和十一年十一月十五日、「霧の旅会」の講演でこの説をすでにうちだしている。

これはひとまずおいて、鳥屋に移ろう。秋、渡り鳥の通り道にあたる、山の稜線や山腹にカスミ網を張る。高さ一〇メートル、幅は五〇〇メートルにも及ぶ大きなものである。この中心に木の枝などでカムフラージュした小さな掘っ立て小屋を建てる。これが鳥屋である。この中にはオトリが入っている。

夜明け、オトリの鳴き声につられて渡り鳥が集まった所を大きな旗をふってワッーとおどす。鳥はあわてふためきカスミ網に首をつっこむ。一網打尽。

現在は、この猟法は禁止されているが、昔は結構さかんであった。その名残か、山梨県内にも鰍沢町十谷の鳥屋、牧丘町西保の鳥屋原、同杣口の鳥屋沢などの地名が残っている。

敗戦後、木曽山中で、このカスミ網猟を見たことがある。無慮千羽ものツグミが一斉にさわぎたてるさまは、壮観の一語につきた。もうその時は密猟だったが、そんなうしろめたさはさらさら感じさせない程の大仕掛けのものであった。

しかし、この山、どこの村の猟師が、その辺に網を張ったのだろうか。何一つ文献が残っていない。恐らく、頂上西側の、三ツ峠や富士山がよく見える稜線上ではなかったろうか。

近くに雁ヶ腹摺という地名が三つもある。これから類推すると、ここは都留一帯で最大の猟場であったようだ。

この山、大月を出ると、高川山の右に見えだし、初狩では、三ツ峠の右前景に見える。三ツ峠山から東へ、本社ヶ丸（昭和五十六年二月十日に山火事があった）を経て頂に立つ。疎林の中の三等三角点。わりと広い頂である。真北にそそり立つ滝子山、笹子川一つをへだてただけに圧倒される。東に下ると、大幡と初狩との間、大留越に出ることができる。

この付近の車窓展望で目をひく山の一つ。晩秋～早春の静かな山歩きが味わえる

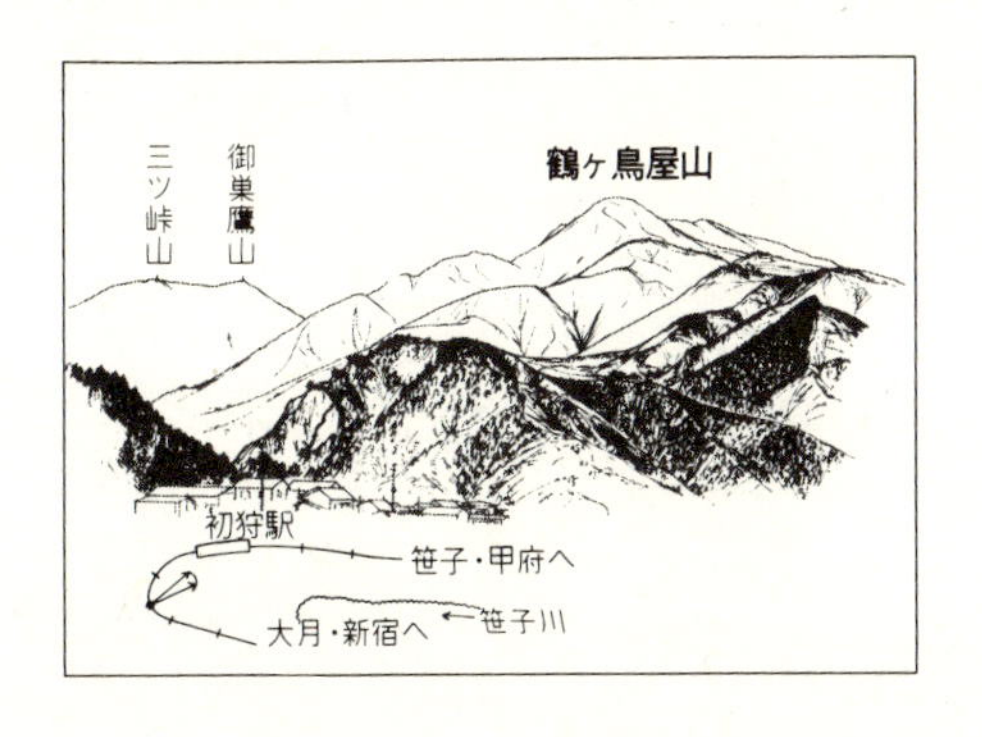

29

三ツ峠山 一七八六・一メートル　御巣鷹山 約一七六五メートル

かつては信仰の山、いまは岩登りとハイキングの山。
峠とはいうが、三つの頂（突起）があるからか。

中央線沿線のちょっとした山に登ると、必ず富士山が見える。大きく裾野をひいて、すばらしい眺めである。

中でも、最高の位置を占めているのが三ツ峠山である。またこの山の南面、屛風岩は、昭和の初めから岩登りの練習場として、人気はいやが上にも高い。昭和五十三年には、日本山岳協会により、岩登り競技会の大会ゲレンデとなったほどである。

それ以前は信仰の山であった。その跡は、だるま石、石割大権現、八十八大師、空胎上人の墓や宝蔵、北辰妙見大菩薩などに残っている。あるいは、鎧（よろい）の岩屋（『南都留郡誌』によれば、天正十年武田滅亡後、残党十七人が再起を企てた所という）がある。

『甲斐国志』は、「其峯ハ奇巌峨々トシテ三峯ニ秀ツ故ニ三峠ト云」とある。その他、水峠、三嶺山と書かれた書物もある。でも、開運山（屛風岩の頂）、木無山、御巣鷹山（おすたかやま）、この三つのドッケ（突起）から由来しているというのが妥当の命名だろう。

話かわって、御巣鷹山であるが、『甲斐国志』の国法の部に巣鷹山の項がある。十谷、雨畑など県内に十四ヵ所の拠点をあげている。

往時、甲斐は馬とともに、鷹の産地として知られていた。『妙法寺記』に、信玄の曽祖父、信昌が、長享三年（一四八九）京都の足利義尚将軍に白鷹を献上した記事が記録されている。

武将、大名の鷹狩りの鷹を確保するための山地を巣鷹山という。これにたずさわる村民には免税の恩典が与えられていたが、鷹を探し、捕らえ、育てることなどが義務づけられていた。しかし、種々困難もあったらしく、『甲斐国志』には、享保八年（一七二三）小菅や西原（さいはら）の人たちが代官所に陳情した書面がのっている。

三ツ峠山は、遠く梁川駅からも見え、甲府盆地に入ると、甲府、韮崎間でも見える。山頂に林立したアンテナが光るのですぐにわかる。十本も建っているのだ。山頂下の三ツ峠山荘の中村璋さんにいわせると「アンテナ・ラッシュ、オンパレードですよ」。目にこそ見えないが、情報の中枢に位置しているのだ。山頂にこんなにアンテナが集中しているのは、信州美ヶ原の頂上、東海道本線関ヶ原あたりで見る伊吹山などで、アンテナ・トリオといったところか。この中村さんと、昭和五十九年八月、偶然、北岳肩の小屋で出会った。

下り電車が初狩駅に入る直前、右前方に三ツ峠山が望める

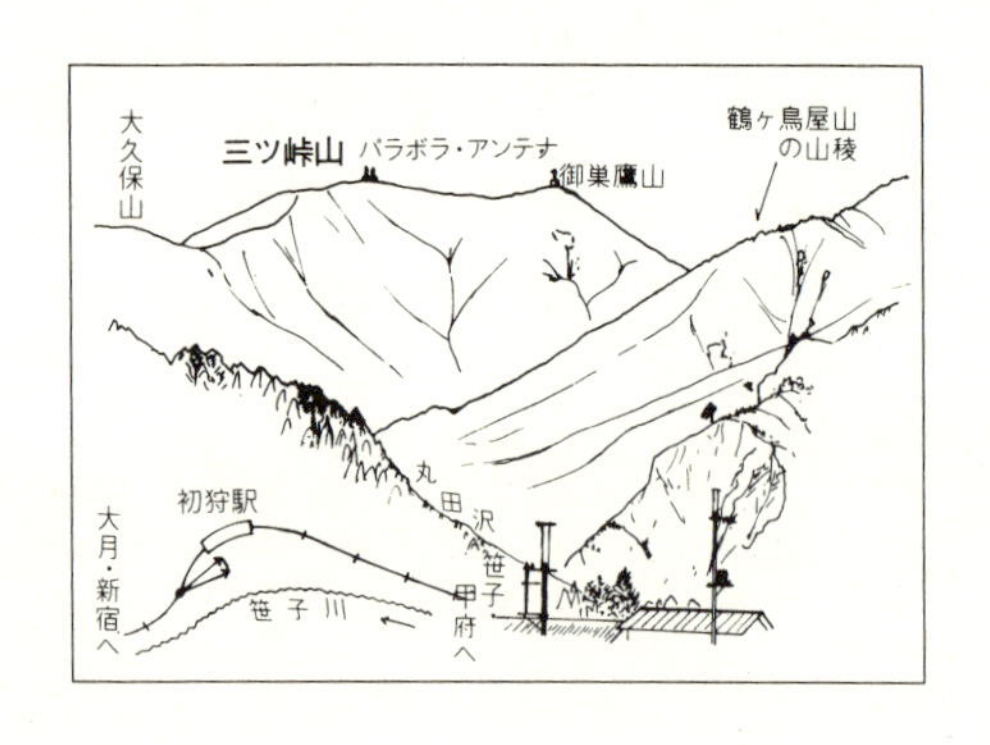

30

滝子山　一五九〇・三メートル

山頂の北にある池は鎮西ヶ池。鎮西八郎源為朝が住んだという。
雨乞いの山でもあり、霊験あらたかとか。

昔、初狩は波加利といった。ところが、建久四年（一一九三）源頼朝が、この地から富士の巻狩りをはじめた。それから初狩というようになったと、『日本地名事典』（新人物往来社刊）は書いている。

その頼朝の叔父にあたる、鎮西八郎為朝にまつわる伝説が、滝子山（たきごやま）に残っている。滝子山のすぐ北にある凹湿地、鎮西ヶ池の脇に祠がある。為朝が、伊豆から山伝いにやってきて、ここに住みついた。のちに、池から古鏡や、水晶の玉が出た。この玉を、いつもは山の中にかくしておき、旱魃（かんばつ）の時、これを鎮西ヶ池にひたすと、たちどころに雨が降りだすとのこと。最近、麓の藤沢の人たちの手で祠が建てかえられた。

滝子山自体も雨乞いの山である。頂上で白竜権現の神名を繰り返し唱えると霊験あらたかとか。『甲斐国志』や、岩科小一郎氏の採取した『山の民俗』に記録されている。岩科氏は、神名を声高く合唱することを「セングリ」といい、千回もくりかえすことの意かと解説している。

また、正月十四日前後、この山中で、鼓や笛の音がおはやしのようにきこえる。そのような年は、吉事があるとのこと。

さて、「滝」の字のサンズイをとると、「竜」という字になる。竜というのはもちろん、架空の動物だが、昔から、雷や雨に縁があったようだ。これについて、高須茂氏の『山の民俗誌』が面白い論考をしている。例えば、リュウとタツ、「立」はタツ、リュウと読む。竜巻は、辰巻、立巻とは書かないなどと、洋の東西から「竜」を論じている。でも、「竜」をリュウと読むのは慣用読みで、本当はリョウかリュなので、腑におちない。

この山の登路にふれれば、麓の藤沢集落から登るもの（雨乞い登山はこのルート）、笹子の吉久保から大鹿川沿いにあがり、曲沢（まがりざわ）峠の道を左に見送って達するものがある。頂上は、三つの小ピークにわかれている。それで、三ツ丸とか三ツ森とかいわれる。三角点のある頂より、西側のピークの方が少し高く、一六〇〇メートルを抜く。

話はわきにそれるが、前記の為朝、どこをどのように歩いたのか。韮崎の武田八幡宮の近くに為朝神社があり、疱瘡（ほうそう）を治すに卓験があったという。為朝と雨乞い、そして疱瘡と、どこでどういうふうに結びつくのか。三題噺めいてきた。

ひときわ目をひく滝子山。初狩駅西端から。山頂からの展望は広大ですばらしい

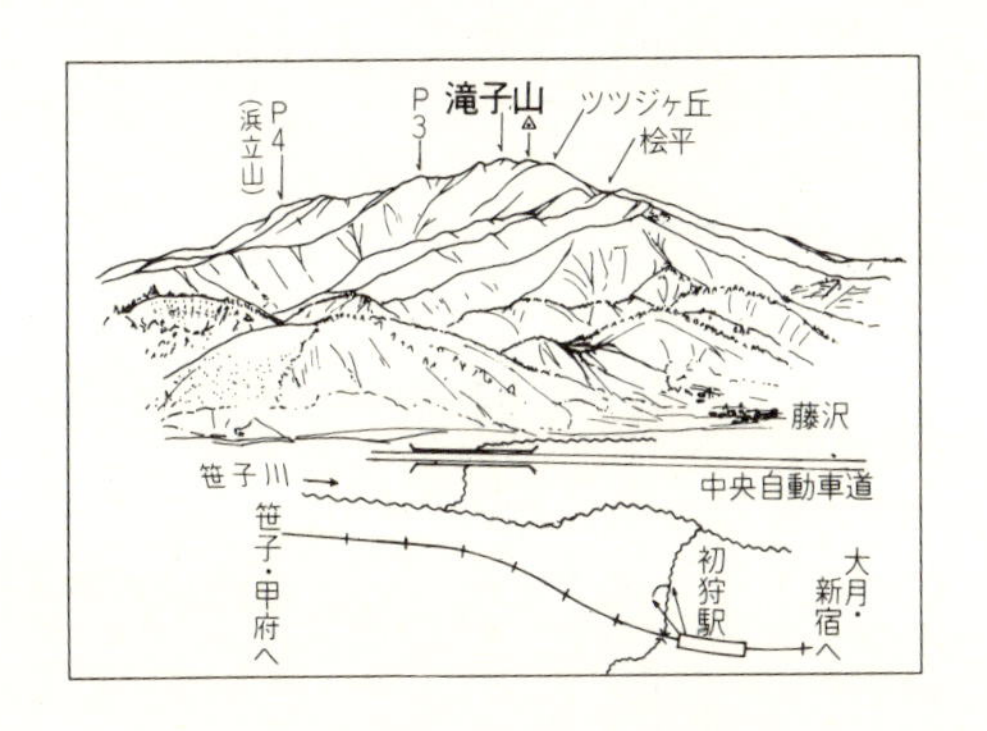

31 富士山 その三

初狩を過ぎて左窓に一瞬、富士の姿。
土地の人は一目富士と呼ぶ。見えそうで見えないのが車窓の富士山。

上野原を過ぎて、電車は甲州に入り、桂川の左岸の河岸段丘の上を走る。車窓からは富士山を望むべくもない。

それが、大月駅の直前、高月の踏切から、民家の間にちょっと富士額(びたい)を見せてくれる。そして大月駅。このホームの西端、高川山の末端の小丘の上に頂稜がわずかに見える。電車は桂川を渡り、今度は笹子川の右岸に沿って初狩に向かう。

この初狩をすぎて、すぐ左窓に一瞬、谷あいに富士山が見える。中央線では一番近距離から見る富士山である。土地の人は、これを一目富士と呼んでいる。ほんの二、三秒のことである。いわゆる郡内(ぐんない)(183ページ参照)の中央線から見えるのが二ヵ所とはさびしい限りだ。

この初狩の裏にあたる三ツ峠山は、富士山の展望台として定評がある。またその西側の御坂峠は、天下一富士といわれ、山梨県の富士見三景の一つである(北巨摩(こま)の花水坂、南巨摩の西行峠が残り二つ)。ここには、「富士には月見草がよく似合ふ」という太宰治の文学碑が建てられている。昭和十三年九月十三日から十一月十六日まで、ここの天下茶屋に滞在した彼は、翌年『富嶽百景』をものにした。その中で「私は眠れず、どてら姿で、外に出てみた。おそろしく明るい月夜だった。富士が、よかった。月光を受けて、青く透きとほるやうで、私は、狐に化かされてゐるやうな気がした。富士が、したたるやうに青いのだ。燐が燃えているやうな感じだった」と、いかにも太宰らしいとらえ方をしている。

話かわって、この地方に伝わる、およそ学問的でない地名の由来を紹介しよう。雑誌「山と渓谷」昭和十年九月号の磯部杏坡氏の「全国山岳伝説巡り」から抜いてみた。

人皇七代、孝霊天皇の五年、近江の地が裂け、琵琶湖の出現とともに富士山が生まれた。その時、沢鳴りがするので、表にとびだして来たのが鳴沢の人たち。その隣村では、大きなあらしがやって来たと、村人は小さくなっていた。それが大嵐村。

はなれた大月の賑岡(にぎおか)辺ではえらくにぎやかな楽の音がきこえたとのこと。その東の村ではびっくりして大きな目をみはったといって大目村。噴火の音をきいて、一体これはドウシたことかと思ったのが道志村。その中で、明日になったら見てみようといったのが明見(あすみ)村の人たち。それかあらぬか、この村からは永久に富士山を見ることができなくなったそうだ。こんなばかげた話、だれがでっちあげたのだろうか。

初狩駅西端の山あいに一瞬見える。中央線車窓では一番近くに見える富士山の姿がこれ

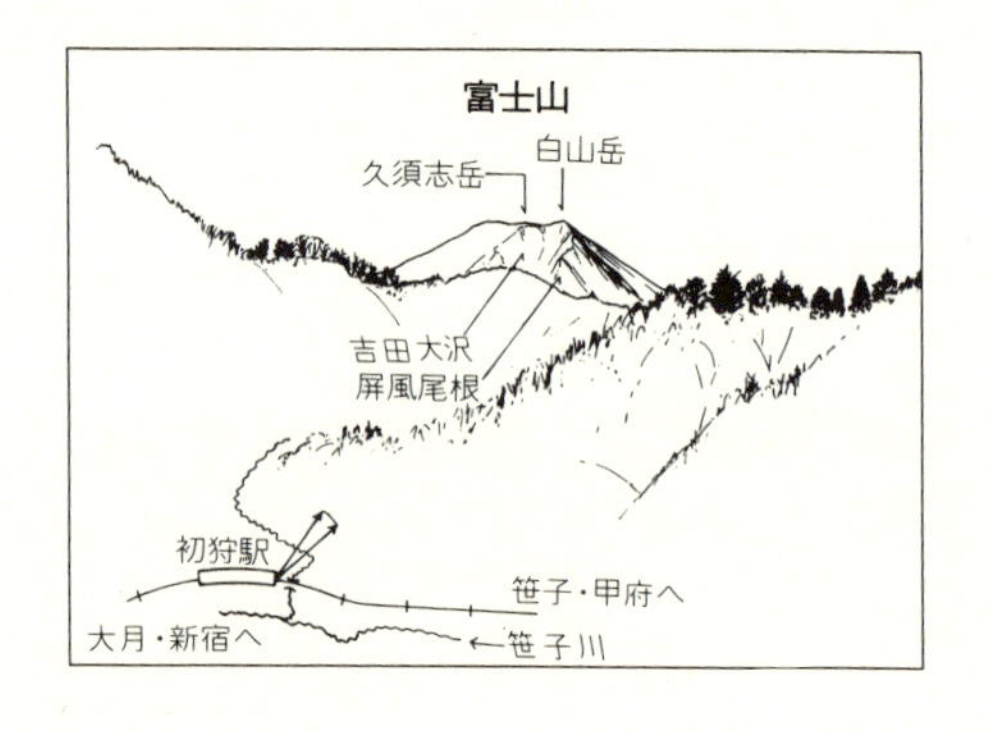

32

笹子雁ヶ腹摺山　一三五七・七メートル

屋根形の平らな山頂、笹子御殿という名前もある。
この山の下には、国鉄、国道、中央道とトンネルが三本。

二つの名前を持つ山である。笹子側では笹子雁ヶ腹摺山（ささごがんはらすりやま）、反対側の大和村（やまと）では笹子御殿。どちらから見ても、屋根型をした平らな頂上である。だから形からいえば、笹子御殿といったほうがよいのかも知れない。

武田久吉博士は、大正七年発行「山岳」第十三年三号で「雁ヶ腹摺考」を書いている。その中で、「特別に一峰をなさざるゆえに、これを雁ヶ腹摺山と呼ぶは不可なり」と述べている。山の字を使うのはうまくないというのだ。でも、山というのは、山の斜面、という説もあるので、いかがなものだろうか。

さて、その笹子、本来はサ（小さな）サコ（狭処）の意であるが、『甲斐叢記』には「篠籠」とでている。これをみつけて、フッと頭に浮かんだ。勝沼のブドウを竹籠に入れて峠を馬で越したのではないかと。竹籠一個にブドウ一貫二百匁（もんめ）、これを四個二段重ね、それを左右にふりわけると十六個、ほぼ二十貫、一駄である。行き交う人も多かった笹子峠である。

やがて、明治三十六年、中央線の開通とともに峠道はさびれた。昭和の初め頃までは、まだ茶店の廃屋が残っていたというが、今では、車内販売の笹子餅に名残をとどめているのみである。

往時の笹子峠には、享保十四年（一七二九）と彫られた石灯籠一つ、たまにおとなう人の目に触れるだけである。

東に尾根をたどって、笹子御殿の頂に立つ。道標一つなく、ポツンと三角点が、植林地に埋められている。

西側には甲府盆地。その高みに南アルプス。中でも塩見岳の三つのピークが印象に残る。それにしても、四囲の山々の中腹をけずった林道の数の多さよ。

東、笹子川沿いは雲におおわれている。下界でも、笹子トンネルを抜けると、アッと驚くほど天気の違いをたびたび経験する。

やはり郡内（183ページ参照）と国中（くになか）（甲府盆地一帯をいう）では異質なのだろうか。『甲斐叢記』も「本州四郡の中にて都留一郡は山河隔り物の制度も異て風俗自ら坂東の諸州に類たれば坂東山とは称なるべし」。『甲斐国志』も、郡内の人は国中へ行くことを甲州へ行くというと記録している。

果して文化圏が違うのだろうか。現在でも、郡内はほとんど東京志向である。トンネルが三つもあいても、人の気持は急には動かないものとみえる。

国中と郡内を分ける位置。笹子御殿という名のほうが似合う山容

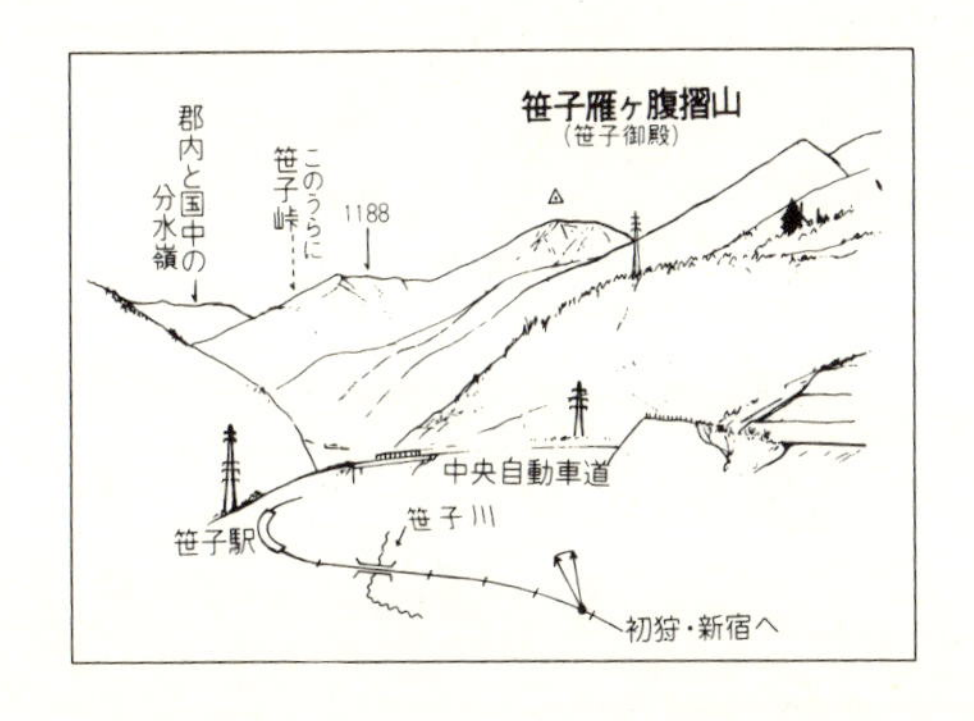

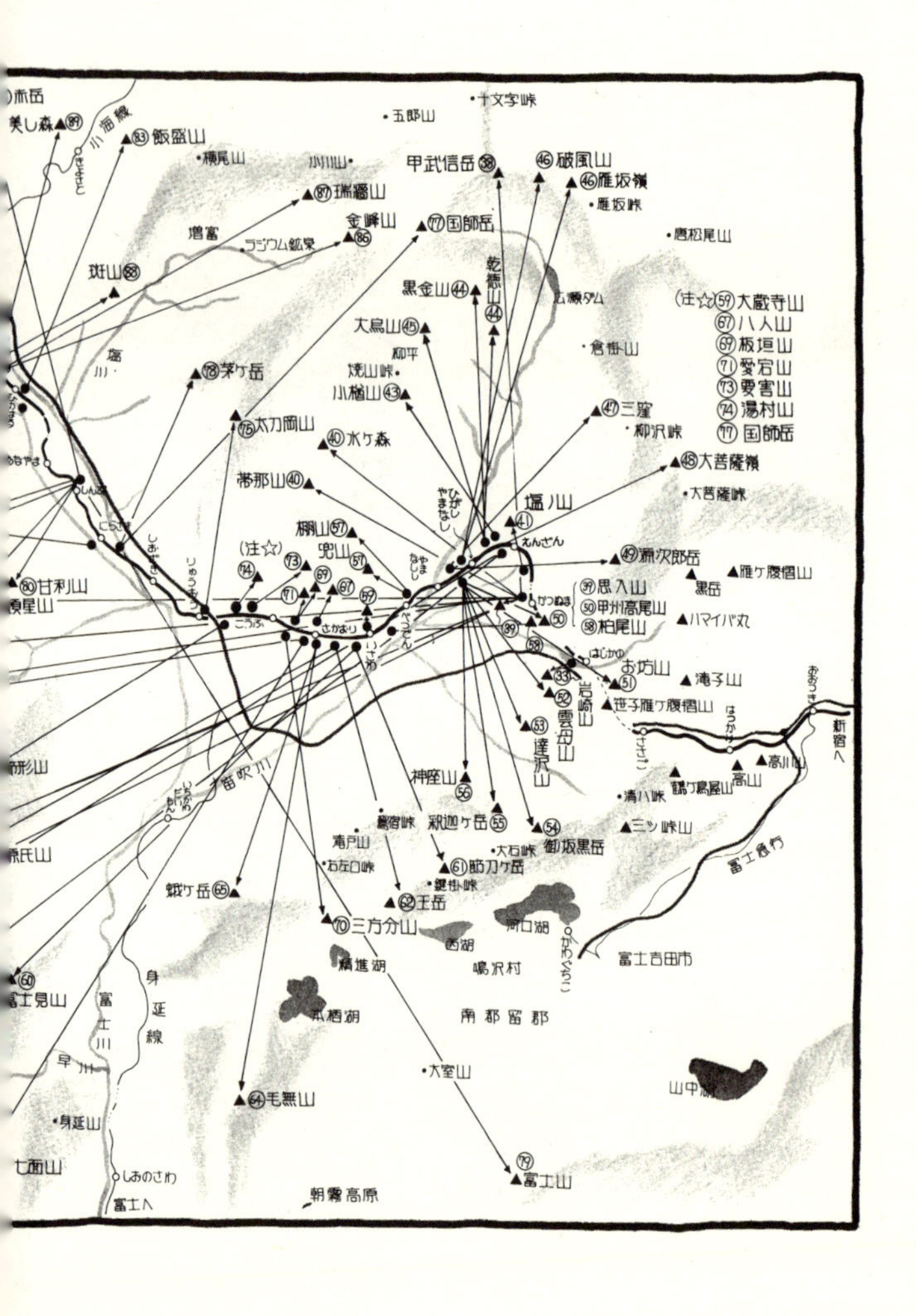
甲武信岳
破風山
雁坂嶺
雁坂峠
唐松尾山
十文字峠
五郎山
飯盛山
横尾山
小川山
瑞牆山
金峰山
国師岳
増富
ラジウム鉱泉
斑山
黒金山
乾徳山
広瀬ダム
大烏山
柳平
焼山峠
小楢山
倉掛山
茅ケ岳
太刀岡山
水ケ森
三窪
柳沢峠
大菩薩嶺
大菩薩峠
帯那山
塩ノ山
えんざん
棚山
兜山
源次郎岳
雁ケ腹摺山
黒岳
思入山
甲州高尾山
柏尾山
ハマイバ丸
お坊山
滝子山
岩崎山
笹子雁ケ腹摺山
雲母山
達沢山
神座山
釈迦ケ岳
御坂黒岳
鶚ケ巣山
高川山
高山
清八峠
三ツ峠山
大石峠
黒駒岳
鍵掛峠
王岳
三方分山
河口湖
西湖
精進湖
鳴沢村
本栖湖
南都留郡
富士吉田市
大室山
山中湖
毛無山
富士山
朝霧高原
蛾ケ岳
身延線
富士川
早川
身延山
七面山
富士見山
甘利山
こうふ
さかおり
しおざき
にらさき
笛吹川
塩川
小海線
新宿へ
富士急行
おおつき
はつかり
ささご
はじかの
かつぬま
かわぐちこ
しおのさわ
富士へ
(注☆)59 大蔵寺山
67 八人山
69 板垣山
71 愛宕山
73 要害山
74 湯村山
77 国師岳

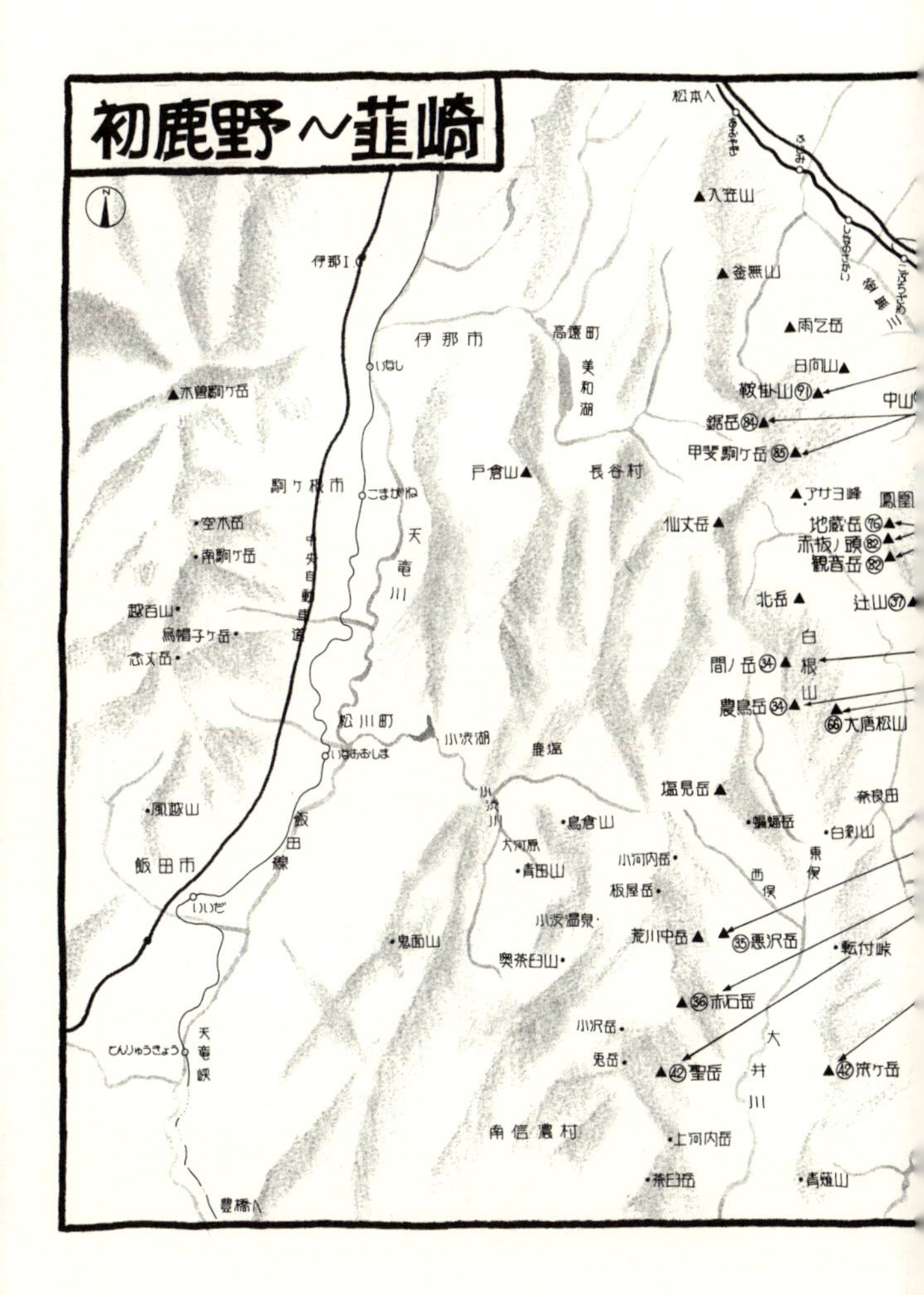

初鹿野〜韮崎
松本へ
あおやぎ
ふじみ
入笠山
しなのさかい
こぶちざわ
釜無川
釜無山
雨乞岳
日向山
鞍掛山(91)
中山
鋸岳(84)
甲斐駒ケ岳(85)
伊那I.C
高遠町
美和湖
伊那市
いなし
木曽駒ケ岳
戸倉山
長谷村
駒ケ根市
こまがね
アサヨ峰
鳳凰
仙丈岳
地蔵岳(76)
赤抜ノ頭(82)
観音岳(82)
空木岳
南駒ケ岳
中央自動車道
天竜川
北岳
辻山(37)
越百山
烏帽子ヶ岳
念丈岳
白根山
間ノ岳(34)
農鳥岳(34)
(66)大唐松山
松川町
小渋湖
鹿塩
いなおおしま
塩見岳
奈良田
風越山
小渋川
鳥倉山
蝙蝠岳
白剥山
飯田線
大河原
東俣
飯田市
青田山
小河内岳
西俣
板屋岳
いいだ
小渋温泉
荒川中岳
(35)悪沢岳
転付峠
鬼面山
奥茶臼山
(36)赤石岳
小沢岳
天竜峡
てんりゅうきょう
兎岳
(42)聖岳
(42)笊ケ岳
大井川
南信濃村
上河内岳
茶臼岳
青薙山
豊橋へ

33

岩崎山　約一一五五メートル

鉄道や国道、人家の屋根、ブドウ園……箱庭のように甲州の山里が足下に。
地図には名前の出ていない山。

長い笹子トンネルを抜け、初鹿野（はじかの）駅を出て、すぐ左、眼下に日川の渓谷を望む。中央自動車道が、四囲の景観をこわしている。それをへだててせり上がる山。甲府盆地に入ってまず仰ぐのが、岩崎山（いわさきやま）である。山梨市から石和（いさわ）にかけても、その特徴ある頂が望見される。地図には載っていないが、『甲斐国志』には記録されている。

勝沼から上岩崎をへて、勝沼バイパスのガードをくぐり、中央自動車道に沿った林道岩崎山線から入っていく。右上に、城の平の遊覧ブドウ園がある。ここは、甲州ブドウの発祥の地で、文治二年（一一八六）上岩崎の雨宮勘解由（かげゆ）がブドウを発見した所だそうだ。大口沢にそって林道を四キロ、行きどまりとなる。途中に岩崎山ラジウム鉱泉のあったことが戦前のガイドブックには載っているし、『甲斐国志』にも「大窪沢ニ温泉アリ其効能ハ塩山ノ温泉ニ類スト云」と出ている。でも、いつどうなってしまったのだろうか。

砂防堰堤を二つ越えると、左右に小沢がわかれる。その間の小尾根の作業道をジグザグに登る。左の樹間から、細長い滝らしいものが見える。ガイドブックには「有名な竜神ノ滝がある。直下一〇〇メートルと言はれてゐる」とある。

やがて、二十年生の杉の樹林地の中を沢沿いにつめ、ついで、檜の林となり、暗い沢が開け伐採地に出る。この辺はどういうわけか、山椒の木がたくさん目につく。左の松林の中を直登すると、雲母山から北に走る尾根上にとびだす。大口沢をへだてて、西の方、茶臼山のかなたに、甲府盆地、その上には、白峰三山から甲斐駒ヶ岳が見える。北に、尾根の上のやぶをこいであがると、恩賜林境界標二二二号が目に入る。右下に、初鹿野駅周辺の、赤い屋根、その間に、鉄道線路や国道20号、中央自動車道など。人間くさい騒音を交えて箱庭を思わせる眺めを楽しむことができる。これをとりまいて、北は大菩薩から滝子山、東はお坊山、笹子雁ヶ腹摺山（笹子御殿）、笹子峠、オキノ山、三ッ峠山のパラボラ・アンテナが見える。南、眼前に京戸山をあおぎ見る。

足下に紙きれが落ちていた。ひろいあげると「入換通告券」。駅で貨車の入換えをするとき、駅長が列車掛、機関士に渡す作業手順書である。四月三十日、南甲府駅、六九一列車のものだ。どうしてこれが、こんな所に落ちているのだろうか。懐しさの余り、そおっとたたんで胸のポケットにしまった。あとで調べたら、列車掛は、甲府車掌区の橋爪元彦君であった。

笹子のトンネルを抜けるとすぐ、初鹿野駅。電車が駅を出ると左車窓に

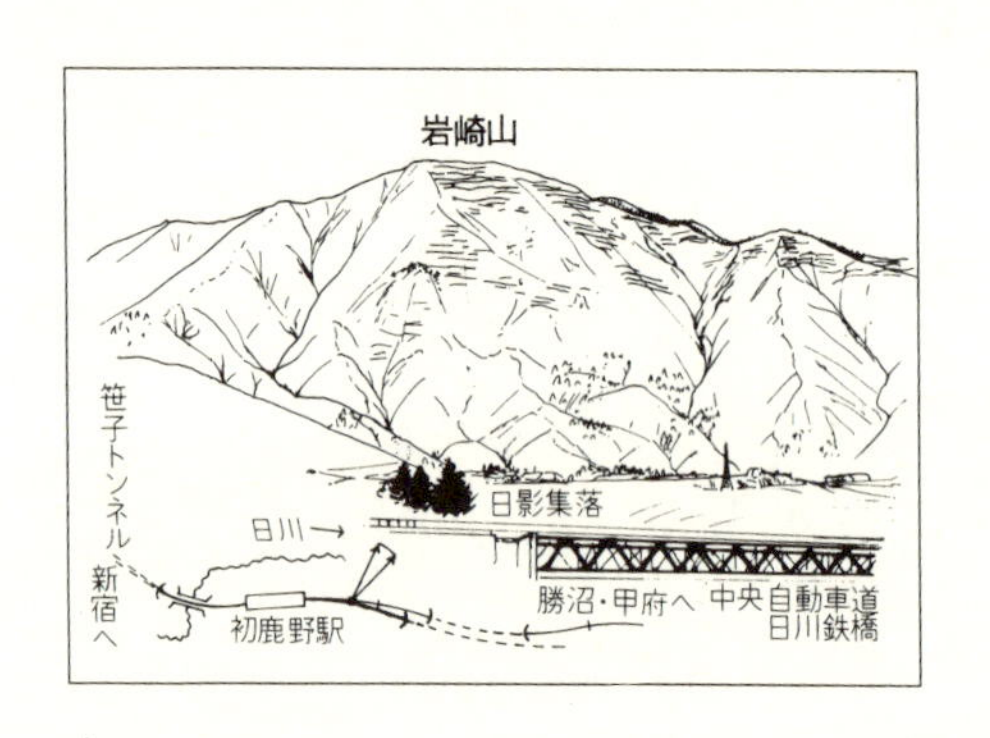

34 間ノ岳 三一八九・三メートル 農鳥岳 三〇二五・九メートル

大日影トンネルを抜けると、甲府盆地の上に並ぶ
南アルプス三〇〇〇メートルの山々。鳥形の残雪模様も。

電車が大日影トンネルを抜けると勝沼（かつぬま）。視界が一気に開ける。遠い山脈は南アルプス。その中でひときわ目立つのが、中央右寄りの三つのうねりである。これが白峰（しらね）三山。右から北岳、間ノ岳（あいのだけ）、農鳥岳（のうとりだけ）である。もう少しくわしく見れば、北岳、間ノ岳の間に中白峰、農鳥岳の右にかさなる西農鳥岳、合わせて五山。すべて三〇〇〇メートルを抜く高い山である。

北岳は富士山の次、間ノ岳は四番、中白峰十六番、西農鳥岳は十七番、農鳥岳は二十三番。日本の高山ランクの順位である。

昔はこの山（白峰三山）に登るのに一週間かかった。前山の鳳凰山を越えて野呂川におり、三山を縦走、奈良田から身延に出た。それを今では、バスで広河原まで行き、一泊二日で行って来られるのだから、今昔の感にたえない。

さて、北岳と農鳥岳のなかをとりもつので間ノ岳。この山容は大きい。北岳から見ても農鳥岳から見ても、遠く塩見岳、赤石岳から見ても、茫洋とした大山塊である。

農鳥岳の稜線の下に残雪が鳥形に現われる。甲府盆地のお百姓さんは、これを目安にして田植えの支度をした。それで農鳥岳というようになった。

このように、山腹に毎年出現する残雪の形を雪形と称する。岩科小一郎氏の「雪形考」によれば、北海道を除き、全国、七十二の山に現われるという。

山梨では、富士山の「豆まき小僧」「富士山農鳥」が有名である。この白峰の農鳥については、小島烏水氏が『日本アルプス』第一巻に、明治四十年、甲府中学の英語教師だった野尻抱影氏のイラスト、手紙を引用してくわしく述べている。

しかし、烏水の山仲間、中村清太郎氏は異説をたてている。東山梨、東八代の人たちは、間ノ岳に鳥の形が黒くでる。これが農鳥だといっていると。この説は『甲斐国志』にもでている。となると、甲府、竜王あたりでは間ノ岳はわずかしか見えないので農鳥岳の鳥形を、峡東地方では間ノ岳のそれを農鳥といったのではないか。

山腹に現れる雪形を目安に農を始める。それに私たちは何となくロマンを感じるが、果して、当事者にとっては、いかがなものであったろうか。

ちなみに峡東というのは、甲府盆地の東寄り（峡の東）一帯をいう。甲府盆地を、大きく峡中、峡南、峡北、峡西、峡東に分けて呼ぶことが多い。

いよいよ車窓大展望の始まり。3000 mの白峰三山を車窓から心ゆくまでどうぞ

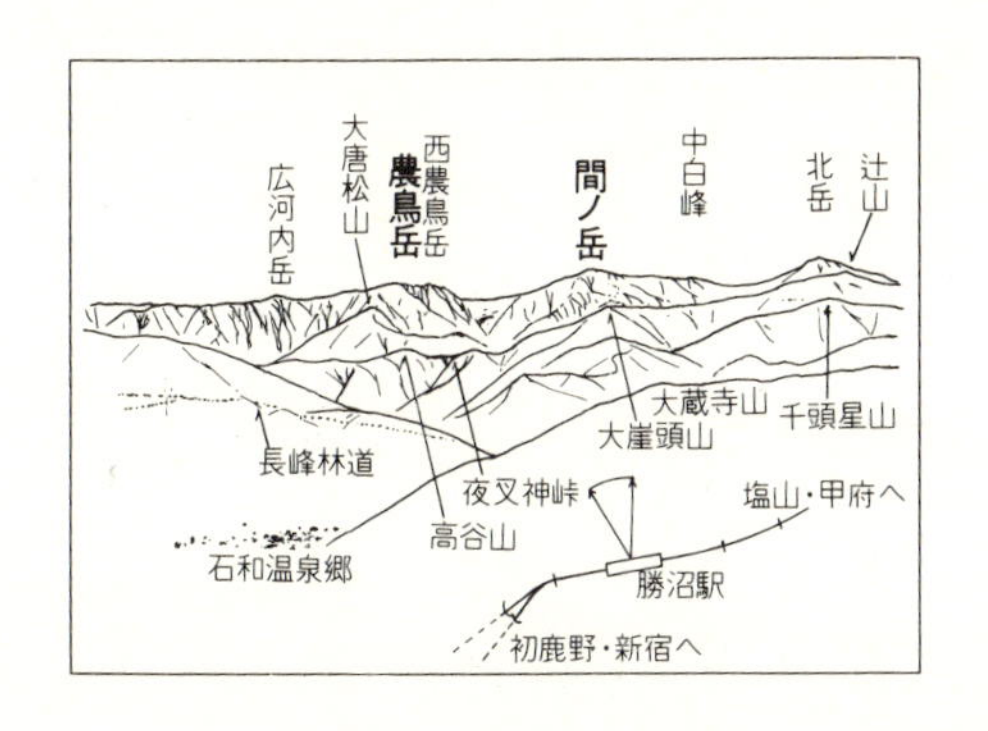

35

悪沢岳

三一四一メートル

日本で六番目、南アルプスで三番目の高さを誇る山。荒川岳とも呼ぶ。明治初期、すでに信仰登山の足跡が。

この山は、勝沼から酒折(さかおり)にかけてよく見える。昔は、富士川支流の早川入りから転付(でんつく)峠を越えて大井川に下り、登りなおした。最近は、静岡からバスで大井川に入り、東海パルプＫＫのリムジンバスで二軒小屋まで入って登りはじめる。

この山を登山の対象としてみつけたのは、東京日本橋の荻野音松という二十四歳の青年であった。時に明治三十九年。その後実際に登ったのは、明治四十二年七月二十六日、小島烏水氏、高頭式氏ら五人の仲間であった。

この時の状況は「山岳」第五年一号（明治四十三年発行）に次のように記録されている。「八時三十分悪沢岳頂上に達す。白木造りの小祠三つ偃松(はいまつ)狼藉せる岩塊の間に鎮座ましませり。（中略）予め用意したる標木悪沢岳と書せるを社側に立つ。これ昨日魚無河内にて人夫に切らしめたる杭に携ふる所のペンキを以て書けるものなり。」

しかし、信仰登山はそれより古く、伊那の敬神講社の堀本丈吉が、明治十九年八月六日に登っている。これを記念して、昭和十一年八月、荒川岳開山五十年の碑が建てられた。

荒川岳というのは悪沢岳（わるさわだけ）の別名である。悪沢岳をふくめて、東西に三〇〇〇メートルを抜くピークが三つ連なっており、通称荒川三山という。地図には、西から前岳、中岳、東岳とあり、悪沢岳の名前はない。この荒川三山ほど山名がごたついている山は珍しい。整理すると次表のようになる。

地図	前　岳	中　岳	東　岳
伊那	荒川岳	中　岳	東　岳
井川	荒川岳	奥西河内岳	地蔵岳
甲州	奥西河内岳	魚無河内岳	悪沢岳

以上のようであるが、最近では、西から、荒川前岳、荒川中岳、悪沢岳と山名が固定しつつある。

なぜ悪沢岳というか。荻野音松氏の『駿州田代山奥横断記』によれば、案内者の大村晃平（地元の猟師）が、大井川の西股におちる険悪な沢を悪沢という。その源頭だから悪沢岳だといったという。

　その後、大正三年八月八日、この頂に立った木暮理太郎氏は次のような記録を残している。「沼津辺を走る汽車や東京湾に浮ぶ汽船を眺め、房総半島から伊豆半島は勿論、遠く知多半島を超えて伊勢の海を望むなど無比の眺望を恣（ほしいまま）にし」と。さすが、日本で六番目、南アルプスでは三番目の高さを誇る悪沢岳。でも、そんなに遠くまで見えたのだろうか。

甲府盆地の上に3000 m峰がずらり。こんなにぜいたくな眺めは中央線なればこそ

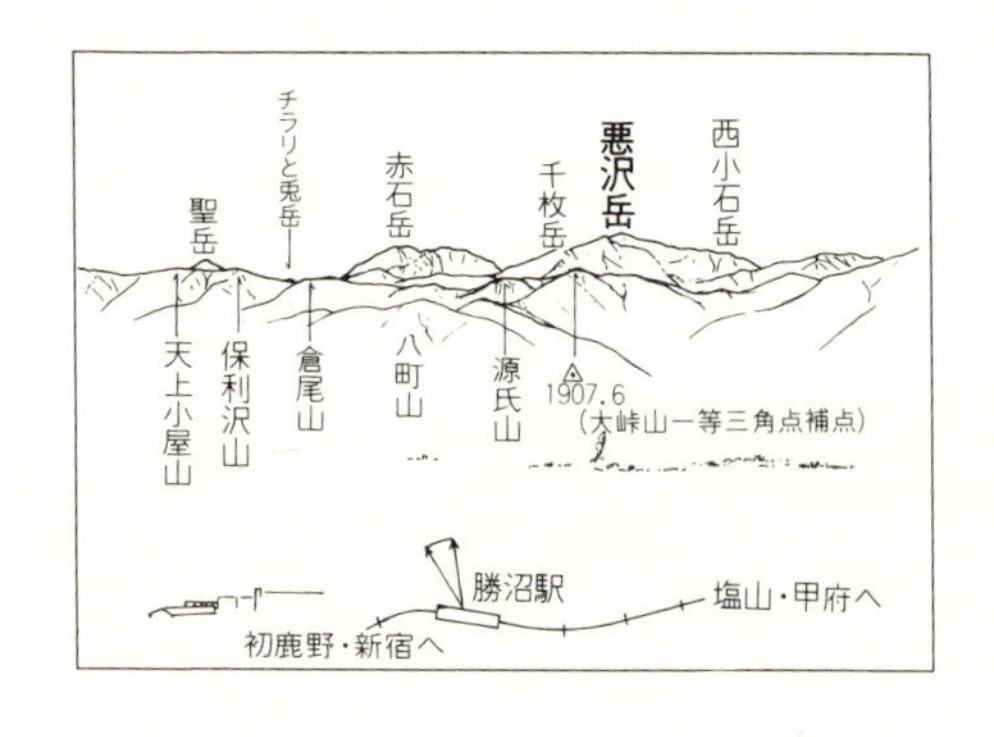

36

赤石岳

三一二〇・一メートル

大正十五年、八十八歳の大倉喜八郎は、自分の持ち山のこの赤石岳に登りたいといいだした。さて一行は……

南アルプスは地理の教科書では赤石山脈という。その名のもとになったのが赤石岳（あかいしだけ）である。山体はその名の通り赤い岩塊である。ラジオラリヤ板岩といって、海中の放散虫の死体が岩となったものである。いま三〇〇〇メートルをこえている山が海の底にあったなんて、ちょっと信じられない。

この山は、明治十二年に測量が開始され、同二十四年に一等三角点が設けられた。同十六年には、地質調査所の雇われ学者エドモンド・ナウマンが登ったという。彼は、本州中央部を南北に縦断する大断裂をフォッサ・マグナと命名した学者として有名である。フォッサ・マグナというのはラテン語で女陰を意味するとのこと。「文藝春秋」の昭和五十五年十二月号「地質学の父ミルンの日本人妻」の中にでている。

本題にかえって、大井川上流の『井川村史』に安永年間（一七七二―八一）の古地図が載っている。これには「赤石嶽」とある。洋の東西を問わず、赤いものは赤い。即物的の名前になっても無理はない。

登山者としては、イギリスの宣教師ウエストン師が明治二十五年に登ったのが最初であるが、ここで、毛色のかわった登山に二つほど触れてみたい。

この山域は、現在東海パルプＫＫの所有だが、その前身は大倉山林といって大倉喜八郎氏の持ち山であった。彼は生涯一度でいいから自分の山に登りたいといいだした。時に大正十五年八月、彼は八十八歳であった。大変なことである。大井川上流の椹島から二百人の人夫を引き連れ、風呂桶から魚のイケス、豆腐つくりの道具まで持った。山中には、宿舎として赤石小屋を新築したというのだから正に大名登山であった。八月一日に静岡を出発、同月七日十一時半に頂上に立った。

羽織袴に改め国旗をかかげ、皇室の万歳を三唱したという（『東海パルプ六十年』）。昭和二年七月十二日、この頂で加藤文太郎氏は、「赤石岳絶頂を極む九十翁大倉鶴彦」の立札を見ている（『単独行』）。

もう一つは山梨。大正十三年五月、甲斐山岳会創立記念山行である。若尾財閥がスポンサーとなり、若尾金造、平賀文男、野々垣邦富、大沢伊三郎の四氏が登っている。この山行の模様は、斎藤撮影技士をして、映画として記録させた。全二巻、一五〇〇フィート、「雪の赤石岳」と題し、日本山岳会山梨支部長の大沢氏のところに保存されている。何かの機会に、ぜひ再上映してもらいたいものである。

前項と同じ位置の車窓から望遠レンズでとらえた赤石岳。ヒマラヤ展望にも似る豪華版

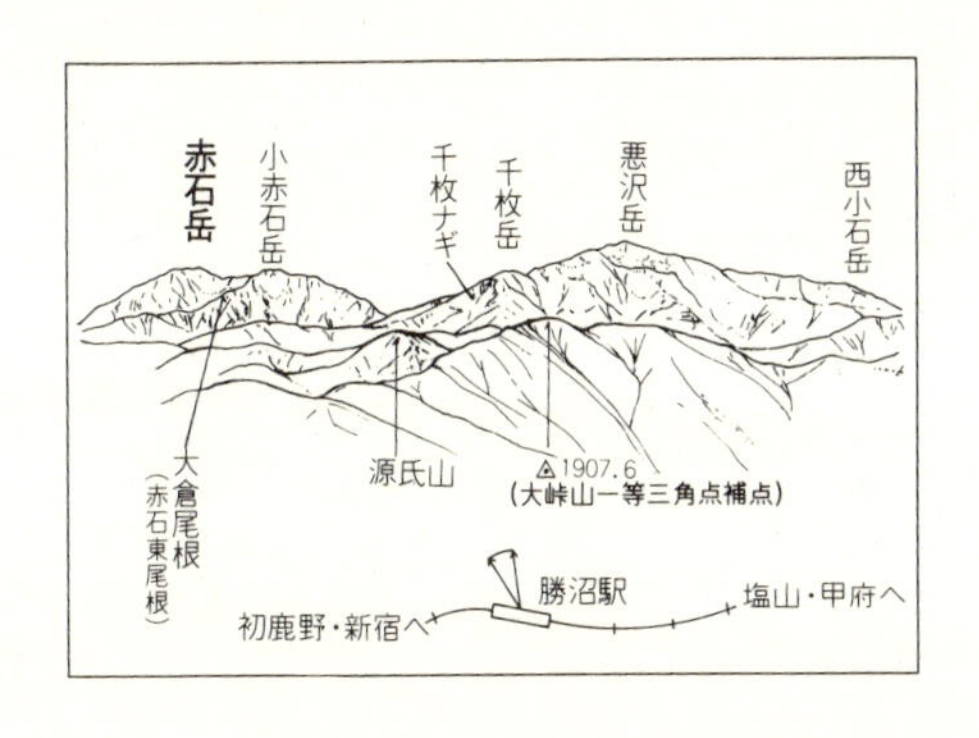

37

辻山

二五八四・七メートル

夜叉神峠から鳳凰三山へ縦走する人にはなじみの山。
大パノラマを楽しめる。

戦前、クラブ自動車という銀色のバスに乗って有野で下車。半日がかりで夜叉神峠(やしゃじん)にあがったが、この時の印象は強烈だった。野呂川の谷一つをへだてて、こつ然と現われた白峰三山には度肝を抜かれた。

ここから北に樹林地帯を登り、わずかに左に折れると、杖立峠である。北岳がチラッと見える。昔、山仕事で上下した芦安の衆が、つえを立てて一休みしたといわれる。そして、わずかに下ると、廃道となった五葉尾根の岐路である。かつては、野呂川の広河原への最短経路であった。この間の情景について、野尻抱影氏が、昭和三十三年、雑誌「アルプ」五号に「野呂川の樵夫達」、雑誌「岳人」昭和三十九年七月号に「亡び行く苔の古道」と題し、それぞれ、愛惜の情をこめて書いている。氏は、明治三十九年、甲府中学の英語の教師として赴任。明治四十二年に北岳に登っている。

今度は、昭和四十年の山火事以降、えらくさっぱりとしてしまった山腹をあがる。富士山、白峰の眺めはすばらしい。そして、最後のひと登り、いちご平である。この名前は地図にはない。私は、戦後の命名とばかり思っていたが、さにあらず、雑誌「山小屋」昭和十年七月号に「『名称辻山、苺平』の古い木札が梢に見える」と佐々木隆氏がすでに記録していた。

これから、ゆるく山腹を巻いて下ると、南御室（みなみおむろ）小屋となる。「山岳」第一年三号（明治三十九年発行）に、ホウオウシャジン（高山植物）の発見者、辻本満丸氏が「小屋はもと二、三軒ありて繁盛せしもののごとく」と書いているように、ここはかつては、伐採、製材の大きな基地であった。

さて、本題にかえって、いちご平から西にワンピッチ、辻山（つじやま）の三等三角点である。『甲斐国志』、『山梨市郡村誌』にでている芦倉山ではなかろうか。地図上にこの名が載ったのは、明治四十二年「山岳」第五年二号の高頭式氏のつくった「白峰山脈臆測図」が最初のようだ。

辻山の展望はすばらしい。右は鳳凰の薬師岳、観音岳。早川尾根。野呂川の奥には仙丈岳。まん前は、吊尾根を従えた北岳。左に間ノ岳、農鳥岳、悪沢岳から赤石岳への大パノラマが満喫できる。ふりかえると、富士山はあまりにも、気高い。

ハイマツ、ダケカンバ、シャクナゲなど、森林限界を抜けでた所の四囲の展望。今までの登高の苦労もいっぺんにふきとぶ。

勝沼駅は日野春〜小淵沢付近と並んで最もすばらしい展望がたのしめる

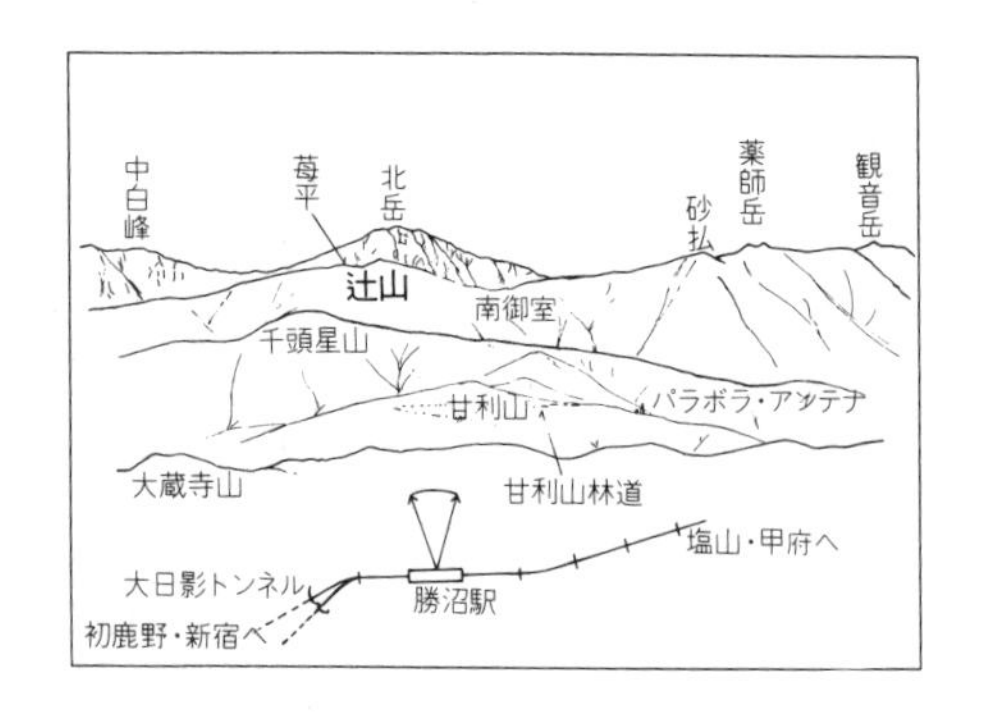

38

甲武信岳

二四七五メートル

甲州、武州、信州の境にある山。拳ヶ岳とも。
深田久弥氏は『日本百名山』で「奥秩父のヘソ」と表現。

甲州、武州、信州の境にある山だから甲武信岳(こぶしだけ)とはうまい名前をつけたものだ。ところが、奥秩父の父とうたわれた木暮理太郎氏の『山の憶ひ出』は、もう少し複雑な考証を記録している。

氏は、数多くの古文書にあたり、千曲(ちくま)川上流の梓川集落では「三方山」、埼玉の栃本では、山の形がにぎりこぶしに似ているので「拳ヶ岳」と呼んでいたというのだ。それが明治十二年内務省地理局出版の地図では、コブシをコクシとあやまり、三方山のほうはそのすぐ北のピークに三宝山の字をあてたとのことである。

この混乱は、国土地理院の三角点名称にも名残りをとどめている。それは、国師ヶ岳（Ⅰ）、同（Ⅱ）という一等三角点である。（Ⅰ）は金峰山の東の現在の国師岳で補点。（Ⅱ）の方、実際は三宝山で、これは本点である。

さて、深田久弥氏は、『日本百名山』（新潮文庫／朝日文庫）の中で、この山を「奥秩父のヘソ」と表現している。登山ルートは、北の十文字峠から。東は雁坂峠から。西からは大弛峠、国師岳へ経るもの。四つ目は南から笛吹川を沢伝いに登るものがある。私たち戦中派にとってなつかしいのは、この四つ目のコース。田部重治氏の「笛吹川を遡る」国語の教科書が思い出されるからである。

最近売り出しの西沢渓谷を右に折れて東沢渓谷をつめあげ、頂上直下の甲武信小屋の前にとびだす。花崗岩の浸食谷の滝や滑、瀞。秋ともなれば、あやなすにしきの木々のあでやかさ。

話をかえるが、第一のコースの、信濃川上と埼玉の大滝村栃本を結ぶ十文字峠である。昭和三年三月、三十一歳で、前穂高岳北尾根に逝った大島亮吉氏の遺稿集『山―研究と随想』（昭和五年岩波書店刊）の中の「十文字峠」と題する千字たらずのエッセイは見事だ。

秋もなかば、大島氏は、十文字峠で、高熱の幼児を背にした中年男に、秩父大宮（今の秩父市）までの道のりをきかれた。彼は、金峰山の下、川端下の村人で、佐久岩村田の病院よりも、十文字峠を越えて大宮へ行く方が早いと教わって来たという。「父親は真紅に色づいた楓の小枝を一本折りとってそれを片手でたえず背中の児の眼の前に振り翳してあやし乍ら、挨拶をのこして足早に折曲の多い峠路を降って行った。」

この文章に惚れて、私が、金峰、国師、甲武信を経て十文字峠に立ったのは、戦後昭和二十一年四月のことであった。なお、大島氏のそれは「中公文庫」におさめられている。

奥秩父最奥の山。車窓からこの山が見えるのは勝沼のここだけ

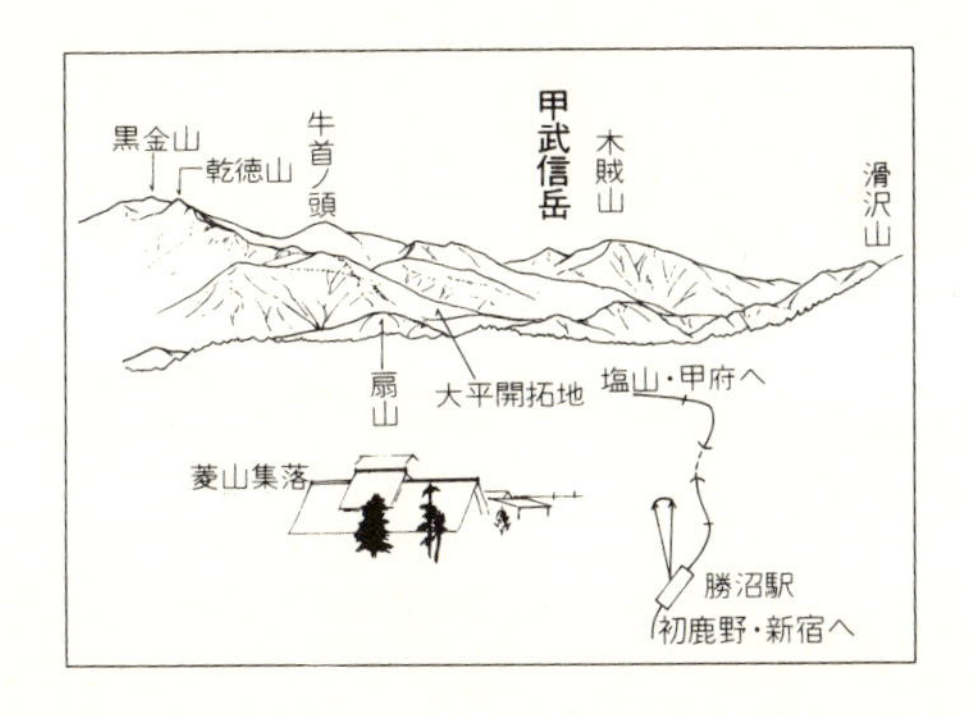

39

思入山

五〇〇・一メートル

あお向けに寝た裸の女性を思わせるという山。最近の発想ではない。『甲斐国志』にも「山勢婦女ノ……」と。

昭和二十一年、車掌見習として列車に乗務をはじめた。数野孝師という老練の指導車掌が、手とり足とり教えてくれた。彼は、いつも靴をピカピカにみがきあげていた。ある時、勝沼駅で遠くの山脈に見ほれていた。すると、「そんな遠くばかり眺めていて何の足しになる、足もとをみろ、足もとを」というのだ。何が何だか全然わからない。彼は眼前のゆるやかな丘の起伏を一つ一つ指さして説明をはじめた。

それは巨大な女体のヌードであった。いわれて見るとまさにその通り。左から右にかけて仰臥（ぎょうが）している。乳房はそんなにボインではない。胸から腹にカーブしていく。最近は、胃のあたりに〝ぶどうの丘〟とかいって、建物が新設され、若干ムードをこわす。さらに右に。おへそはポツンと一本の木である。相当のデベソ。その右下には盲腸の手術のあとまである。昔は手術がへただったから傷口も大きかったんだと、彼は説明した。とどめをさすのはビーナスの丘。以前はもっと黒々としていたが、昭和四十四年の台風以降、少し年をとったようだ。でも最近は、チラッと赤いお宮の屋根などが見え、かえって挑発的になった。

話はさらに続いた。慶応四年、甲府城攻略をはかり西下した近藤勇と東山道東征軍参謀の板垣退助は、ここ勝沼で戦火を交えた。時に近藤勇三十四歳。彼はこの風景を一目みて、カーッと頭に血がのぼった。そして指揮混乱。一方、甲府から攻めのぼった板垣にはこのヌードは目に入らなかった。それが二人の運命をわけた。

片や、明治四年に政府参議となり、曲折をへて、自由民権運動の闘士。のちに内務大臣を三度もつとめ、旧一円札にその肖像を残した。一方、近藤勇は、勝沼、流山とやぶれて、遂には板橋庚申塚で刑場の露と消えた。

よくもまあ、想像力のたくましいこと。あきれかえった。

でも、ここで若干近藤勇の弁護をしなくてはならない。これが甲州人の習性である判官贔屓。彼はこのヌードを目にしていない。なぜならば、この戦いは柏尾坂の戦いといって、勝沼駅の東南、大善寺付近で行われたからである。

後日、『甲斐国志』に次のような記事をみつけた。百七十年も前、昔の人たちのイマジネーション、生活の中のユーモアにほのぼのとしたものを感じた。

【思入山（おもいれ）】菱山村ノ西ニ在リ山勢婦女ノ臥容ニ似タリ北ニ小円山アリ南ニ箭羽（ヤバネ）山アリ共ニ名ノ如シ。

南アルプスの展望がきかない時には、旅の座興にお一つ、どうぞ。

想像力をせいいっぱい働かせて眺めてください

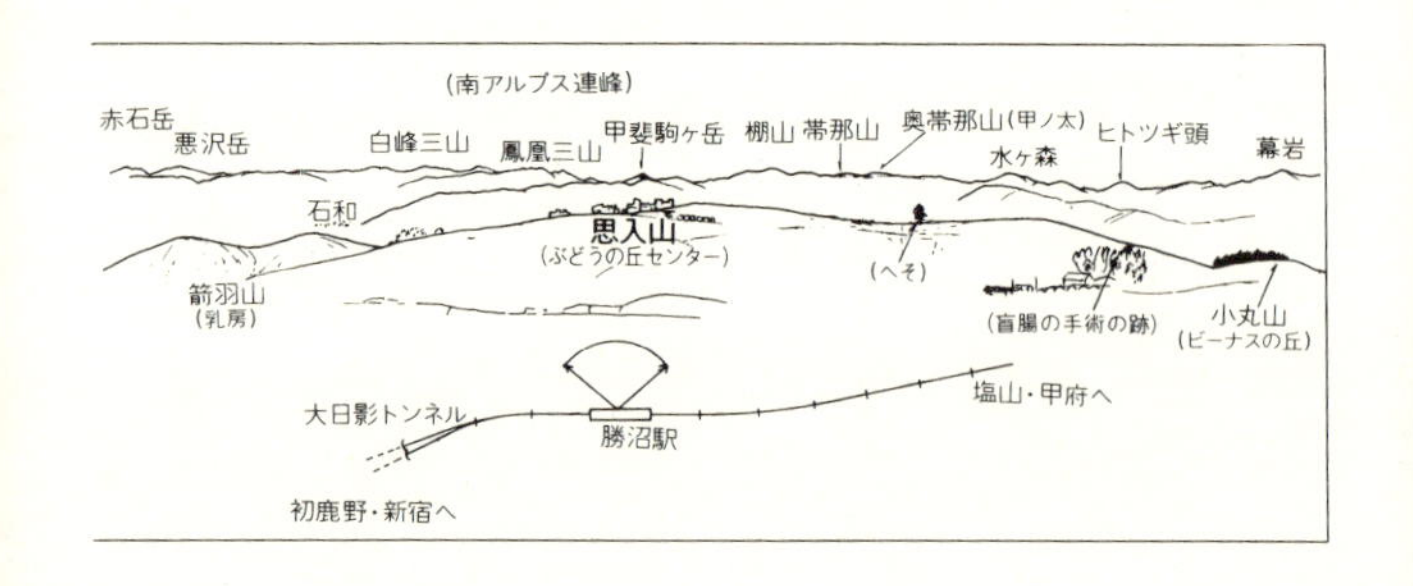

40

帯那山　一四二二・三メートル　水ケ森　一五五三・一メートル

四月下旬の桜、初夏のツツジ……それにもましてすばらしい四囲の展望。
山梨県下を一望のもとにする。

勝沼から眺めて、白峰三山の前衛として連なるのは鳳凰三山。その手前に、右から半島のようにつきでているなだらかな尾根筋が見える。

その突端に石和の町が開けている。この小さな起伏を右にたどるとパラボラ・アンテナのある太良峠、帯那山、甲ノ太、弓張峠、水ケ森をへて奥秩父、国師岳へと続く。

現在では、太良峠の奥まで、甲府、山梨両市から林道がのびている。車を捨て、登りわずか三〇分で帯那山の頂上に達する。四月下旬の桜並木、初夏のツツジ。それにもましてすばらしいのは四囲の景観である。山梨県中を一度に見ることができるような気がする。

こんな便利な道がなかったころは、金子峠を越えて、上帯那、脚気石神社を経て登っていった。昔、日本武尊が、この脚気石で休み、帯をなおしたから帯那というようになったと、まことしやかな話を聞いたことがある。

では、市川大門、四尾連湖の近くの帯那はどう説明するのか。これは帯のように長い野（那と野は同義）と考えた方が納得がいく。どちらもウナギの寝床のような地形だから。

それはともかく、この尾根筋は、麓の人々にとって、相当生活に密着していたようだ。まずは屋根をふくカヤの採草地であり、山菜、薪炭の供給地であった。太良峠をへだてて積翠寺と切差（きっさす＝きりひらいた焼き畑）、弓張峠を間にした御岳と赤芝、また、黒平峠で結ばれた塩平と黒平は、それぞれ御岳みち九口の一つでもあった。

そして互いに人との交流もしげく、山をへだてた縁組も数多くあったという。今でこそ、牧丘町と昇仙峡（甲府）といえばあまりにも遠く感じる。しかし、少し離れた勝沼から見れば本当に山一つへだてた距離にしか過ぎないのだ。

その間にある弓張峠とはいい名前ではないか。平らな尾根道が弓なりに曲がっている所からつけられたに違いない。

昔、水ヶ森から昇仙峡の源流板敷渓谷におりたことがある。この途中に、大きな岩穴があった。それは先住民の遺跡だと説明されたが、こんなに山深いところにどうして住居をかまえたのであろうかと不思議に思った。これも、近くの荒川ダムの建設で姿を消すことになるのかも知れない。文明が文化を破壊する現場を見るのは実につらいことである。

線路は大きく塩山へ迂回。地形のためではなく政治がらみのため（356ページ参照）

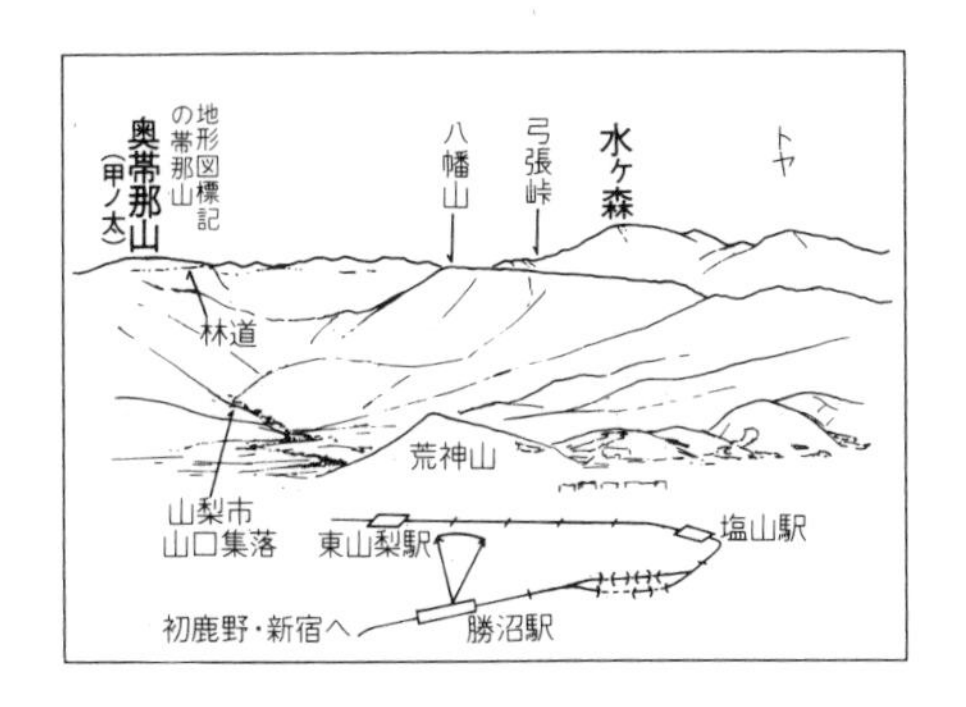

41

塩ノ山

五五二・八メートル

海のない甲斐の信玄に謙信は塩を贈ったという。
しかし本当に甲斐の国に塩は出なかったのだろうか。

昔、上杉謙信は武田信玄に塩を贈ったという。戦国時代の一つの美談として知られている。

山の中では塩はとれないのだろうか。山梨県内だって塩にちなむ地名は十五もある。奈良田では塩がとれたそうだし、塩山（しおのやま）だって、文安年間（一四四四―四九）塩を産出した記録がある。

シルクロードの奥の岩塩はともかく、南アルプスの反対側、伊那の鹿塩（かしお）では、明治中ごろまで塩分をふくんだ井戸水をくみあげて製塩をしていた。それはそれ、塩山の麓、向岳寺の築地塀には塩がぬりこめられているそうだ。

しかし、私は、塩山といえば巨人伝説の方に興味がある。巨人デーラボッチが富士山をつくっていたころというのだから、かなり昔のことである。

日がな一日、土をモッコで運び、もりあげていく。だんだん山は高くなる。それがやがて富士山となる。土を取った跡が今の甲府盆地だというのだからスケールは大きい。

ここに一冊の本がある。山中共古著『甲斐の落葉』（大正十五年発行）。跋文を柳田国男氏が書いている。この中に「東山梨ノ加納岩村字石森辺ニテ苧ヲ作ラズ昔シレイラボッテトイヘル大力ノ僧アリテ二ツノ山ヲ苧ガラノ棒ニテ荷ヒ来リシガ石森ニテ苧ガラガ折レ山ノ一ハ石森山トナリ一ハ塩山ニナリトソレユヘ苧ヲ作ラズト」と採録している。

山中共古は山中笑という静岡メソジスト教会の初代牧師のペンネームである。師は、坂本龍馬を京都油屋で切った見廻組の今井信郎に、明治十五年に洗礼を授けている。

坂本龍馬がでてくれば、新選組の結城無二三に触れねばなるまい。日川村（現・山梨市）の生まれで、見廻組から新撰組に移り、明治初頭の動乱の中に青春をおくった。やがて明治十二年、甲府で宣教師イビー師から受洗。明治十六年には福音士として静岡に派遣され、山中笑牧師に出会う。

二人は、明治十八年、十九年相前後して甲州に来てキリスト教の伝道をした。現在の日本キリスト教団日下部教会の設立は無二三のあつい祈りが実ったものである。

一方、山中牧師は甲府教会で四年間、牧会に従事した。その間県下をめぐり、その見聞録が『甲斐の落葉』二巻となった。これは民俗学という学問の確立されていない明治二十年代に執筆されたものである。

地名、駅名はえんざんだが、この孤立した山は、しおのやまと読む

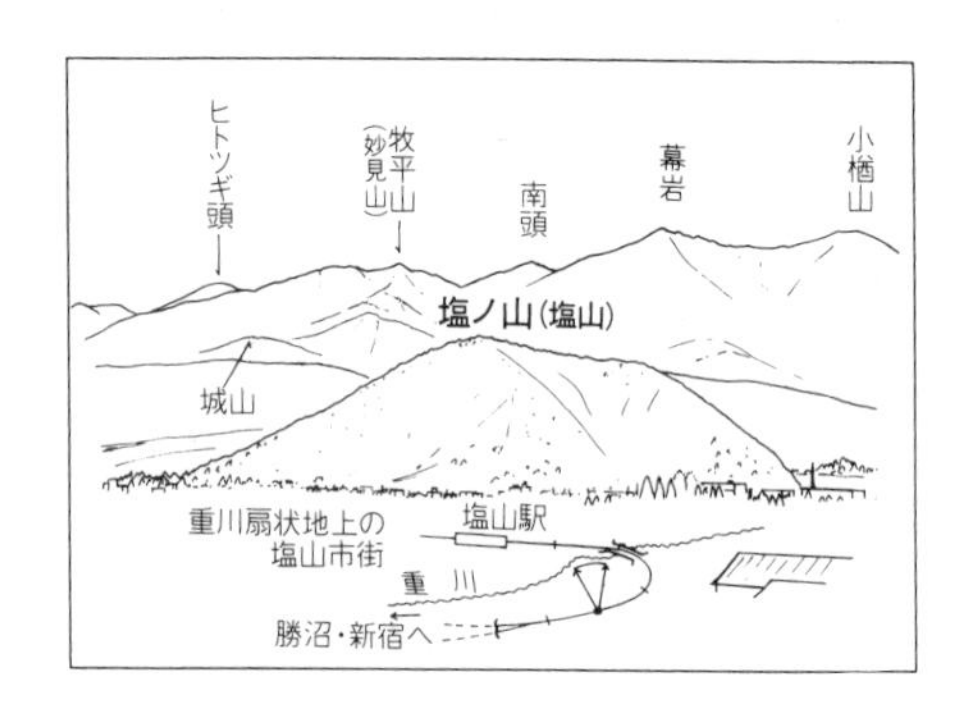

42

聖岳 三〇一一メートル

ひじりだけ。日本最南の三千メートル峰。

笊ヶ岳 二六二九メートル

美しい響きと孤高を誇る。片や、ざるがたけは特徴のある双耳峰。

勝沼でも、よほど注意してみないと見落してしまうのが聖岳(ひじりだけ)である。赤石岳の左にほんのわずかに顔を出している。南アルプス、いや日本の最も南にある三〇〇〇メートルの山である。私事で恐縮だが長女はこの山にちなんで「聖」と名付けた。

山名の由来については色々の説がある。一例として、雑誌「太陽」大正十五年六月号から引こう。「赤石山系の山々」の中に「大河原では曲ることをヒジルと云って、此尾根が半弧を画く程、曲ってをる所から此山に前記の呼称を与へ、聖の字を宛てたものと思はれる」とある。何でもよい、こんなに美しい字と響きをもった山が他にあろうか。山も深い。一人聖者の如く孤高を誇る山、それが聖岳である。

この山に、大井川をへだてて対峙するのが笊ヶ岳(ざるがたけ)。大笊、小笊の双耳峰で、白峰南嶺の南端に位置する。勝沼から始まり塩崎あたりまで車窓子の目を楽しませる特徴のある山である。

以前は早川町の保川を遡行して登るのが一般ルートであった。現在では、交通の便のよい大井川筋から西沢峠（所ノ沢越え）、布引山を越えて北上するコースを多く使う。

笊ヶ岳のふもと一帯は、信玄の昔から甲州金の産地であった。大正年間も久原砿業の手で、さらに戦争中も採鉱が行われていた。今でも滑車などの残骸が赤さびて放置されており、往時をしのばせている。

頂上の眺めは抜群。大菩薩、奥秩父、南アルプスのすべて。御坂・天子山塊、小笊の真上には富士山。特に指呼の間にある聖岳は見事だ。五月ともなれば、見おろす大井川沿いのカラマツがエメラルドグリーンに燃えたち、中腹はシラビなどの黒木、稜線は白い残雪。これら三色の横縞模様となって大きくたちはだかるのだ。

この山に最初に登ったのは、中村清太郎氏、明治四十四年十二月一日であった。この時の紀行文が載っている『山岳渇仰』は昭和十九年の出版であった。この本を、戦争中水戸の本屋で買った。故郷山梨に、こんなにも美しい山があったのか。この山肌に触れもせず、あたら死んでたまるか。こんな思いにかられた。仙花紙に刷られた、粗末な本だが、私の青春の思い出の一つとして今でも書架にある。彼は昭和二十五年、日本山岳会の名誉会長となり同四十二年になくなった。

塩山駅西端から。顕著な双耳峰の笊ヶ岳は登りにくい山だが、南アルプス南部の大展望台

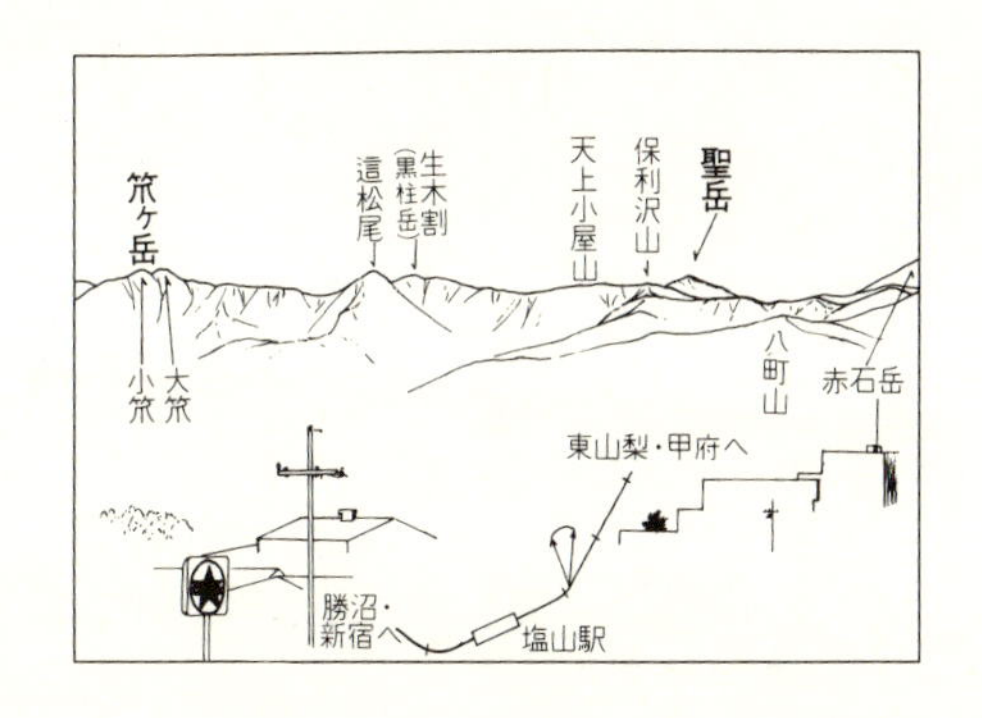

43

小楢山

一七一二・五メートル

人気の乾徳山が秋の山とすれば、この山は初夏に訪れるのがよい。
東の山頂は新緑の美しい雑木と草原。

隣の乾徳山（けんとくさん）にくらべ、小楢山（こならやま）に登る人は割に少ない。頂上からの景観などどちらも似ているのに不思議だ。乾徳山が秋の山とすれば、この山は初夏の山といった感じである。頂は二つに分かれ、東の方はゆるやかな草原状である。山容が、うどん粉をこねる権ばちに似ているところから、権鉢山ともいう。西の峰は対照的に鋭角で幕岩とよばれている。

さて、山名の由来について。往古、日本武尊が、酒折から雁坂峠を越えて関東に行く途中、この山にたちよった。岩場をよじるとき、力が入り、思わず、カラキジをうった。山屋さんの陰語で、朝のおつとめを、キジをうつという。雉子（きじ）は草むらに頭をつっこむと、頭かくしてしりかくさず、これを雉子の隠れという。私たちも、朝そんな格好をする。そして、大きい方を大キジ、小をコキジ、空砲をカラキジというわけである。ちなみに、女の子はかわいく「お花を摘む」という。

解説がながすぎた。本題にかえり、前記、日本武尊のカラキジ、よってオナラ山、それに小楢山の字をあてたというのだ。全く山屋というのは品性いやしく、ろくな事を考えない。

もう一説はどうだろう。一宮町の浅間神社に、重要文化財で紺紙金泥般若心経がある。これは人皇第百五代、後奈良天皇の宸筆（しんぴつ）である。天文十九年（一五五〇）四月二十日付の武田信玄自筆の奉納書も添えられている。

この時代、全国各地に武将群雄割拠、京都御所の塀は落ち、禁裏は悪童連の遊び場所になっていたとのこと。天皇は、金の無心に信玄のところにやって来た。どこをどう通って来たのか、浅間神社と甲府盆地をへだてた対岸、小楢山の上に立った。そして手にしていた錫杖（しゃくじょう）をおいた。そんなことから、この山は一名錫杖ヶ原ともいわれ、また後奈良山といわれるようになったとか。恐らくこれも眉つば物であろう。

『古代地名語源辞典』（東京堂刊）によれば、ナラとは「平坦地」もしくは「緩傾斜地」のこととある。山容まさにその通りである。

登山コースとして、塩平までバスで入り、あとは歩き。または乙女高原の入り口、焼山峠から南に稜線を伝って頂上に至る。あと、西側の小楢峠から一杯清水、中尾を経て窪平（くぼだいら）に下るのが一般的であろう。

勝沼付近からずっと、乾徳山とともに車窓をたのしませてくれる

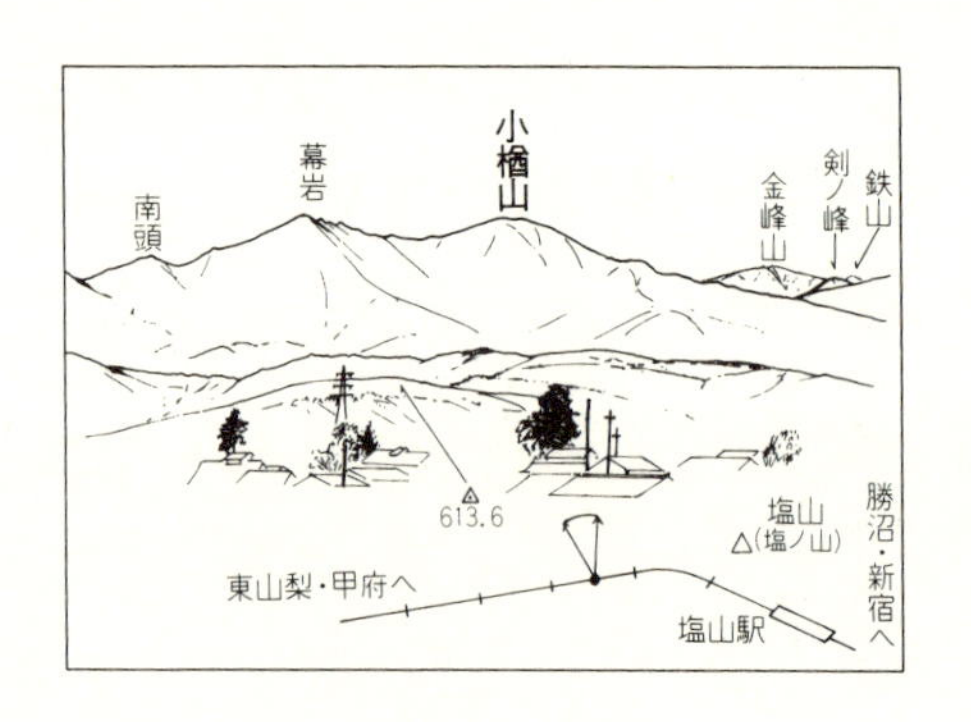

44

乾徳山　二〇一六メートル　黒金山　二二三一・六メートル

夢想国師が座禅をくみ、恵林寺の乾（西北）、徳和にあるから乾徳山。さらに北へ、樹林の中をたどると黒金山。

勝沼から山梨市にかけて、右車窓に一きわ鋭く頭をもたげているのが乾徳山（けんとくさん）である。その左奥にひかえているのは黒金山（くろがねやま）である。

古く、夢窓国師が座禅をくんだ山、それが乾徳山である。元徳二年（一三三〇）、一夏面壁ののち、二階堂貞藤のたてた恵林寺を開山した。この山は、恵林寺の乾（いぬい）、すなわち西北にあり、徳和地籍にある。よって乾徳山という。ちなみに恵林寺の山号は乾徳山と号している。

戦後、しばらくして、この山の中腹、国師ヶ原で悪友あいつどい、お月見をしたことがある。カヤの束でまわりをかこった小屋があった。

夕方、甲府盆地に点々と灯がともった。やがて月がのぼった。颯々（さっさつ）とカヤトの原を渡ってくる風。白樺林の中のテントにロウソクの影があった。

珍しかった塩さんまを焼いた。酒は浅川（現在の高尾）の朝鮮の人たちに分けてもらったドブロク。この密造酒は、浅川正宗、朝鮮正宗とかいったが、なかなかの味であった。テントといっても、旧日本軍のもので四角の布を順にとじ合わせていって建てたもの。寝袋だって軍隊毛布であった。現在のようにカラフルなゴアテックス地でもなければ羽毛シュラフでもない。それでも充分満ちたりた思いであった。

夜半、外に出てみると、月は皎々（こうこう）と照り渡り、はや草は露でしっとりぬれていた。その時はじめて、私はワレモコウという草の名を知った。

翌日、草原状の稜線に出た。大きな岩に、月見岩とペンキで書いてあった。岩壁につけられた鉄のくさりをカラカラとならしながら登り、頂に立った。はるかな高みに、あまりにも端正な富士山を見た。

ルートを北にとり、深い樹林帯に入った。倒木をまたぎ、くぐり、シャクナゲのトンネルを縫って黒金山にあがった。ここも岩山。思いもかけず、小さな石祠、国房神社があった。北を望めば、国師岳から甲武信岳にかけての奥秩父の大山並みが天空を切っていた。

昨年（昭和五十八年）秋、久しぶりに乾徳山に登った。ずるくも、東側の大平牧場まで車をあげた。わらぶきの廃屋と近代的な牧舎とのとりあわせは開拓の苦闘の歴史を物語っているように見えた。天気はかんばしくなく、国師ヶ原にガスが流れていた。そして、瀟洒な山小屋が二軒。見あげると、乾徳山の頂上は、墨絵のようにかすんでいた。かたわらのニッコウキスゲは、はやかたい実をつけ、秋の終わりを告げていた。

くさりのついた岩山をよじ登る乾徳山はハイカーに人気。下り線車窓右手に

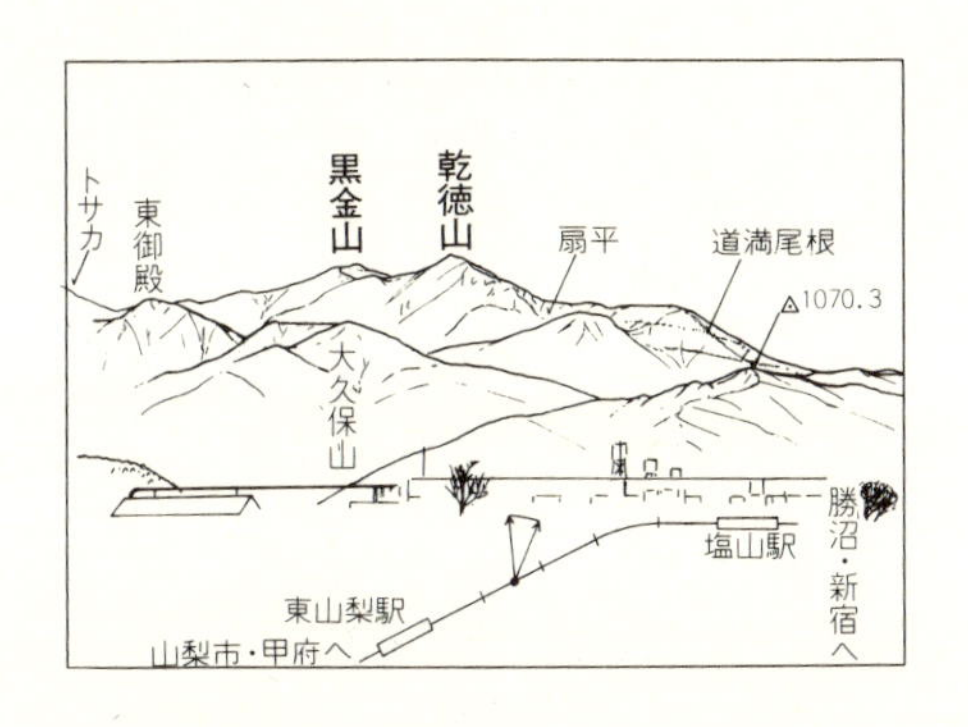

45

大烏山

一七八二メートル

おおがらすやま。むかしは大殻巣と書いたことも。
カラッポになった烏の巣のある山？　付近は大伐採地。

勝沼から山梨市にかけ、東の乾徳山、西の小楢山の間を南にさがる尾根が見える。日本山岳会会報八十四号（昭和十四年二月）に小野幸氏が「遠見を西南に下って大久保山へ向ふものは烏の尾根と云ふらしい」と書いているのがこれである。

東の徳和川、西の琴川にはさまれたこの尾根の頂点にあるのが、大烏山（おおがらすやま）である。『甲斐国志』には「大殻巣」と出ている。

昔、この辺には巣鷹山（鷹狩りの鷹をとらえるために保護した山林）が九ヵ所もあったという（『甲斐国志』）。その一つの山、どういうわけか、鷹がいなくなり、カラッポの巣だけが残った。かくて、奥の山は大烏（大殻巣）、手前のそれを小烏と名付けたのではないか。これは私の類推である。

もう一説。「ス」とは鳥のこと。例えば、カラス、ウグイス、カケス、ホトトギスなど。カラスとはカラとなく鳥の意。あるいは「黒い鳥」という意。ここから黒木の原生林におおわれているのが烏山。この説は『日本山名辞典』に載っている。

さて、何はともあれ登ってみよう。窪平から琴川沿いに昔は軌道があった。今では杣口から左岸高みを林道が、柳平を経て大弛を越えて信州梓山に抜けている。

この林道を、大烏沢出合いの橋（杣口三号線）から右に木材搬出の土場を経て沢沿いにあがる。伐採跡地を抜け、樹林帯に入り、立ち木の赤ペンキを目安に登る。やがて、クマザサの切りあけを右に斜上すると、前面がパッと開け、よくも切ったと思う程の大伐採地。前方に、乾徳山の特徴ある岩壁。左は黒金山へと連なるのが見える。

左に笹原を直登わずか、それが大烏山。小さなブリキ板に「大烏山　一九七三・一一・二四　AWV」と書かれてあった。その下に、「御料局三角点　一〇号」の苔むした標石。ふりかえる西の方、南アルプスの右はじ遠く望むは木曽の御岳、はたまた乗鞍岳だろうか。背の低いナナカマド、ドウダンツツジの上に望見された。北の方、尾根上の、二棟の作業小屋の廃屋のわきを抜け、左の樹林帯に入る。これは伐採作業道らしく、実に歩きよい。それに、やけにヤマウドの多いジグザグ道だ。また、豪快なアツモリソウの多いこと。

北にカラマツ林の尾根を越えて別の伐採地に出る。架線沿いにひたすら下ると林道にとびだす。そこには余沢二号橋としるしてあった。これから四キロ。大きなカーブをいくつかくりかえし下りつづけて、ふりだしの大烏沢の合流点にもどってきた。

大鳥に小鳥とは変わった名前。こういう山に登るのはよほどの物好き

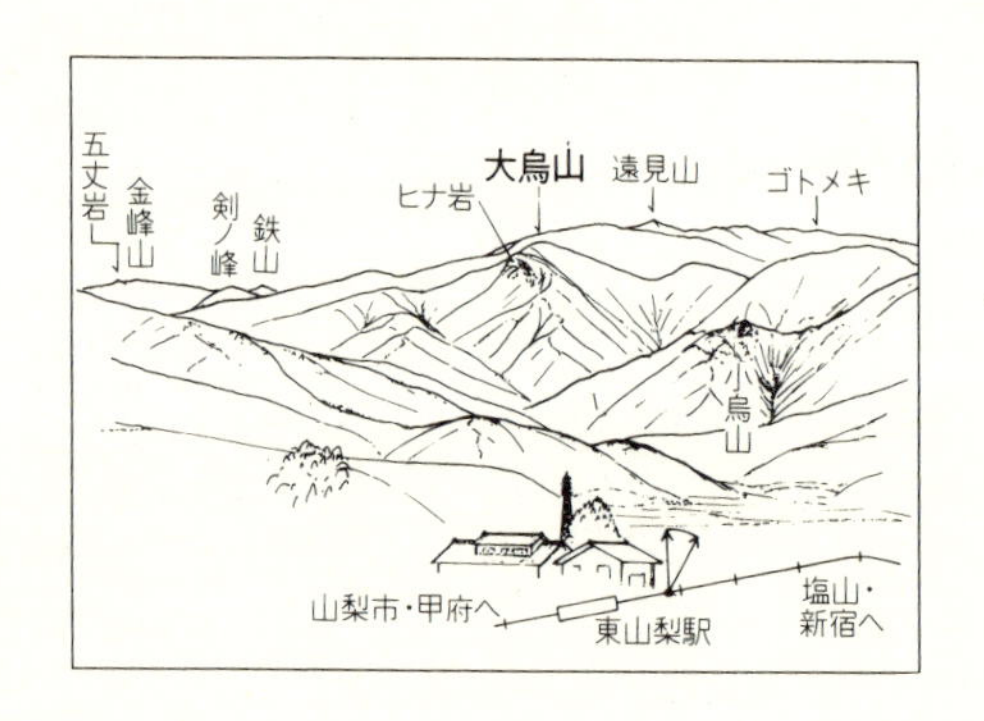

46 破風山 二三一七・七メートル 雁坂嶺 二二八九・二メートル

頂稜が破風形に似ている山容。東の雁坂峠は国道40号。しかし車は通れない。日本三峠の一つ。

甲府盆地に入った電車は、塩山から盆地の北辺を甲府にむけて走る。桃やブドウの畑の中、右を見やれば、遠く連なるゆるやかな稜線が目にうつる。

これが、奥秩父の雄峰、甲武信岳から東にのびる埼玉と山梨の国境、蜒々と雲取山まで続く。その低い所が雁坂峠である。この峠は、谷川岳の北、関東と越後を結ぶ清水峠、信濃大町と富山を結ぶ針ノ木峠とともに、日本三峠の一つといわれている。

南に位置する古札山をへだてた雁峠とともに、渡り鳥のかよい路であったろうか。異説もある。『秩父風土記』に「日本武尊が草木篠すゝを刈り分け通り給へる刈坂なり」とあるからだ。それはともかく、戦国の昔から軍事上の要衝であったことは『甲陽軍鑑』にも見えている。

この峠路は、秩父往還といって、れっきとした国道１４０号である。ところが、車の通行ができない不思議な道で、開かずの国道といって、信州下伊那の秋葉街道の青崩峠とともに有名である。

明るい峠の西隣は雁坂嶺（かりさかれい）となり、東破風山（はふさん）、西破風山へと続く。地図には破不山と記載してあるが、屋根の破風形に似ていることからつけられた名前である。この一帯、そんなに高くないのに、礫岩地帯をハイマツが埋めているし、シャクナゲなども目につき、なかなか楽しい尾根歩きができる。不思議なのは、三角点のある東破風は樹林に囲まれ展望がきかないのに、西破風では富士山をはじめ、四囲の大展望にめぐまれる点である。

ここで悲しい話を一つ。大正五年七月二十五日、現在の広瀬ダムのほとりから甲武信岳をめざした若者がいた。東大法学部の学生、小山秀三氏ら五人。まちがって破風山に登ってしまった。途中、暴風雨にあって死の彷徨を続けた。八月六日、パーティーの一人中村孝三氏が生還した。でも他のメンバーは笹尾根一帯でかえらぬ人となっていた。東都の新聞は連日大見出しで事件を報じた。

その後の十月、『山之犠牲』という追悼集が発行された。さらに「破不の夜嵐」と題した琵琶のレコードまで売り出された。七十年近く前のことである。

昭和二年に、現在の笹平避難小屋の所に、県の手により破不山小屋が建てられた。山梨県山林会の記録によれば、昭和四年一年間に、この小屋に宿泊した人数は、男九十人、女三人とある。五十余年経った今日、今昔の感をしみじみと感じる。

破風形をしているのですぐわかる破風山。しかし山梨市に入ると見えなくなる

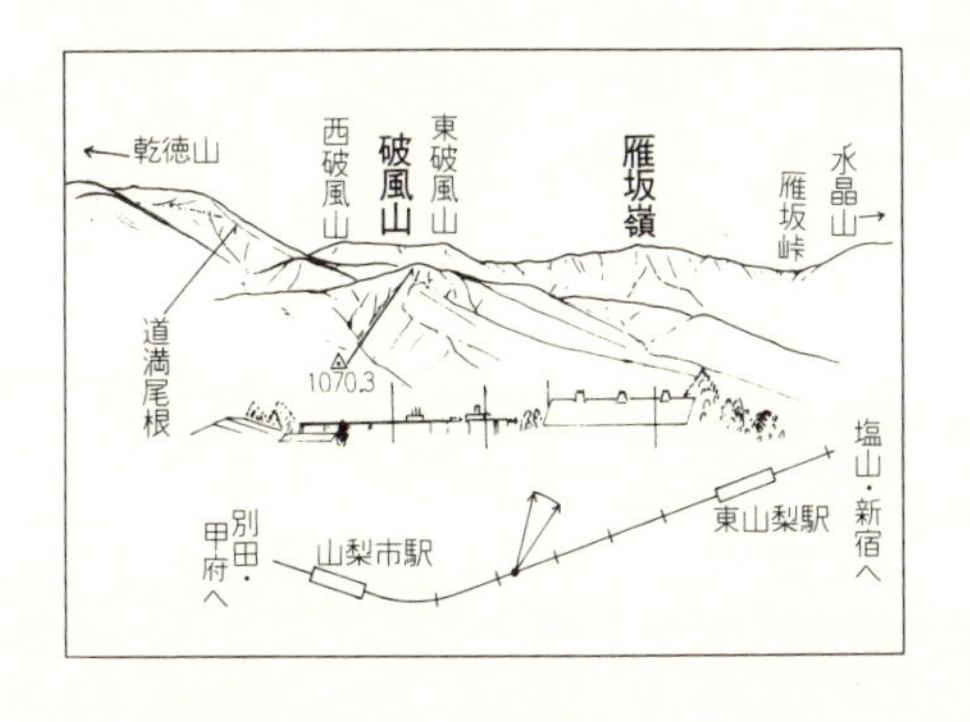

47

三窪

一六八〇メートル

青梅街道柳沢峠のほど近く、見渡す限り朱に、紅に燃えさかるツツジの原。
花の時期以外は訪れる人も稀。

「甲山峡水」という、山梨県景勝地協会が戦前に発行していた雑誌がある。この昭和十六年春号に「つつじの名所案内」がのっている。

富士山麓の、中の茶屋から大石茶屋にかけて百五十町歩のつつじヶ原。八ヶ岳山麓の美し森一帯の三百町歩。甘利山の数十町歩。このあとに〝見窪〟、「青梅街道柳沢峠の西南方(ママ)約半里、高芝山より北に西嶺を経て倉掛山に亘る南北一里半、東西半里の間は毎年六月中旬より七月上旬に亘り、山上一帯蓮華つつじや山つつじの開花により紅の海に変つて了(しま)ふ。此処は他のつつじの名所と異り無立木高原であるから眼を遮るものなく、その壮観は譬ふる言葉がない。従来此群落は全く埋れて居たのであるが、最近発見せられ地元玉宮村及塩山町の熱意により新興つつじヶ原として推奨された名所であります」とのっている。

かつて、水神宮という額をかかげていた大鳥居があり、その間から富士山が見えた柳沢峠。今では時代の波か、ドライブインが営業している。

これから西に樹間を縫って三窪、ハンゼノ頭にあがる。巨大なパラボラ・アンテナ、電電公社の柳沢無線中継所が眼にとびこんでくる。これを圧倒しているのが、見渡すかぎりの、朱に、紅に燃えさかるツツジの原である。その彼方にわずかな残雪をのぞかせた南アルプス。左に天子山塊、御坂山塊、富士山。さらに左は、大菩薩、黒川鶏冠山、北には、雲取山から金峰山へと、わが曽遊の山々が招いている。

それにしても、三窪とはうまい名前をつけたものだ。南の象山の二等三角点から北に大きなくぼみが三つある。この斜面がすべてツツジだから豪華なものだ。

パラボラ・アンテナのわきを北上すると、板橋峠である。こんな所に場違いみたいな分譲別荘地がある。管理棟の横から登りはじめる。はだか山の小ピークを四つほど上下すると倉掛山となる。東西にのびた頂稜の一角に三等三角点。この尾根は、ハチワリ尾根といって蜒々北に、奥秩父の中核、笠取山まで続いている。訪れる人も少ない静かな尾根路である。

このあたり、倉掛、鈴庫、小倉と「クラ」の字のつく山がある。どちらも片側が岩壁である。また別名、倉掛御殿、鈴庫御殿ともいう。近くに、高芝御殿、東御殿、国内御殿、エンマ御殿などがある。ここで御殿というのは、岩の露出した突起をいうようである。

それにしても、この山域を訪れる人は少ない。一日二本の柳沢峠越えのバスも廃止されてしまったとなれば無理もないのかも知れない。

笛吹川鉄橋の上から。交通の便はよくないが三窪高原のツツジはみごと

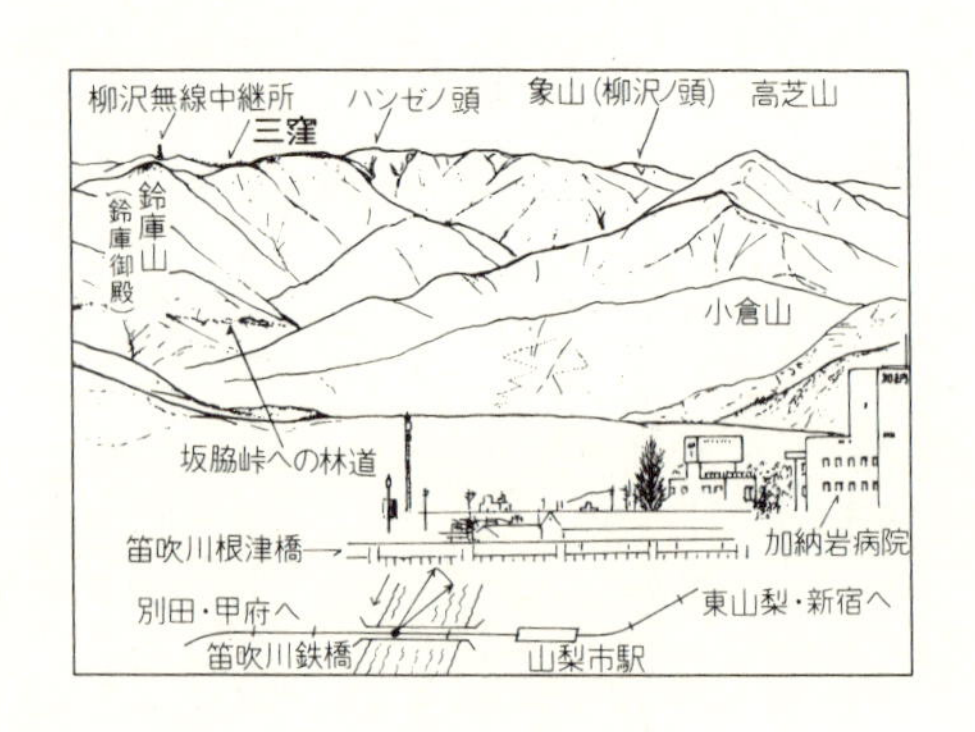

48

大菩薩嶺

二〇五六・九メートル

小説や映画で名前はあまねく知れわたっている。
山頂は黒木だが峠のほうは大展望のひろがる人気コース。

塩山を出た電車のうしろに屏風をたてかけたように見えるのが大菩薩連嶺である。この山が人口に膾炙されるようになったのは中里介山の未完の大河小説『大菩薩峠』のためである。

大正二年九月十二日、都新聞九千二百九十一号は「大菩薩峠は上り三里、下り三里、領分は甲斐国に属して居りますけれど、事実は武蔵と甲斐との分水嶺になります」と書きだしている。巷間流布されている単行本とは若干ちがっている。

この峠の開削の歴史は古い。伝説によれば、甲斐源氏の祖、新羅三郎義光が、父頼義が陸奥守兼鎮守府将軍であったが故に前九年の役、後三年の役（一〇五一―一〇六二）に出陣。樵夫に化けた軍神の導きで、これを越えた。義光は軍神の加護に感謝し八幡大菩薩の名をとなえた。これが山名の由来とのこと。

それが星移り、今ではハイカーのメッカとなって息をふきかえした。これについて記憶にとどめておかなくてはならないことがある。

大正八年、松井幹雄、山崎金次郎氏ら四人のメンバーで設立された「霧の旅会」。美しい名前だ。当時としては珍しい社会人の山岳会であった。主として関東周辺の低山を歩き、この大菩薩にも足しげく通った。

ここで、旧大藤村の増田勝俊氏と出会った。彼は山彦会という保勝会をつくり、やがて介山からの寄付金五百円をもふくめて建てたのが、「勝縁荘」である。昭和七年六月十六日のこと。姫ノ井沢源頭にあり、介山自筆の「大菩薩峠勝縁荘」の扁額、「上求菩提　下化衆生」の書を掲げている。

この隣に、介山が一時中断していた『大菩薩峠』を執筆するために建てた「三界庵」がある。深田久弥氏は「この山荘の何より結構なことは、真正面に富士山の見えることだ。それは普通に見えるのではない。まったく不意に思いがけない大きさで、しかも荘厳そのもので、眼前に現れてくる」と書いている。

昭和五十八年、その益田氏の米寿と、勝縁荘開設五十年を記念して、『大菩薩の囲炉裏』が刊行された。

話はかわるが、昔、奈良見物にやって来た甲州の人がいた。大仏をみて、その大きさに腰を抜かさんばかり。しかしそこは甲州人。「何でぇ、奈良の大仏ったって、がとうでかかねえ、甲州へ来てみろ、甲州じゃ小仏だって三里、大菩薩となりゃあ八里もあらあ」と叫んだ。

さしもの大仏さんも、甲州街道の小仏峠、青梅街道の大菩薩峠と比較されてはたまったものではなかった。

古名は大黒茂のセリ、大黒茂山とも。登山の際の下車駅は塩山。お間違えなく

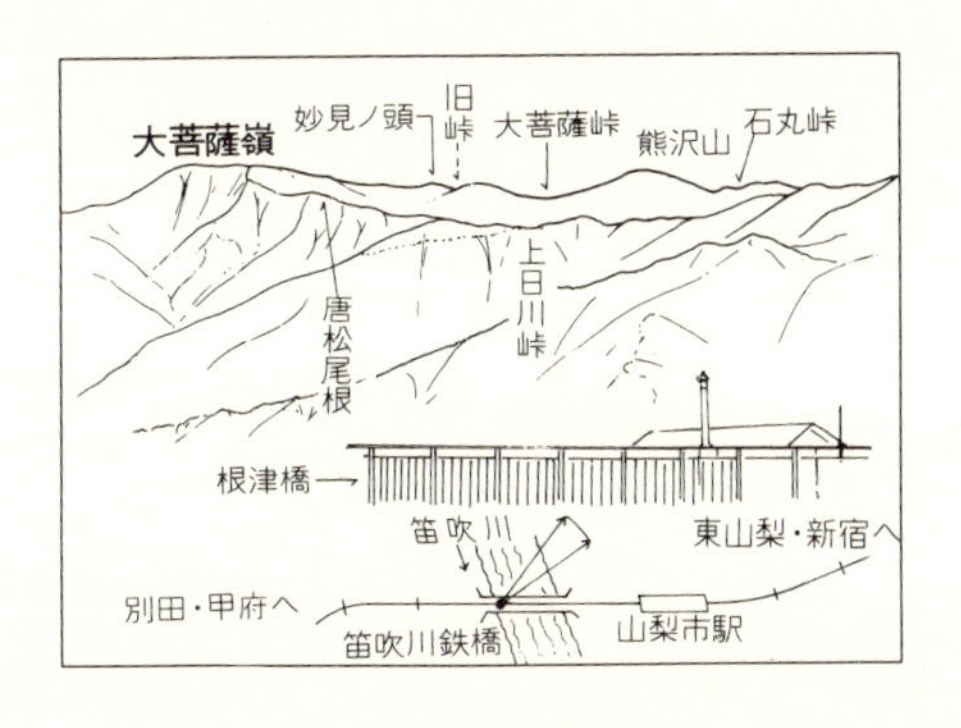

49

源次郎岳　一四七六・六メートル

大菩薩連嶺、日川尾根から派生する支脈中の一峰。
人の匂いの少ない静かな山。晩秋の一日の山歩きに。

人名が山の名前になっているものが結構ある。エヴェレストはさておき、標題の源次郎岳、源五郎山（秋田）、源九郎山（山口）、大次郎山（長野）、銀次郎山（新潟）など。

さて、山梨市―石和間で、大菩薩から南下する尾根を注意してみていくと、稜線にパラボラ・アンテナが見える。電電公社の日川無線中継所である。

このわずか下が下日川峠である。ここからカラマツの植林帯の尾根を南にたどる。ワラビやタラノメが豊富。甲武信岳から金峰山までの奥秩父の山々、八ヶ岳、南アルプスと北から西にかけて峡東一帯を眼下にしながらの眺望を楽しませてくれる。南に富士山。東側は、日川の谷をへだてて、大菩薩南嶺が蜒々と連なって見える。中ほどに湯の沢峠のパラボラ・アンテナが光っている。

途中、嵯峨塩鉱泉を経て、杣坂峠からあがってくるルートと合する。ここから細尾根を西に大きく三つのコブを上下すると頂上に達する。

まわりは、ミズナラ、シラカバの木々におおわれて展望はきかない。この山、『東山梨郡誌』に次のような記述がある。

「牛奥山中柚坂峠の西北にあり。伝へ云ふ、往時武人の源次郎なるものあり。敵兵の追蹤をのがれて此山に登り、愛馬を殺して石隙に埋め、岩上に座して屠腹せり、爾後雨降る夜は此辺鶏声聞る。これ源次郎佩刀の鶏型目貫の声なりと」

　昭和十五年刊、松本重男著『中央線に沿ふ山と高原』によると、岩の名前を「桝岩の巨岩」と記している。西側に斜めにかたむいた桝岩の横に三角点がひっそりとたたずんでいる。木の間がくれに、近く宮宕山（みやたごやま）が鬢櫛川（びんぐしがわ）の沢をへだてて見える。

　同じ年に出版された『甲武相山の旅』の中に「頂上直ぐ眼下に白く残雪の様に花崗岩の爛砂するモグチッピラ」と不思議な言葉がでてくる。

　今日送られて来た岩瀬義明氏の『アイヌの他界観』を読んだら「アイヌ語の中に朝鮮語から転訛したものが意外と多くあるとのこと。（中略）崖を表すピラなどは、その代表的なものではないか」とあった。

　何にしても人の匂いの少ない山である。踏み跡に古いコーラの空きかんが落ちていた。最近のようにプルトップオープンのものではない。カンオープナーで、三角形に二ヵ所穴をあけたものだった。もう十年以上も前のもの。こんなものにもなつかしさを感ずるほど、静かな山である。

上日川峠から、嵯峨塩鉱泉からなどの道があるが静観派向きの静かな山

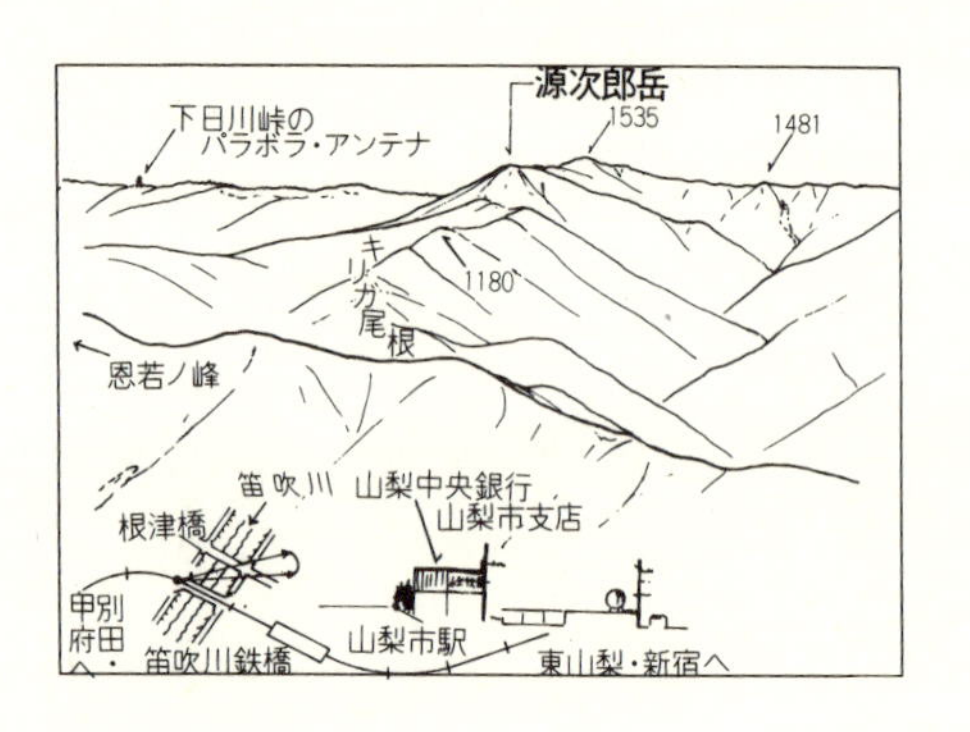

50 甲州高尾山　一〇九一・九メートル

勝沼の駅からすぐ上に見あげる山。山頂近くに林道のガードレールが光る。
山頂直下からは大展望が。

塩山から石和にかけて、車窓の左うしろに見える勝沼の扇状地のはるかな高みの山が高尾山（たかおさん）である。山頂近くを白いガードレールが、鉢巻きのように光って見えるのですぐにわかる。

勝沼から菱山を通り、大滝不動尊を経て林道が通じている。この林道は、大滝川に沿ってぐんぐん高度をあげる。それにつれて甲府盆地のかなた、南アルプスもせりあがってくる。勝沼駅では判然としなかった塩見岳もはっきりわかり、聖岳のピークも頭をもたげて見えてくる。

林道が山稜の南側にまわりこむと、今度は、御坂山塊の山々が眼前にその姿を現わす。やがて、ゆるい下り勾配となり、眼下に深沢の谷をのぞみ、東側の山腹を巻くようになって行きどまり。

この林道が南側に移る地点に東山梨消防本部の無線塔が立っている。ここで車を捨て、林間のふみあとをたどることわずか五分で、高尾山の三等三角点に達する。国土地理院の航空測量のポイントがそのまま残っている。林間なので展望はきかない。おちついて展望を楽しむのなら、この林道の途中にある小台地にあがるといい。ここには甲州御岳教の小さな祠があり、赤い屋根のあずまやもある。

それこそ、南アルプスの展望台としてはうってつけである。それに、対岸に大滝不動尊の大滝も全容を見せてくれる。

高尾山といえば、中央線の高尾駅から登るそれがあまりにも有名である。この高尾山という名前は、日本全国に、二十万分の一の地図からひろっただけで二十四もある。だからそのほかにもたくさんあるはずだ。

山梨県内でも、櫛形山の東面に二つある。穂見神社のある高尾山。その南の平林の高尾山権現。『日本山名辞典』には「高尾の尾は尾根の意味で、高い所に尾根が続いているところからこの名がついたものだろう」と記してある。

そういわれてみると、櫛形山のそれも、北尾根、中尾根から続き、この高尾山も、大菩薩嶺から蜿々(えんえん)南下した尾根の尽きる地点である。

さて、こんな山だから、わざわざ計画をたて電車賃まではらって登りに来る人は少ない。昭和五十三年に出版された『静かなる山』(茗溪堂刊)で、川崎精雄氏が「甲州高尾山は、日曜の朝起きてみたら快晴で、しまった、と思う時などに行ける山である」と書いている。さすが長い間ガイドブックにもない地味な藪山を歩き続けている方、正にいいえて妙である。

この写真は山梨市駅西、笛吹川鉄橋上から望遠レンズ使用

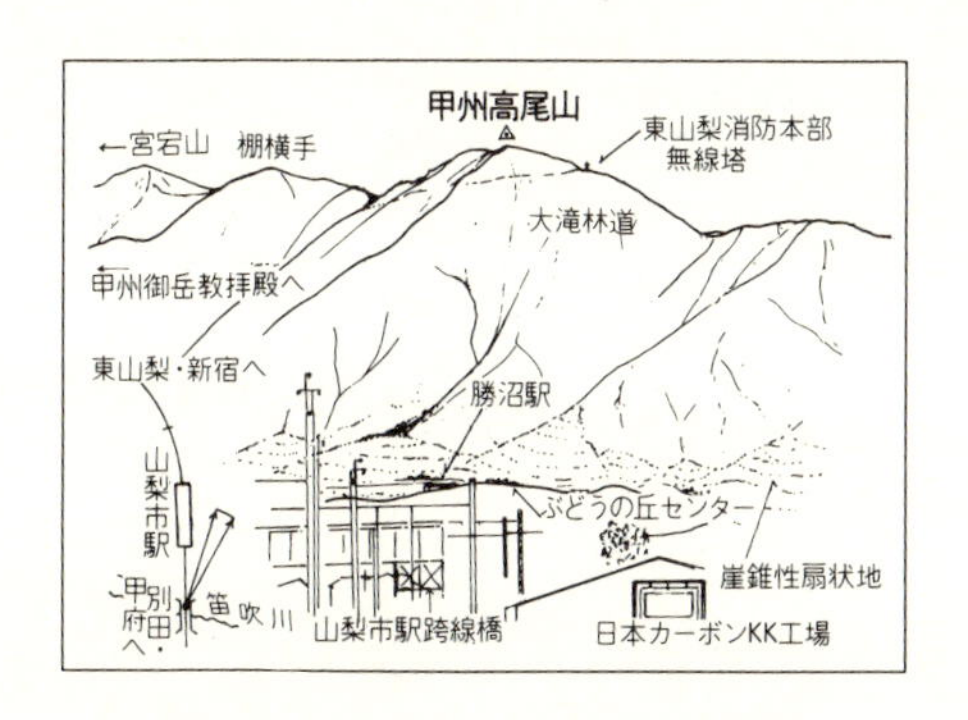

51 お坊山　一四五二メートル

三つのピークがよくめだつ。笹子雁ヶ腹摺山と結ぶコースは、小さな登降が多く、たっぷり一日のハイキング。

山梨市駅のすぐ西、笛吹川の鉄橋上から左窓うしろを見ると、山型の三つのピークが見える。

くわしくは、一番左がお坊山(ぼうやま)の西峰。真ん中が門井沢の頭、右端はヤタイロ、別称米沢山である。その右の台型の山は笹子御殿、またの名を笹子雁ヶ腹摺山という。

お坊山から左にガクンと落ちたところ、それは大和村の田野と大月市笹子の原とを結ぶ大鹿峠である。その昔、この峠に天神社があり、天神峠といった（『甲斐国志』）。それが、この峠で猟師が大鹿を射とめたので、大鹿峠となった。先年なくなった、笹子文楽の主宰者、天野晃翁から聞いた話である。

さて、初鹿野から、武田滅亡の哀史を秘める田野の景徳院、さらに氷川神社を経て登る。頭上の送電線の巡視路をたどって大鹿峠に立つ。ここから南西のお坊山までは、雑木の中のちょっとしたアルバイトである。やっと北の方に大菩薩の連峰を見るようになる。西から見るのと違い、割にのっぺりとしている。

稜線の一角にとびだすと、左にお坊山の東峰。右は西峰、お坊山一四五二メートルの指導標がある。正面に本社ヶ丸、清八山（せいはちやま）を従えた富士山。西は白峰、甲斐駒、八ヶ岳の連山が見える。甲府盆地を南北によぎる笛吹川。東は、みず沢の谷一つをへだてた滝子山が大きなふんばりを見せている。滝子山は訪なう人も少ない静かな山である。

「新ハイキング」誌、昭和四十九年二月号に「地名語源の小考」という題の、松本光司氏の小論文の中に「お坊山―親鸞（しんらん）上人甲斐路布教の途次この山に登られたのでこの山名がついた」と記されている。これに関連して前記、天野晃さんの笹子文楽に、オリジナルの外題がある。

旅の若僧に失恋した村娘およしは、芦ヶ窪の池に投身、その怨霊（おんりょう）が大蛇となり、甲州街道、吉久保の橋の上で行き交う旅人をなやませた。そこで村人は原から大鹿峠を越えて田野への新道を開いた。そこへやって来たのが親鸞上人。南無阿弥陀仏の六文字の妙号を百個の小石に書き記し、池に投げ入れ、娘の供養をした。それで村は再び平穏をとりもどしたという。

晃翁の後日談。中央線を建設したとき、原の氏神さんのわきの沼を掘っていたら、上人の投げ込んだ石が幾つもでてきたという。笹子にある阿弥陀海という珍しい地名と親鸞上人が結びつき、それにお坊山が一枚かんでこんな伝説が生まれたのかも知れない、と。

登るときは初鹿野か笹子で下車。これは笛吹川鉄橋上からの撮影

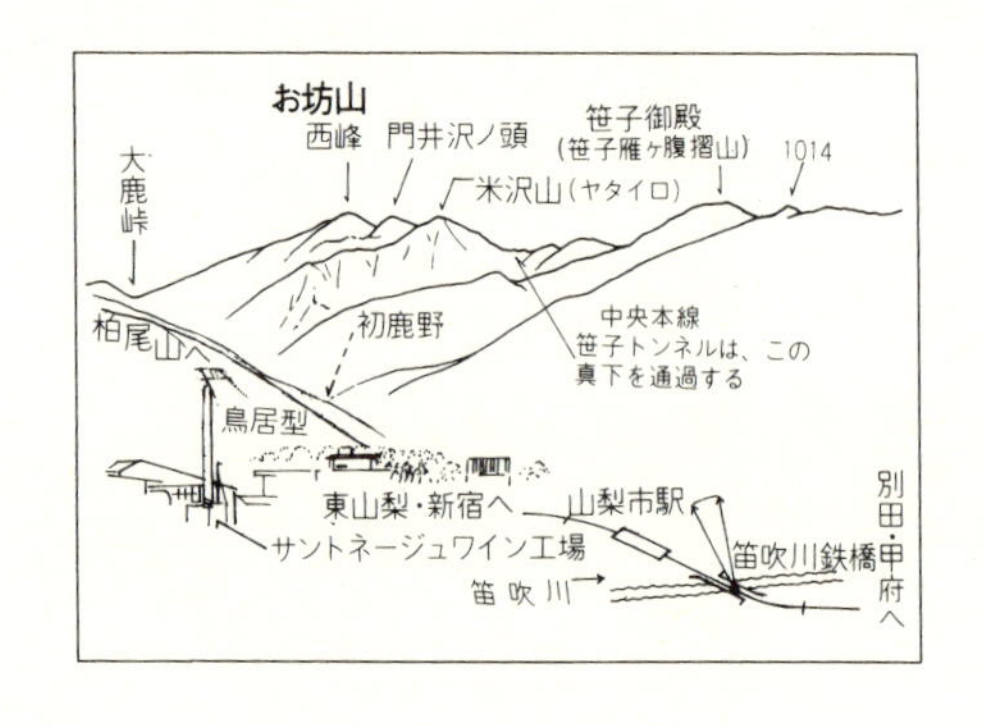

52

雲母山

一二一三・三メートル

この一帯は花崗岩の山。
いつの頃か、この山で雲母が見つかったのであろう。

「祕」と判のおしてある戦前の参謀本部の地図を持っている。戦争中、学校長の証明書を持って買いに行った。そのボロボロの地図「谷村」の左すみ、一二一三・三メートルの三角点に「ウンモ山」とへたな字で書きこんである。

どこで聞き出した名前だろうか、記憶になかった。ところが偶然、日本山岳会の図書室で、古い「山と高原」という雑誌を繰っていたらでてきたのだ。

その二十三号で、村田孝次氏が達沢山の紹介をしていた。その記事の中の略図にこの山名があった。この号には、なつかしくも恩師、嶋田武先生が、夜叉神峠のガイドを書いておられた。昭和十六年三月号である。

でも、なぜ、雲母山(うんもやま)なのだろうか。思うに、この一帯は花崗岩の山である。花崗岩は普通、長石、石英、雲母で構成されている。

六年前、東部カラコルムの遠征をしたが、ここはほとんどが花崗岩の大山塊であった。ある日、人夫が大きな雲母のかたまりを拾ってきた。一緒にいたパキスタンの連絡将校は大変珍しがり、これは本当に石か宝石かといいだす始末であった。こちらは、マイカ・コンデンサー（雲母蓄電器）を例にして話したが、私の語学力ではうまく通じなかったようだ。

ことほどさように、花崗岩の山には雲母があっての不思議はない。きっとこの山も、あるとき、たくさんの雲母がみつかったことがあり、雲母山の名前がついたのではないだろうか。

花崗岩の名が出たついでにいえば、この山の裏側の初鹿野あたりでは、それを鞍馬石（くらまいし）という。国道沿いの石屋さんで石灯籠など作っているが、なかなか雅趣のあるものだ。車窓からも眼下の日川渓谷沿いの甲州街道にそのサンプルをたくさん見ることができる。花崗岩は通称「御影石（みかげいし）」という。神戸の六甲山の御影でとれるからだ。香川県の庵治（あじ）石とか、茨城県の稲田石、山口県の徳山石とか、それぞれの産地で呼び名がちがう。一番傑作は、広島県の倉橋島でいう「議院石」である。これは昭和十一年に完成した国会議事堂が、ここの石を使って建築されたからだそうだ。

さて本題にかえって、この山、京戸川の右岸の林道をひたすら登って行く。途中で材木搬出中の現場を通る。これにはかまわず、二本木山の南山腹をなおも進む。林道が二手に分れるあたりまで車で行ける。ここから風化した花崗岩砂の踏跡をたどり樹林帯を急登してやっと頂上。西側の展望はひらけ、眼前の茶臼山越しに、甲府盆地の大展望を手中にできる。

笛吹川鉄橋上からの撮影。好事家向きの山で、登るなら勝沼駅で下車

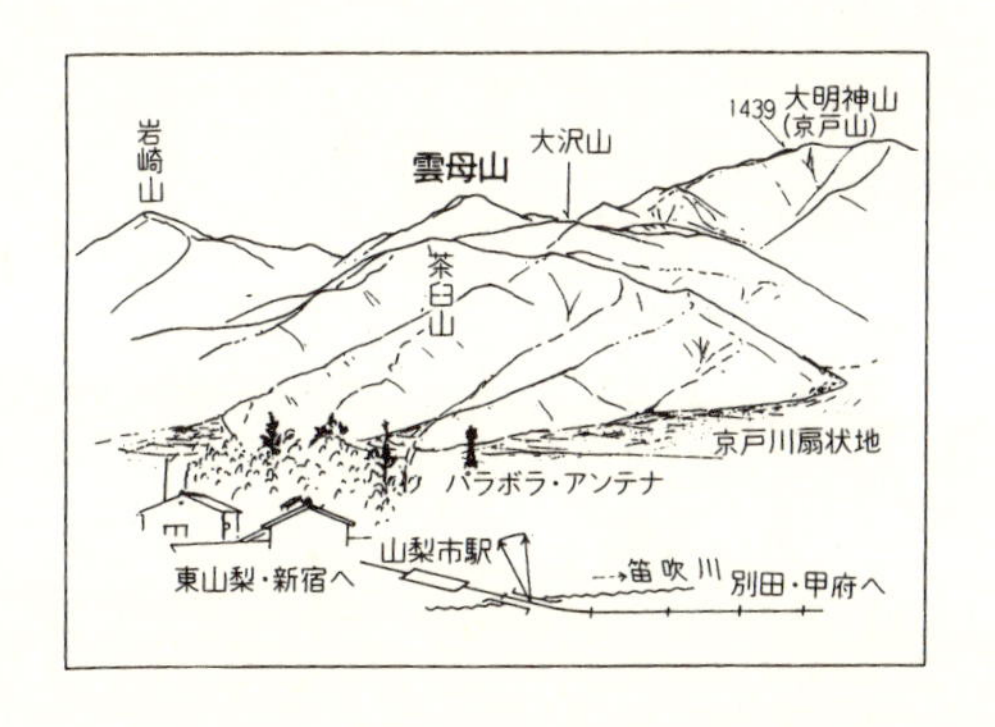

53

達沢山

一三五八メートル

中学校社会科教科書の扇状地の説明として写真が出ている。
四月、一面ピンクの桃の花に埋まる斜面の上の山。

鎌倉住還の藤野木の立沢の源頭にあるから達沢山(たつざわやま)となったものと思われる。しかし、「山と高原」昭和十六年三月号で村田孝次氏は「藤井（勝沼町）ではニカムラの頭と称してゐるらしい」と書いている。河田楨氏の『小さき峠』（昭和二十四年五月発行）では「地元では三角山とよぶ」と記録して「知られぬ山—素敵に大きな前方後円墳といふ格好」と表現している。

それはともかく、中学生にとってはなじみのある山である。社会科の教科書に、扇状地といえば、この山の斜面が航空写真で載っているからだ。

また、四月のなかば、石和方面から東の方を眺めると、ピンク一色に染めあがる斜面がある。この頂点にあるのが達沢山である。こういえば、誰でも、あああの山かと合点がいくであろう。

花崗岩に似た石英閃緑岩は硬いけれど風化しやすい。これが甲府盆地の断層崖の東縁に大量に搬出されて大きな扇状地をつくりだしている。

この山を訪れる人は少ない。地図にこそ、狐新居（きつねあらい）から破線があがっているが、ハイキングコースとしては無理である。よほど山なれた人でないと登高はやめた方がよい。指導標もなく、ただわずかな踏跡。それもバラが生い茂っており、手も顔もきずだらけ。惨憺たるものである。

ところが、こんなヤブ山を精いっぱいかけめぐる人たちがいる。鉄砲撃ちである。それが証拠に、頂上直下には、地元、黒駒大物会、代表堀内藤雄氏の名で、猪熊供養塔が建てられている。昭和四十八年二月に建てられた小さな石碑である。

頂上の東南面はヒノキの植林地で、三ッ峠、御坂山、黒岳、富士山と、金川をへだての展望はすばらしい。しかし、甲府盆地は牧丘から鰍沢まで、笛吹川沿いの町々が、雑木林の間からかい間見られるだけである。

前記『小さき峠』の中に記載されたふもとの狐新居の伝説にふれてこの項を終わりたい。

「この下の方に、昔、山の神村といふ村があった。その村は火事が多くて何度も何度も焼けた。（中略）山の神に伺ひを立てると、古くから此所に住んでゐる狐が自分の住家を奪はれたので、その仕返しに火をつけるのだといふので、村の者が相談して狐をまつり、他にいい場所を見つけてお前の住みかをこしらえるから、どうか火をつけないで呉れと頼んだ。かうして狐に移つて貰つたのが狐新居だ。だから狐あらたに居ると書く。」

峡東の東南部で代表的な山だが、訪れる人の少ないヤブ山。写真は笛吹川鉄橋から

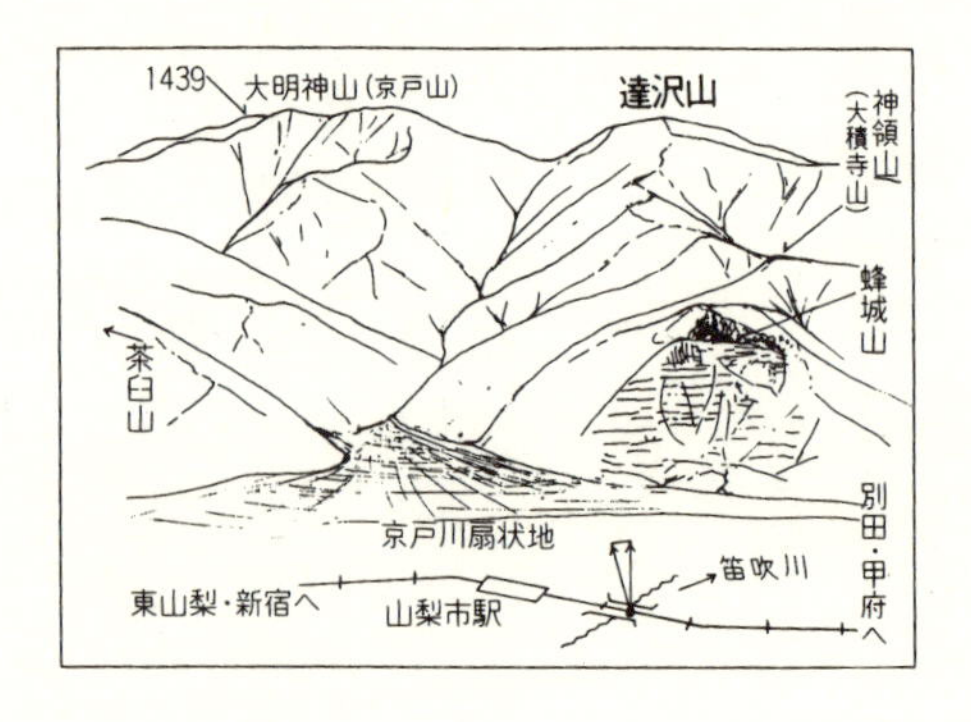

54

御坂黒岳　一七九二・七メートル

北方系の針葉樹の総称、黒木の茂っている山の意か。
御坂山塊の最高峰で、冬の日だまりハイキングに最適。

山名に黒を冠したものは、『日本山名辞典』に載っているだけでも百七十九座もある。一番多いのは黒森山で三十一座。黒岳は十一座を数える。山梨県には、初狩の北の黒岳と御坂山塊の最高峰の黒岳がある。どちらも偶然か一等三角点の補点である。そこで国土地理院の三角点名称では、前者を小金沢山と称し、登山者の方では、御坂のそれを御(み)坂黒岳(さかくろだけ)といって区別している。

なぜこんなに黒を冠した山名が多いのだろうか。本州の中部以南、今でこそ少なくなったが、縄文の昔から照葉樹林におおわれていた。これは日本文化発達の原点の一つだといわれている。(中尾佐助著『栽培植物と農耕の起源』岩波新書)

これに対して北方系の針葉樹の総称を俗に黒木という。この黒木の茂っている山の意から名づけられたのではないだろうか。その一つの証拠として、黒…と名のる山は、関西以西の四十七座に対して、中部以東は百三十二座に及んでいる。

さて、御坂黒岳に登るには、甲府から御坂有料トンネルを抜けた所で車をすて、すぐに裏の山腹の小径をあがる。鎌倉往還の面影を残したジグザクの道をたどると、御坂茶屋（太宰治の碑のある天下茶屋ではない）。そこここに残されている道標や石仏。例えば、ふもとの疱橋（もばし）の近くには「右山道　左ぜんかうじ道　元文三年三月同行十七人」と刻まれたものなどがあり、楽しい山道である。

古くは、日本武尊が越えたといわれる御坂峠。嘉永三年（一八五〇）宮本定正の筆になる『甲斐廼手振』には、「魚類は駿州沼津より三坂峠を越え黒駒を運送、行程二十里、秋冬春は替らず、就中鯛多く江戸より価至って下直也、夏間は塩物多し…」とある。

これから雄大な富士山を河口湖越しに満喫しながら、西に一山越えると、測量やぐらの残る黒岳の頂である。蜒々と西に連なる御坂山塊の向こうに、南アルプス、北アルプス。右に八ヶ岳から奥秩父の山々が甲府盆地をめぐるようにとりまいている。冬の日だまりハイキングには正にうってつけの山である。

以前、夏の終わり、御坂茶屋で、河口湖の湖上祭を望見したことがあった。音とまるっきり一致しない間の抜けたような花火。やはり花火は、近くで腹にこたえるような音とともに仰ぎみるものだと、しみじみ感じた。

この小屋を守っていたのは河口湖町河口一四三六、渡辺栄次翁であったが、昭和五十七年正月に亡くなってしまった。でも予約をすれば、宿泊も可能な静かな山小屋の一つである。

笛吹川鉄橋は多摩川鉄橋とともに車窓展望の絶好ポイント

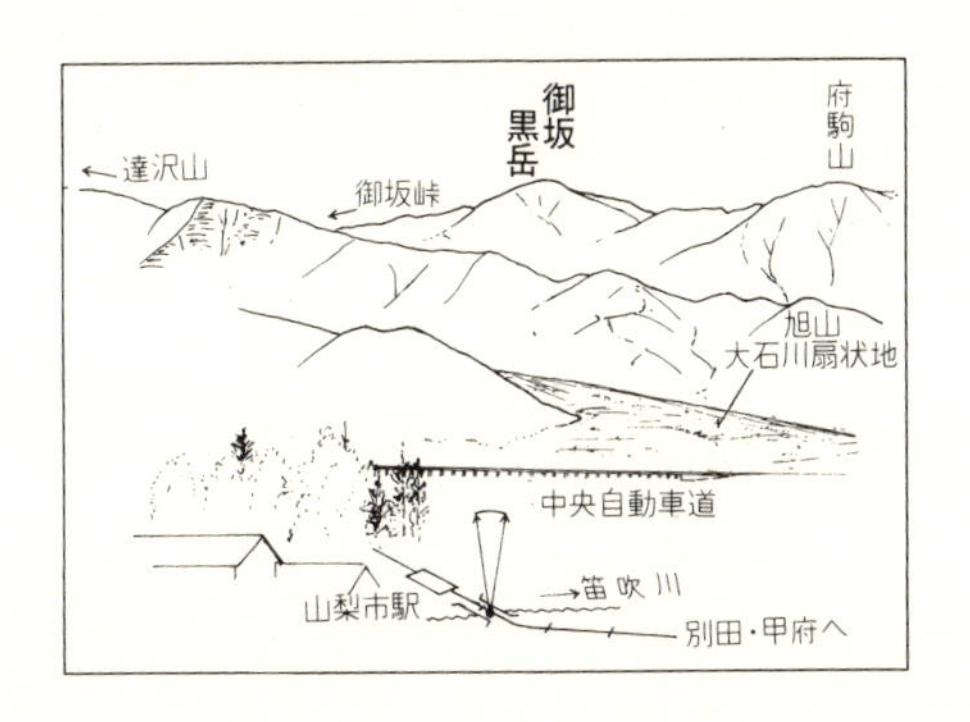

55

釈迦ヶ岳

一六四一メートル

右の肩がガクンと落ちた特徴のあるピーク。甲府盆地からよく見える。御坂黒岳と結ぶと一日の好ハイキング。

同名の山が日本全国に十二ある。そのうち、山梨には三つ。一つは富士山頂の一峰、白山岳の別名である。次は西八代郡の芦川に沿った、下部(しもべ)町、上九一色(かみくいしき)村、三珠(みたま)町の境にあるもの。第三は、その上流右岸、芦川村と御坂町の境にある釈迦(しゃか)ヶ岳である。ここでとりあげるのはこれである。

さて、塩山を過ぎると、左の窓に特徴のある山姿を見せはじめる。石和では見えなくなり、甲府でまた見えはじめる。右の肩がガクンと落ちたピラミッド形のピークである。芦川渓谷に沿い、御坂町の新田に抜ける林道の途中から南面を斜上し登ることができる。

山名の由来について、『甲斐名勝誌』は次のように記している。「東南(たつみ)の山を嵯峨か岳と云(中略)今俗に釈迦ヶ岳と唱るは嵯峨か岳の転語なるへし」。嵯峨とは山のけわしく、そばだっているさまを意味する言葉である。

実際登ってみるとわかるが、南面、西面ともに、花崗岩の岩肌が鋭角にそびえたっている。特に南面は屏風岩と地図に名前がでているほどである。また西面から登るときなど、どこからとりついていいのか心配になるくらいである。

この山は、ふもとの御坂町にある檜峯神社の奥の院であり、「誕生仏ト称シテ四月八日登拝スル者多シ」(『甲斐国志』)とあるように、昔は結構、登拝者がいたようである。山頂には山宮権現が鎮座していた記録があるが、今では見当たらない。

でも、定印(じょういん)を結んだもの、合掌したもの、この二体の小さな夫婦仏が安置されている。これが富士山を背にして立っている。ほほえましいというか、のどかというか、実にさまになっている。それに、双体道祖神でないところが何ともいわれない。

頂上での眺めは抜群である。甲府盆地をめぐる山々、郡内、河内(かわうち)の山など、すべて手中にできる。ただ『裏見寒話』に「頂上に登れば郡内諸処の湖水見ゆ」とあるが、私には見えなかった。しいて見るとすれば、山中湖と本栖湖ではないだろうか。

静かな気持ちよい頂上である。ただ気になるのは、頂上の指導標にうちつけてあるM大学ワンダーフォーゲル部の合宿記念のブリキ板。自分たちがどんな山行をしようと勝手だが、余計なプレートなど残さないでほしい。実に目ざわりなものだ。

なお、郡内とは山梨県東部、山中湖に源を発する桂川の流域をいい、河内は甲府盆地以南の富士川沿いの一帯をいう。

切りたった岩山だが、うまく道がつづいている。芦川の谷から登るとよい

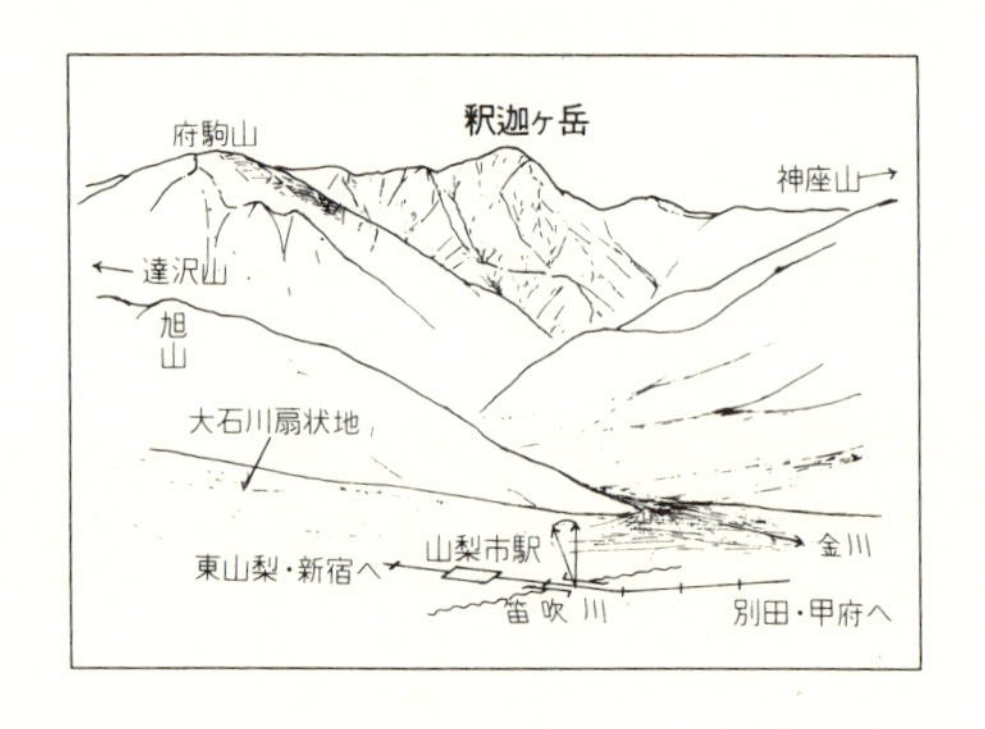

56 神座山

一四一四・六メートル

神のいます山。名前も立派なら山容もみごと。
塩山から甲府までの間、車窓左手に堂々とした姿を見せている。

人間に人格があるように、山にも「山格」があるといったのは、山の作家、故深田久弥氏である。それほど大げさに考えなくても、遠くから眺めて堂々と見え、しかも名前も立派となると、ぜひ登ってみたくなるものである。

塩山、甲府の間、車窓左に、堂々たる根張りを見せている。甲府国際カントリークラブのゴルフ場の裏にあたる山、これが神座山（じんざさん）である。立派な山名ではないか。

嘉応二年（一一七〇）の『太子伝玉林抄』の補説に「神ノ天降リ居座セル峰」、『裏見寒話』には「神（こう）の坐（まし）」と記録されている。

大きな期待をもって登ってみると、どうってことはない。あとで触れるが、檜峯（ひみね）神社まで車で入り、西にイッポチ峠まで登り、北に稜線をたどると頂上に達する。頂上近くはカラマツの植林地である。南に富士山、釈迦ヶ岳、節刀（せっちょう）ヶ岳、王岳、雨ヶ岳と御坂山塊を間近に望むことができる。しかし、甲府盆地はミズナラの疎林にさえぎられて、さだかに望むことはできない。何となく焦点のはっきりしない山である。

でも、イッポチ峠までの間、カタクリのかれんな花をたくさん見ることのできたのは、せめてもの慰めであった。

ふもとの檜峯神社に触れよう。鎌倉街道、上黒駒から参道が始まり、神座山川に沿って六キロ、樹齢二百年をこえるヒノキ、スギの林の中に鎮座している。雄略天皇の即位十二年に国幣を賜り、天正十七年（一五八九）に建立されたという。

拝殿に「大日本軍艦　平遠」の舟絵馬がかかっていたのが印象に残る。舟絵馬を奉納して航海の無事を祈る風習は、北前船の昔から北陸一帯で盛んであったと、刀祢勇太郎氏の『船の絵馬』『船絵馬』にくわしくのべられているが、この山中のものは何と説明したらよいだろうか。

昭和に入って一躍有名になったのは、小鳥のおじさんこと、故中村幸雄氏が仏法僧と鳴く鳥はコノハズクであることを、この森で発見したこと。昭和十年六月十二日のことである。

さて、この山、山梨市の南側の人たちは「富士かくし」という。甲府盆地の中心から富士山が見えないのはここだけ。それをさえぎっているのが、何をかくそう、この神座山だからである。この証明は巻末の「撮る・調べる・確かめる」を参照されたい。

別名を富士かくし。甲府盆地の一隅に堂々とした姿。笛吹川鉄橋上から撮影

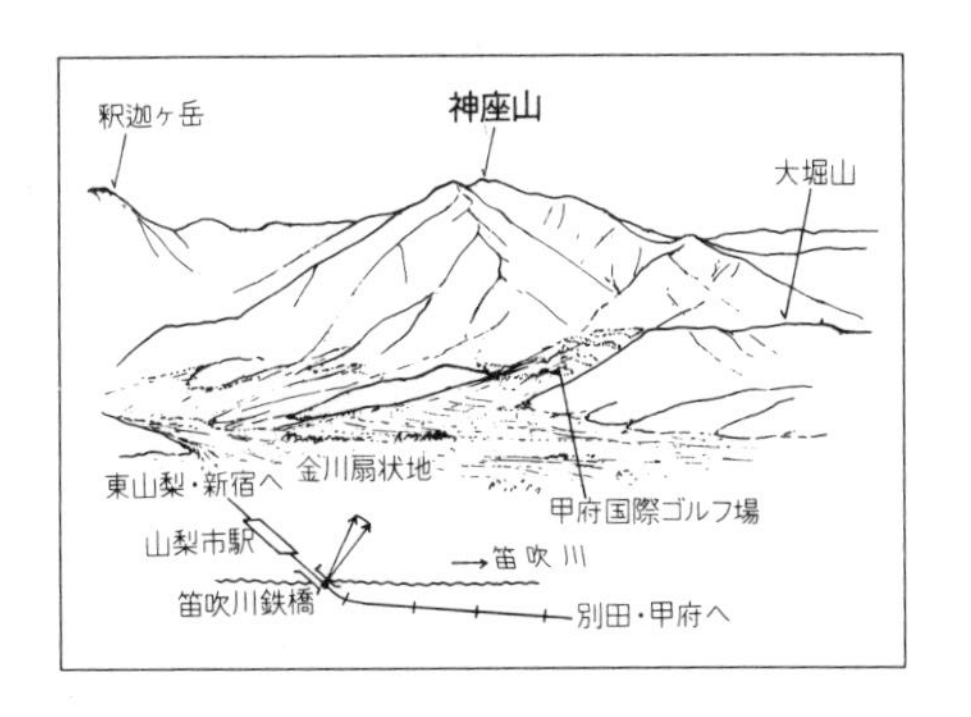

57

棚山　一一七一メートル　兜山　九一三メートル

ブドウ畑の上にある丘。こんな山、歩く人いるの？
尾根にはちゃんと道がつき、みごとな展望がたのしめる。

電車が山梨市を出て石和に向かう。正月すぎると、右側前方の丘陵の斜面が一斉にビニールでおおわれる。ブドウのハウス栽培である。

この丘の頂にあるのが棚山（たなやま）、兜山（かぶとやま）である。こんな山を歩く人があるだろうか、と思うだろうが、稜線にはちゃんと道がついている。

甲府の上積翠寺の北、太良峠から南東にのびる春日居町と山梨市を分ける尾根を百合尾根といっている。この途中にあるのが棚山である。兜山はその間にある棚山沢をへだてて南東に頭をもたげている。

しかし、棚山とは何だろうか。山の斜面を耕してたな状につくった田のことを棚田（たなだ）という。いわゆる千枚田である。この棚田のピークにあるから棚山、少し無理かな。では、ブドウ棚の連なる山。これも少しおかしい。

それはともかく、この百合尾根からの眺望はすばらしい。西に南アルプス、北東に小楢山や乾徳山、大菩薩。南は富士山、御坂山塊や天子山塊と実に楽しい眺めである。

次は兜山だが、荻生徂徠（おぎゅうそらい）の『峡中紀行』に、「雲霧封不得観其真形」とある。雲霧封じてその真形を観るを得ずと読むのであろう。『甲斐国志』には「大岩突出シテ黒鉄盔（カブトノハチ）ニ似タリ山足ハ陵夷シテ頭甃簾（シコロ）ノ如シ」とある。

この形容は実に山容をうまくついている。頂稜は正にかぶとの鉢、山すそは次第におとろえて、かぶとの鉢のおおいのようだというのだ。かぶとは、鉢のつけねから菱（ひし）縫いの板までの枚数によって、三枚かぶと、五枚かぶとなどという。現在では、ちょうどビニールハウスがこれにあたる。そうなると、あのビニールのモザイク模様は何枚かぶとと表現したらよいだろうか。十幾枚かぶとともなれば、ブドウ王国甲州の王者にふさわしい貫禄をそなえたかぶとというべきであろう。

棚山沢の下に山梨市教育委員会で立てた「夕狩沢古戦場」の標札がある。当時十九歳だった信玄の曽祖父武田信昌が、寛正六年（一四六五）守護代跡部景家の専横をいかり、うちとったと、こんなふうに書いてある。

夕狩沢とはいい地名ではないか。夕はタナバタのタナ、棚山はこのタナから名づけられたのか。これも少しばかり、こじつけのようだ。

この一帯、一尾根ごとに山の名がある。例えば、四阿山（あずまやさん）、笈形山（おいがたやま）、菩提山、六人山など。それだけ昔から日常生活に密着していたわけである。

下り電車右側、ビニールハウスのブドウ畑にかこまれているような山

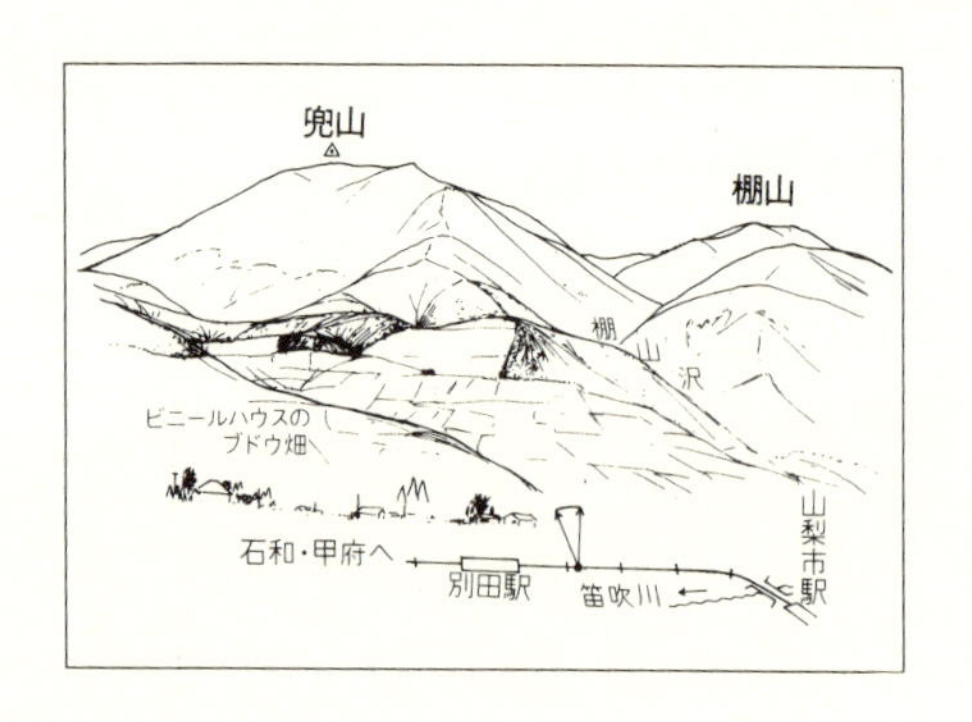

58
柏尾山
六七六メートル

観光行事とはいえ、十月一日、夜の空を焦がす鳥居焼きは圧巻。
本来の山名は迦葉山か？

勝沼の大善寺の裏山を柏尾山（かしおさん）という。『甲斐国志』ではカシハヲノヤマとルビがふってあるが、これはいただけない。本来は迦葉山（かしょうさん）ではなかったろうか。迦葉は、釈迦の十大弟子の一人である。釈迦が亡くなってから、王舎城の第一回経典編集の主任となり、これを大成したといわれている。

迦葉山というのは、全国に結構散在しているが、関東では、関東三天狗の一つとして有名な群馬の弥勒寺（みろくじ）のそれなどがある。

さて、柏尾山は、十月一日の夜、鳥居焼きの行われる山といったら甲府盆地の人々の大方は納得してくれるだろう。平安の昔、盂蘭盆会（うらぼんえ）の終わりの日、旧暦七月十六日、精霊送りのかがり火をたく風習が始まったという。これの大仕掛けのものと思えばいい。江戸初期から行われるようになったとのこと。この最も有名なのは、ご存知、京都の銀閣寺近くの如意岳で焼かれる「大文字焼」である。

この晩、京都ではほかに次の五ヵ所でも行われる。金閣寺近くの大北山に「左大文字」、松ヶ崎の西山に「妙字」、東山の大黒天山で「法字」、西加茂の明見(みょうけん)山の「船形」、上嵯峨の曼荼羅山(まんだらやま)の「鳥居形」と京都をめぐる六ヵ所から、イルミネーションの火の手があがる。壮大な送り火である。

かつて甲府盆地でも、これと同じような精霊送りのセレモニーが行われていた記録がある。またも『甲斐国志』の中から調べ上げてみる（カッコ内は筆者のあて字である）。

大積(帝釈)寺山―大文字形　一宮町　東新居
母胎(菩提)山―笈形　春日居町　鎮目
宝林(法輪)寺山―竿形　八代町　奈良原
柏尾(迦葉)山―鳥居形　勝沼町　夏秋

山名は、あまりにも見事に仏教にちなんだ名前でびっくりする。峡東（甲府盆地東部）一帯の夏の一夜のページェント。想像しただけで、そのスケールの大きさに胸があふれてくる。昔の人はどんな気持ちでこの精霊送りのかがり火をみつめたことであろう。

このかがり火の行事も、柏尾山の鳥居焼きだけが戦後復興したわけである。長さ二七〇メートル、幅一八〇メートル。柏尾山の西平、鳥居平にしつらえた一〇八個の火が鳥居形に夜空を焦がす。

しかし、精霊送りという本来の意義も失われ、観光行事と化してしまったのも時代の流れというべきだろうか。それかあらぬか、この前後の一週間、町をあげてのブドウの収穫祭。ワインの試飲その他、多彩な催しが繰りひろげられる。

山梨市から石和にかけて鳥居形は年間望見できる

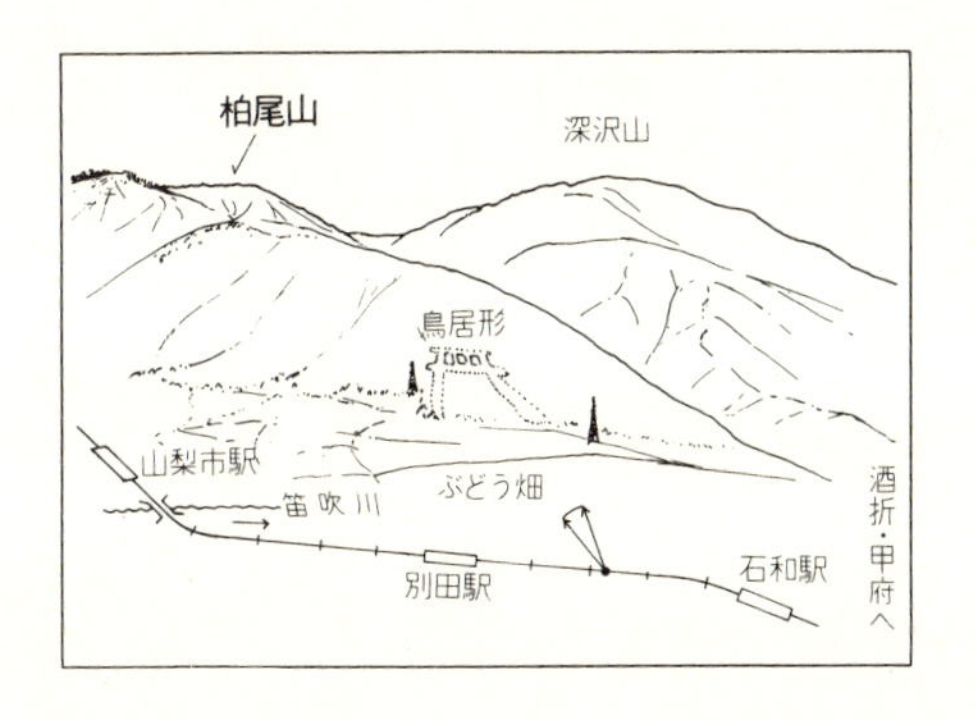

59

大蔵寺山　七一五・六メートル

山麓の大蔵寺は由緒ある真言宗の寺院。その裏にある山だからこそこの名がある。地図上ではなぜか大蔵経寺山。

大蔵寺山（だいぞうじやま）とはまた立派な名前の山である。大蔵寺の裏山にあたることから名づけられた。地図にはどういうわけか、大蔵経寺山となっている。『甲斐名勝誌』によれば、「唐本の大蔵経を納たまふ夫（それ）より大蔵寺と号」とある。決して大蔵経寺ではなく、現在も大蔵寺である。

それはともかく、石和（いさわ）温泉郷が今のように発展しなかったころの話である。田んぼの中の温泉では、何も観光的目玉がない。そこで知恵者が考えた。日本人のケーブルカー好きに目をつけて、この山にケーブルをかけて甲府盆地や周辺の山々の景観を楽しんでもらおうというわけだ。それもいつしか、さたやみとなってしまった。

ケーブルカーの可否はともかく、事実、この山からの眺めはすばらしい。甲府盆地の北辺から南につきだした尾根の先端にあるのだから無理もない。特に桃の花のさかりは、正に桃源郷に遊ぶ感がある。でも、この山だけ登るのでは芸がなさすぎる。そこで次のようなプランはどうだろうか。

甲府市北郊、積翠寺までバスで行き、東に山路をたどって岩堂峠にあがる。この岩堂峠の位置は、五万分の一、二万五千分の一、どちらの地図もまちがっている。地図上の岩堂峠の北東、一〇四二メートルの小突起をこえた鞍部が本当の岩堂峠である。戦前の地図の方が正しかった。

峠への途中、ちょっと寄り道をすれば、岩壁をうがった所の深草観音にもうでることができる。そして、鹿穴の九八九・八メートルの三角点、板垣山などの尾根道を伝わって大蔵寺山に至る。この稜線は、東に大菩薩、西に南アルプス、正面は御坂山塊を眺めながらの山稜漫歩。おまけに、ワラビなどの副産物まで手にできる。ちょっと甲府の裏山に足をのばせば、こんなに豊かな自然が残されている。ありがたいことだ。

この山、かつては、山の形が獅子がうずくまっている姿に似ているので、青獅子山といっていたと、『甲斐国志』は書いている。山名の由来となった大蔵寺は由緒ある寺である。真言宗、京都智積院の末寺であり、行基僧正の開山（『甲斐叢記』）とのこと。石和駅の構内からよく見えるが、昔はもっと立派だったようだ。それが元禄元年（一六八八）六月七日に焼けた（『甲斐国志』）。

御前様は黒川隆英師である。師は、郷土史家として有名であり、『山梨郷土読本』を執筆された。御大黒様は、私の家内の女学校時代の同級生である。

石和駅のすぐ北。下り線車窓右手にある丘陵状の山。山頂の展望はすばらしい

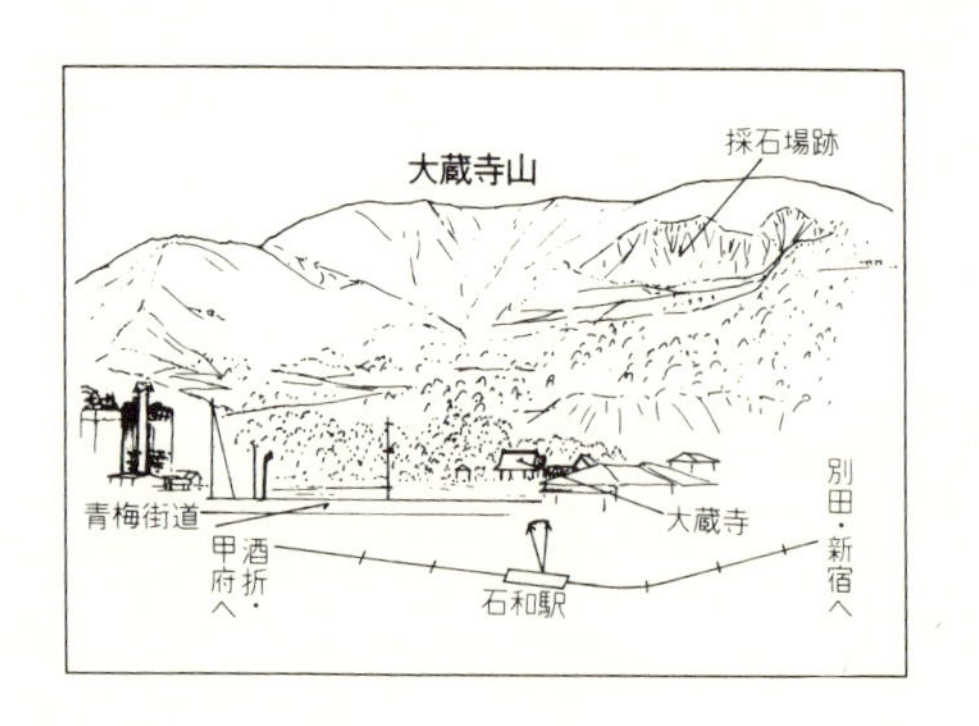

60

富士見山

一六三九・五メートル

名前のとおり富士のよく見える山。眼下には富士川、うしろには南アルプス。目もくらむ大パノラマの山頂。

山好きで知られる、望月幸明山梨県知事の生まれ在所の裏山、富士見山(ふじみやま)。

この山は、甲府盆地から見ると実に平凡である。しかし、身延線の甲斐岩間や波高島では、堂々たる風格をもって、富士川の対岸にそそりたって見える。『甲斐国志』では、「鈴ヶ森山」だが、いつから富士見山になったのだろうか。

何はともあれ、行ってみよう。中富町の寺沢川に沿ってあがり、平須から登る。途中の金田の千本桜の開花期は見事。町で立てた指導標に従い、スギ林の中に入ってしばらく、辻場の休憩舎となる。

ついで、ヒノキの植林地にまた休憩舎。裏に、しめなわに囲まれた小さな鳥居と石祠がある。この道は林業経営の作業道である、ふもとの寺沢の念力教会（昭和の初め幡野良元師が発起）の奥院登拝路なので、実に歩きよい。広葉樹の巨木の中を、ゆっくりと大きくジグザグにあがる。左に大ガレを見るようになればもう近い。ブッシュの中を右にたどると、木の鳥居と石祠が鎮座している。「昭和三四年起工　昭和三六年一二月一七日祀」と読める。

南北に走る尾根に合流すると、カラマツの植林地となり、右すれば堂平、御殿山への道。左に急登わずか、明るい頂上である。大木の根こそぎ倒れた所に、石祠の新旧、大小二基。長いさおの先に、「奉納念力大国神、念力教会本部」と書かれた白旗がひるがえっている。その下に、奥殿参拝の、浜松神念会の面々の名を記した木札が六枚見える。

展望絶佳。近くは新倉の発電所、転付峠(でんつく)。笊ヶ岳の双耳峰。その向こうに、聖岳、赤石岳、黒沢岳、塩見岳、白峰と南アルプスの巨峰群。東の方は煙霧の彼方に大菩薩の山並み。右に御坂山塊。無毛山と重なる大きな富士山は圧巻である。さすが、名前の通りに富士見山だけのことはある。

眼下には、早川と富士川が合流する広大な河原。山間に点在する集落。深い樹林帯を抜けでた者にとっては、目もくらむばかりの大パノラマである。南の七面山、身延山も控えめにたたずんでいる。

さて、この山、地図上の富士見山は、南にコブ二つ上下した所の二等三角点である。四囲の展望はゼロ。立ち木に三枚のブリキ板が打ちつけてあり、実際のピークとはわずかにずれている。

名残りはつきない。往路をひきかえし、指導標に沿い、わずかに北上すれば堂平への下降路となる。道程はながいが、山旅の変化を少しばかり楽しんだらいかがなものだろうか。

甲府盆地の南端、七面山の右。勝沼〜竜王間で下り線車窓左側から

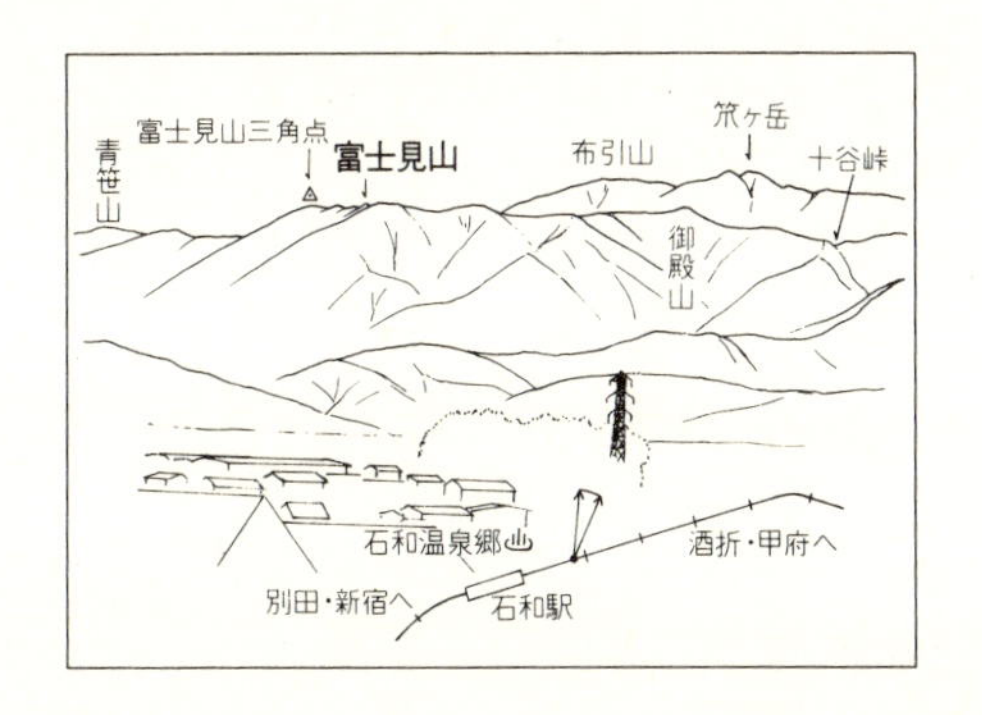

61

節刀ヶ岳

一七三六・四メートル

黒岳と並ぶ御坂山塊の雄。山稜から抜きんでていて、御坂峠からの縦走のフィナーレにふさわしい。眺望抜群。

河口湖から本栖湖にかけて、その北辺に連なる山を御坂山塊という。私がこの山の名を知ったのは、昭和九年、小学一年生のときであった。そのころ、私は現在の富士吉田市、当時の瑞穂村に住んでいた。国道8号線が開通し、旧陸軍の戦車が毎日のように御坂峠を往復してテストをくりかえしていた。父が近く戦争がおこるといったことを、今でも覚えている。

また、父の知友、春陽会の会員土屋義郎先生の「十二ヶ岳」と題した油絵を拝見したのは翌十年の夏であった。

西湖の対岸に黒雲におおわれた山々。子供心にこわい絵だなあと思った。先生は一夏かけてこれを仕上げ、翌年、春陽会展に出品されたと記憶している。

話は初めからわきにそれた。この山域で一番高いのは黒岳（一七九二・七メートル）。一等三角点の補点である。その次が節刀ヶ岳(せっとうがだけ)。黒岳がずんぐりしているのに対し、この山は一人孤高を誇り、甲府盆地からもよく見える。

同じような山がすぐ近くにある。節刀ヶ岳と十二ヶ岳を結ぶ尾根と主稜線の交わる金山の西南の、雪頭ヶ岳である。

節刀ヶ岳、『甲斐叢記』には雪塔ヶ岳とあり、『甲斐国志』はセットウヶ岳と書いている。私たちはセッチョウガタケといっているが、最近ではセットウガタケという人も多くなった。

調べてみると、『世界山岳百科事典』(山と渓谷社刊)は、セッチョウ。解説があって、せっちょうとはホホジロ鳥のこの地方の方言とのこと。

『日本山名辞典』は、セットウとセッチョウの並記。解説は前者に同じ。日本山岳会の『山日記』の難読山名には、セッチョウとある。

節刀というのは、昔、将軍が出征の時、天子から賜った刀であると辞書にのっている。ホホジロ、恩賜の軍刀、どちらもこの名とは結びつかない。

以下私の推測。鰍沢(かじかざわ)から西山温泉に抜ける峠に出頂の茶屋というのがあった。この辺では、ザ行とダ行の発音が混用されており、例えば雑巾をドウキンという。よって、絶頂をデッチョウと発音、出頂の字をあてた。これと同じ流儀で、絶頂ヶ岳。

実際この山は、釈迦ヶ岳と見間違うほどぬきんでて、正に絶頂。だから眺めも抜群。甲府盆地をめぐるすべての山々。呼べば答える近さの富士山。御坂峠から西に蜒々縦走し、フィナーレをかざるにふさわしい山である。

御坂山塊で孤高を誇る山。場所によって釈迦ヶ岳と見間違うこともある

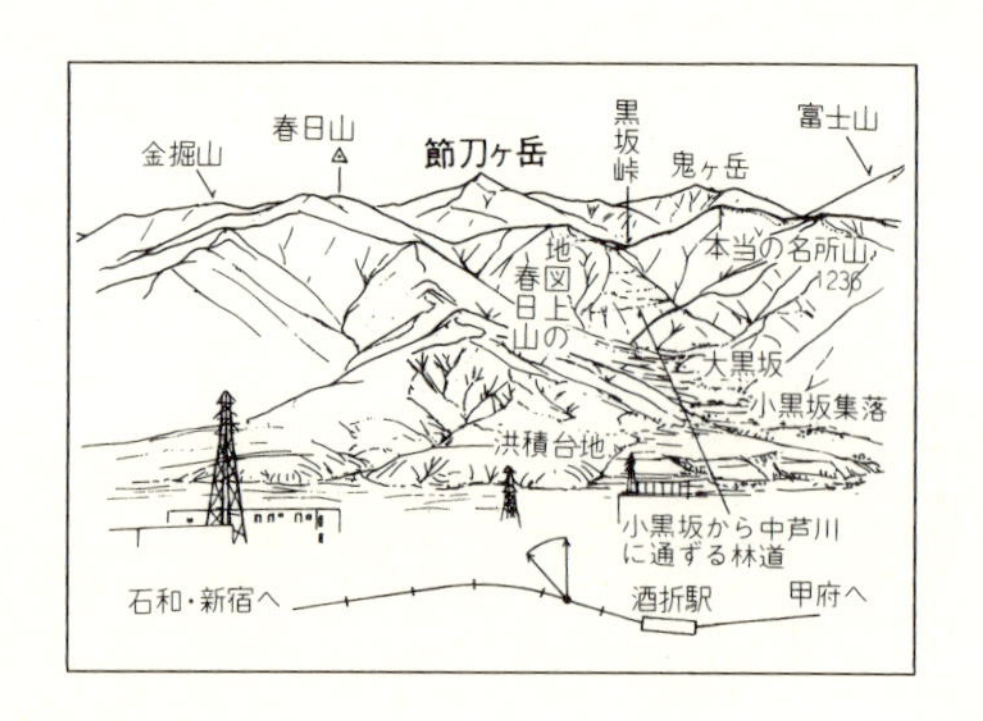

62 王岳

一六二三・四メートル

御坂山塊の西端、その名のように王者の貫禄たっぷりの山容。
かつては「大岳」と書いた記録がある。

王岳（おおだけ）とはなかなか風格を感じさせる山名である。何を根拠にこんな立派な名前が付けられたのだろうか。『甲斐国志』、『山梨市郡村誌』のどちらも「大岳」となっている。後者の上九一色村の項に「本村ノ東南ニアリ南北西ノ三面ハ本村ニ属シ東ハ南都留郡西湖村ニ属ス　樹木鬱叢（うっそう）ス登路一条アリ古関組ヨリ左折シテ登ル高六拾五町険ナリ」と記してある。

登山ルートは二本考えられる。一本は節刀ヶ岳から西下して至り女坂におりるもの。もう一本は、芦川から鍵掛峠に登り、前記縦走路に合し、王岳を往復、西湖畔の根場集落に下るものである。

その一本、芦川渓谷の芦川村グリーンロッジから鶯宿（おうしゅく）入沢の右岸に沿って林道終点の堰堤まで行く。そのまま沢沿いに山道を登る。途中で涸れ沢を渡って対岸の山腹をジグザグにあがる。やがて細尾根を右に巻くとヒョッコリと鍵掛峠にとびだす。「大嶽雪塔カ岳ノ中間ニ在リ鶯宿ヨリ根場ヘ踰（こえ）ル嶺ナリ上下三里坂路険峻ニシテ牛馬ヲ通セズ故ニ名ツクト云」と『甲斐国志』は記している。

これから西に雑木の中をたどる。恩賜林境界標一七〇と一九一のあたりでは展望が開け、富士山が山中湖のはじから西の毛無山にかけて大きな裾野をふまえてスックと立ちあがっている。その足下に、一枚タイルを張ったような西湖が見える。その南側に沿って見える小山は足和田山である。足柄山、足高山（愛鷹山）と共に富士の三足の一つである。

北側に頭をめぐらすと、神座山の上に、大菩薩、塩山。その手前、鶯宿峠にナンジャモンジャの木がピョコンと存在を示している。そのかなた、ひときわ高い金峰、甲武信など奥秩父のジャイアンツが望見される。

やがて、やせ尾根となり、モミとカラマツの幼樹の中を急登して、王岳の頂上に立つ。南面が開け、富士山はあまりにも立派である。御坂山塊の西端に位置するこの山、正に王者の貫禄たっぷりといった所。

二等三角点のわきに、表は南無妙法蓮華経、裏には昭和四十年八月八日の日付、その他をほった石碑が富士山に正対している。その横にある、こわれたベニヤ板には「上九一色中学校閉校記念王岳集中登山、昭和五四年一一月二日」と書かれている。

閉校のセレモニーにこの山を登ろうという発想はだれが考えたのだろう。たとえ母校はなくなっても、若者よ、大きくはばたけ!! と激励の声がどこからか聞こえてきそうである。

塩山から韮崎までの間、風格のある姿が下り線車窓左手にずっと見える

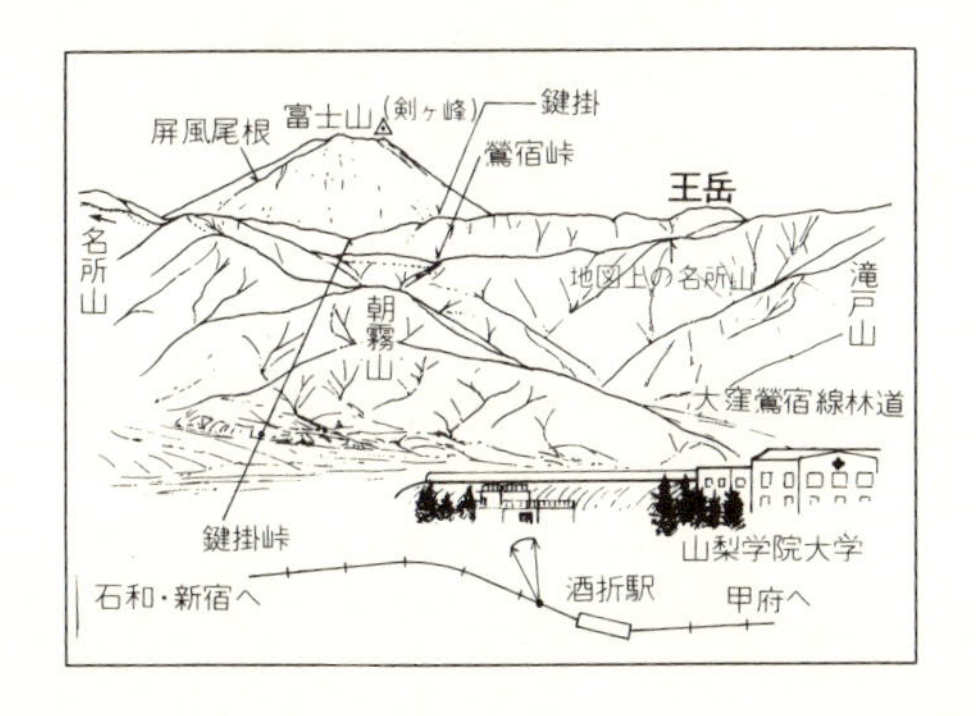

63

源氏山

一八二七メートル

甲斐源氏の祖新羅三郎義光の住んだ城跡だからこの名があると。展望はないが、樹林の中の静かな山頂。

昔、西山温泉へ湯治に行くとき、鰍沢から越えた大峠。この隣の山が源氏山(げんじやま)といったら、甲州の年配の方々にはご理解が早いだろう。

矢川からあがり、出頂の茶屋へ。いまでは高くまっすぐにのびたヒノキの森、その一本をけずり、「西山温泉湯道、出頂の茶屋跡」としるしてあるだけである。

大柳川沿い、大峠山の南山腹をぐるぐるとまいて足馴峠(あしならしとうげ)。この名前は大正十一年七月二十日、朝香宮鳩彦(やすひこ)殿下が、農鳥岳から白峰三山を登られたとき、大縦走の足ならしにはちょうどいい峠越えだ、といわれたのが命名の由来である(木暮理太郎著『山の憶ひ出』)。

明治二十二年八月、ここを歩いた山中共古師は、『甲斐の落葉』の中に、イラスト入りで興味深い記録を残している。「人足ハショイコへ五升入ノ酒樽ヲ横ニシバリツケソノ上ヘフトンヲカブセ其上ニ腰ヲスヘサセショイ子ノ棒ヘツカマラセ……(中略)賃銭四十五銭トハ安価ナリシ……」とある。

さて、秘湯十谷温泉から林道をたどり、終点から大柳川ぞいのトロッコの廃軌道を行ってみよう。造林小屋をすぎ、ヒノキの植林地の中をジグザグに登る。林相がカラマツにかわると、出頂の茶屋との岐路となる。ここから西に、カラマツとクマザサの切りあけ道をゆるく登り続ける。途中に「泉迄実測三里」と読める頭の欠けた石柱がある。恐らく「西山温（泉）」が欠けたのだろう。富士見台では、御坂、毛無、天子の各山塊を従えた富士山が見える。目の前には、目指す、黒木の源氏山がどっかと腰をすえている。

「飴の茶屋」跡に建てられた伐採小屋の廃屋のわきを抜ける。西山への道を右に分ける。伐採の終った山腹には、カラマツが背をのばし、そのかなた、早川の谷の向こうに、農鳥岳、塩見岳、悪沢岳、赤石岳と、三〇〇〇メートルの南アの山々が迫る。トウヒ、ブナ、カエデなどの原生林の中を急登すれば、うす暗く、じめじめとした源氏山の頂上。三角点すらない。

五〇センチほどの自然石に、「昭和二十六年七月二十五日、強歩大会之地、十谷青年団建之」と彫られ、苔むした台石に、ちょこんとのっている。

展望はゼロ。しかし。こんなに静謐な頂が他にあるだろうか。今、私は自然の中に生かしてもらっているのだ。こんな思いが胸にせまってくる。

山の由来。『甲斐名勝誌』巻の四に、「十谷村の辺にあり、相伝新羅三郎義光の住給ひし城跡なりとぞ」とある。本当だろうか。義光は甲斐源氏の祖ではあるが。

下り線左車窓、甲府盆地の南西に見える。右奥に 3000 mの高峰がのぞく

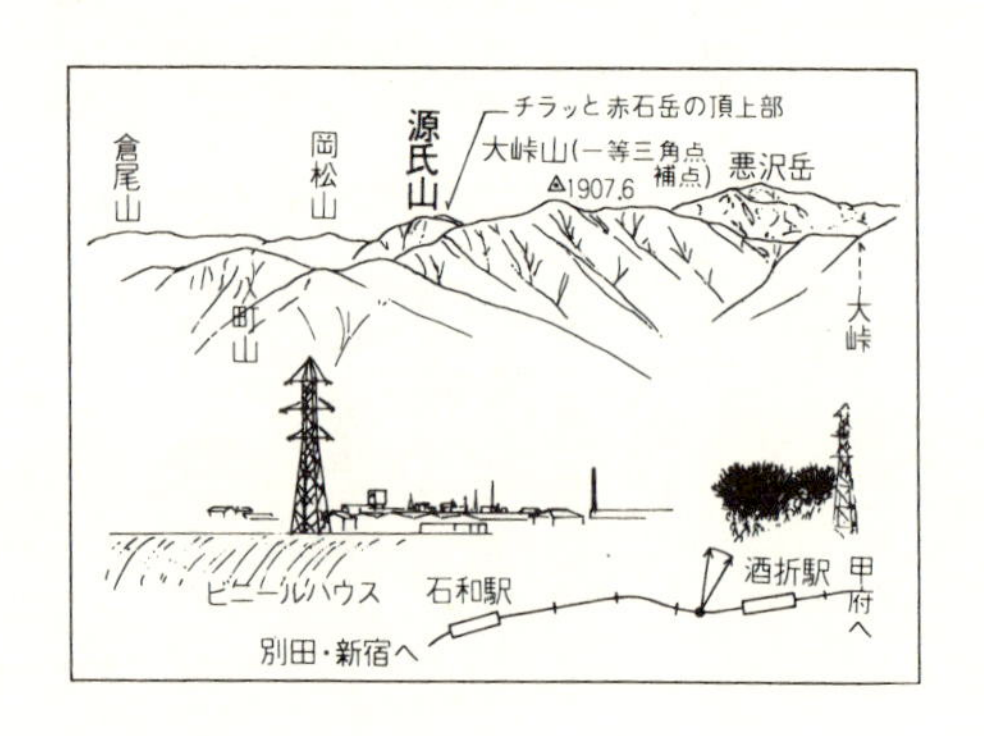

64

毛無山　一九四五・五メートル

本栖湖の南方向にある天子山塊の最高峰。
名前のとおり樹木のない山で、富士山の大沢崩れを真正面に見る。

日本全国に毛無山(けなしやま)というのは三十くらいあるようだ。『日本山名辞典』によると、木無山と同じく山頂がカヤトなどにおおわれ、樹木が少ないことから山名となった。展望の良いところが多いと解説している。

山梨県内には富士山のまわりに三つある。三ツ峠の南の木無山（一七二〇メートル）、御坂山塊の十二ヶ岳の東の毛無山（一五〇〇・一メートル）。もう一つが下部温泉の東五キロ、山梨県と静岡県の県境のこの山である。

本栖湖の南の竜ヶ岳を起点に富士山の西側に連なる山々を通称天子山塊という。この山塊の最高点が毛無山である。山梨にわずか二つしかない、一等三角点の本点の一つが埋められている。

この辺には二〇〇〇メートル級の山はないので、遠く甲府盆地の山梨市から韮崎市にかけてよく見える。御坂山塊の西端の稜線の奥に牛がねそべっているように見えるのが毛無山である。すぐ左に同じような山姿の三方分山があるので、うっかりすると誤認するおそれがあるから充分注意して見たい。

『甲斐国志』には「栃代山」「戸城山」と記載されているが、栃代川の源頭の山の意であろう。『日本山嶽志』には「雪窪山」と載っているが、これはどういう意味であろうか。

登山ルートは、昭和五十八年に西側の下部から東側の朝霧高原に抜ける林道が開通したので、これを利用するのが一番である。

どちらからあがっても、この山の南肩のトンネルで車をすて、指導標に従って登っていけばよい。南の長者ヶ岳から続いている主稜線からは、眼をさえぎるもの一つない富士山の全貌をたのしむ。正面の大沢崩れはあまりにも痛々しい。

西側は、これまた贅を尽した南アルプスの大展望を我がものとしつつ北上すれば、小さなお地蔵さんの鎮座まします地蔵峠。東の麓集落からの道を合わせて、一投足。その名は体をあらわす毛無山（木なし山）。見はるかす所、甲府盆地の上につらなるのは、八ヶ岳から奥秩父。そして大菩薩の連嶺が波うっている。ふりかえると、かすかに光るは相模灘だろうか。それをよぎる山並みこそ伊豆半島ではないか。こんな豪壮な眺めがまたとあろうか。さすがに一等三角点。

帰りには下部温泉につかるもよし、東の花鳥山脈、猪之頭の鱒釣りに興ずるもまたよし。あるいは、本栖、精進の湖に遊ぶもよし。おすすめの季節は断然、秋。

御坂山塊の西のはずれ。牛がねそべっているように見える大きな山

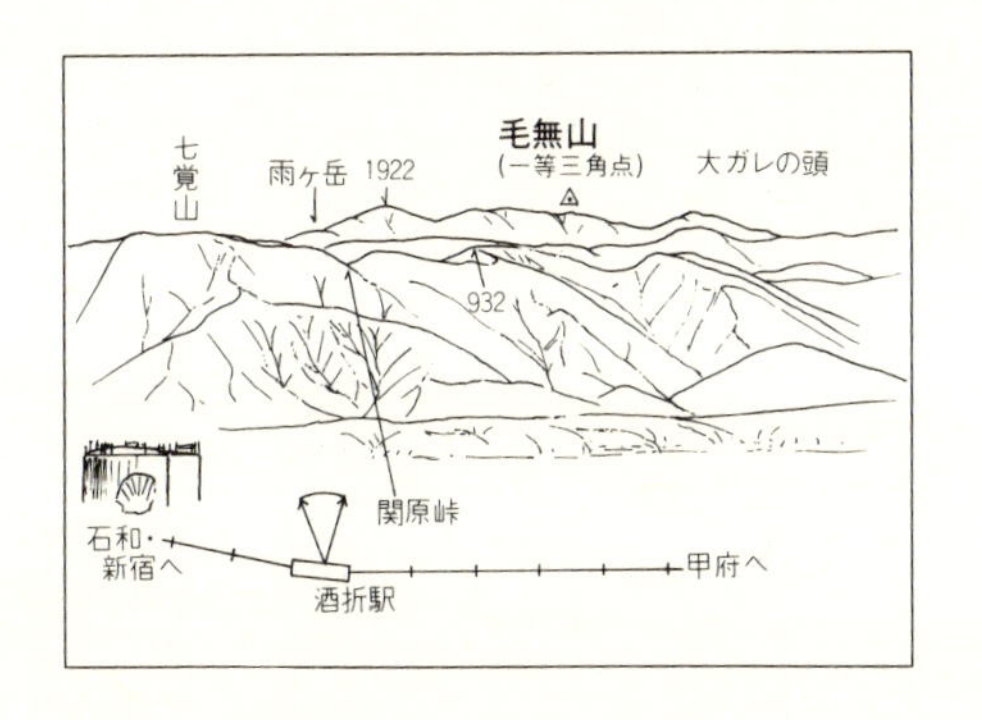

65 蛾ヶ岳　一二七九・六メートル

甲府盆地の南、ちょっと山に関心のある人なら、あの山は？　と気になる。
ひるがたけと読む。

国土地理院の地図は、蛾ヶ岳と記し、ひるヶ岳とルビがふってある。蛭（ひる）ではなく、蛾（が）をヒルと読ませるとは。戦前の地図もガイドブックもすべてこの字を使っているが、私は長い間、てっきり誤植とばかり思っていた。偶然、漢和辞典をみたら「蛭（ひる）」は「ヒヒル」「ヒビル」とあり「蛾」の古名であることがわかった。

ところが、『甲斐叢記』は「此岳に草蛭多し故に命く、又其形勢蜀（しょく）の蛾眉山（がびさん）に似たる故命（なつ）くとも云り」とある。また『甲斐国志』は晝ヶ岳、蛾ヶ岳とあり、「此山ハ府ノ正南ニ聳エテ午時ニ日ノ当中スル故ニ亭午（マヒル）ノ義ヲ以テ名ツクト云」と記している。要約すれば、甲府の真南にある山で、この山の上に太陽がくるとお昼である。だから晝ヶ岳と名づけるというのだ。

蛾眉山がどんな山か知らないが、この山の南側、古関あたりでも、ひるヶ岳というのだから晝ヶ岳でもおかしい。でも、甲府から眺めると、盆地の南端に屋根形をした、特徴ある頂陵は一頭地を抜いている。ちょっとでも山に関心があれば、あの山は？　と目につく山姿である。

普通、この山に登るには、身延線の市川本町から四尾連湖（しびれこ）に至り、大畠山から南東に稜線をたどる。見おろすと、鏡のような四尾連湖が見える。なるほど、この湖は陥没湖なんだと合点がいく。

樹間を抜けると、蛾ヶ岳の頂上である。展望は雄大。ベンチに腰をかけたまま眺める富士山や八ヶ岳、奥秩父、甲府盆地、南アルプスなど、時の移るのを忘れさせる。

この山をめぐる数々の言い伝えを二、三あげてみよう。夏季、この山に雲がかかれば必ず雷雨がやってくること。また市川大門の人たちは、雨ごいに紙の旗を持ち、たいこをならして登るとか。さらに効果をあげるために四尾連湖に、牛馬の骨をなげこんで、水神をおこらせると、大雨になるとか。また湖畔の子安神社は、木花咲耶姫（このはなさくやひめ）が富士山の噴火をさけてこの地で出産したことを記念したものだとか。

話はかわるが、この湖のふもとの人たちは、ながい間正座していて、シビレを切らしても、決して、その言葉を口にしないとのこと。四尾連湖が切れたら、これは大変、ダムの決壊と同じで大洪水となるからだそうだ。

無駄話を一つ。昔から富士五湖というのは有名である。ところが、富士八海というと、それは何だという。富士五湖にプラス、明見湖（あすみ）、須津湖（すど）と四尾連湖である。

山梨市付近から韮崎まで、甲府盆地をへだてて屋根形の特徴ある姿が見えている

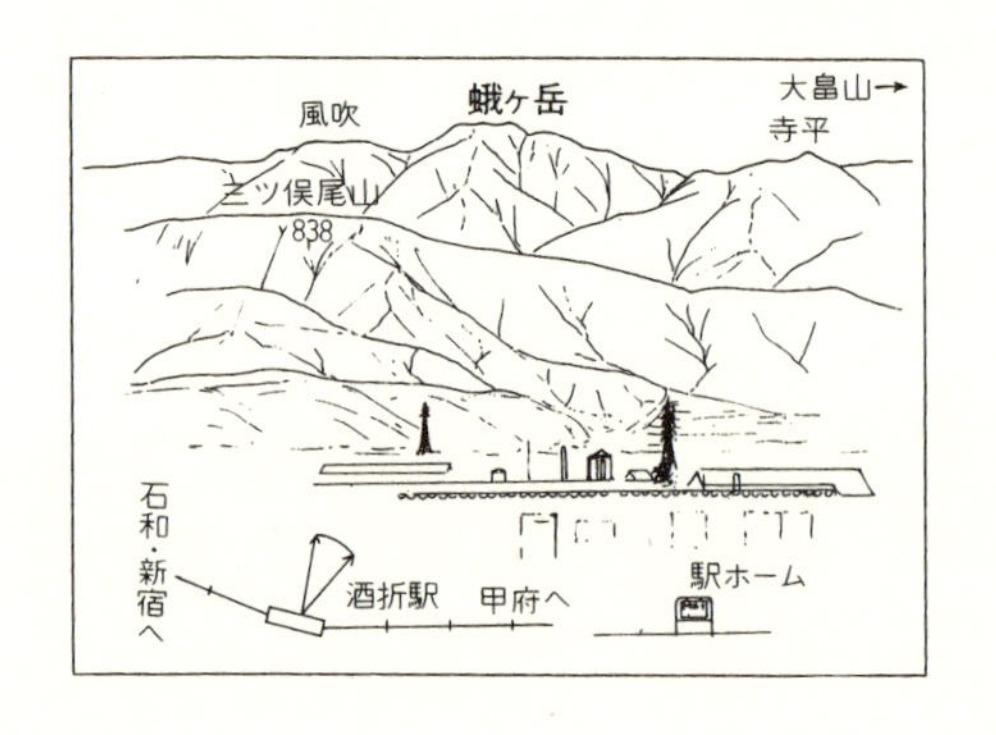

66

大唐松山

二五五四・八メートル

南アルプス白峰三山の一隅に頭をもたげる黒木の山。
入山者は少なく、往時の南アルプスの姿を色濃く残す。

農鳥岳は、例年十一月半ばともなると、雪で真っ白になる。そのすぐ下に、鈍角の黒々とまだ雪が来ていないように見える山、これが大唐松山（おおからまつやま）である。黒木に覆われているので、本当は雪が積もっていても、平地からはわからない。

この山の頂に立つ登山者はあまりにも少ない。白峰三山を縦走しても、大門沢から奈良田に下りてしまうからだ。わざわざ農鳥岳からこの山を往復するほど山旅に余裕がないのかも知れない。でも、この尾根筋からの、間ノ岳や北岳の眺めは格別の趣がある。

このあたりは、江戸から明治にかけて、盛んに伐採が行われ、五軒屋とか、弘法小屋などの地名が残っている。また、修羅落しをしたと思われる跡もある。

ここに登山者が入り込むようになり、昭和の初め、沢の名前をめぐって論争がおこった。大阪で日本で初めての登山用具店「好日山荘」を開いた西岡一雄氏と、地元、穂坂村（現韮崎市）の平賀文男氏らが大いにやりあった。

とはいっても、やはり入山者は多くなかった。雑誌「山」昭和二十五年十二月号は、山梨大学山岳部の高室陽二郎氏（現山梨日々新聞社常務）ら三名、九月二十五日農鳥岳東壁中央稜の初登攀を報じている。この時、昭和十一年六月から行方不明であった東京の京橋商業学校五年生、村松康男氏の白骨遺体の発見という悲しいおまけもついた。

雑誌「岳人」昭和三十二年十月号に、甲府の古い登山家百瀬舜太郎氏が「白根三山への新しいコース」と題し、大唐松尾根踏査行を書いている。野呂川の荒川出合いから尾根をあがり、同年八月二十七日に大唐松山に立った。同じルートを、翌三十三年十二月に神戸商大山岳部がアタックした。百瀬氏らが一泊二日で抜けた農鳥岳、彼らは五日もかかった。樹林帯の乾燥粉雪の中の登高にはだいぶ難儀をしたようだ。

彼らが、登山基地とした荒川小屋はすでになく、ベテの岩小屋も土砂でうまり、昔日の面影はない。しかし、北沢横手を越えた野呂川発電所の取水監視小屋までの間、鉄骨の桟道さえできた。また、反対側の雨池山方面からの伐採も進んでいる。それでも、入山者は依然少ない。それだけ、昔の南アルプスらしさが色濃く残っている一帯であるといえよう。

山名の由来について、昭和四年に朗月堂から出版された流石英治氏の『日本南アルプスと自然界』に「シラビソ帯の稍（やや）上部に唐松の大木が叢生して居る故に大唐松山と呼ぶのである」と出ている。

背後の農鳥岳に雪がつくと、黒木の山容がはっきりと姿を現わしてくる

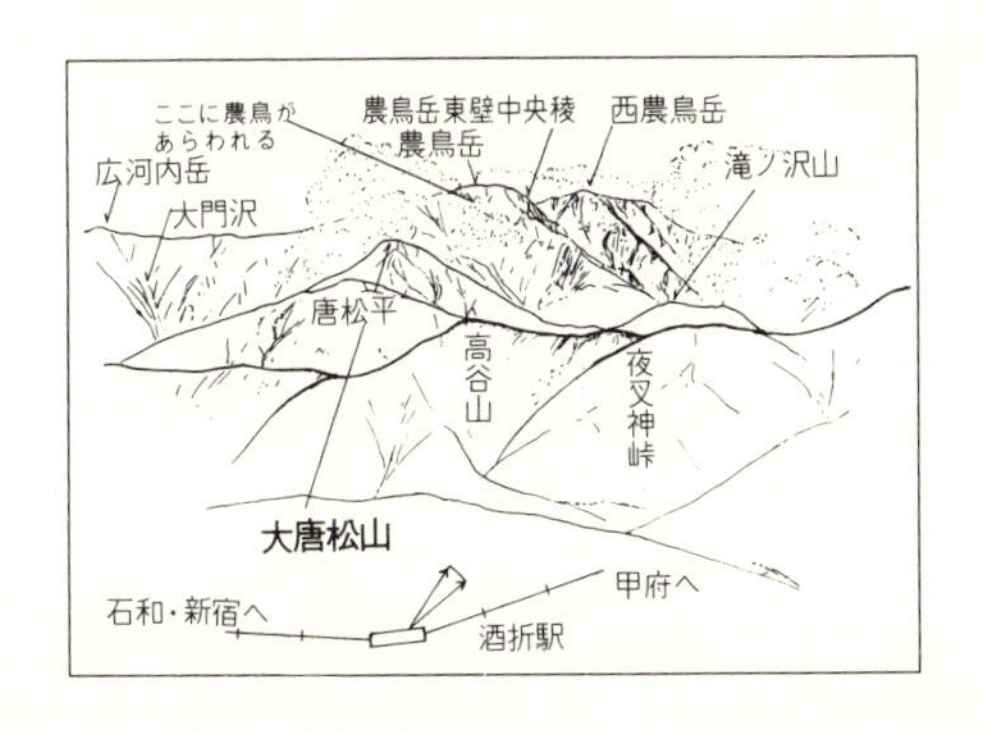

67 八人山　約五七〇メートル

八人の持ち主がいた山。いまは四人の持ち主だから四人山？
西の山すそにある酒折宮は連歌発祥の地。

酒折(さかおり)駅のすぐ北にある山を八人山(はちにんやま)という。西は梅の不老園、酒折宮につらなり、東は山崎の摩利支天尊(まりしてん)で終わる。

普通、山というのは、ふっくらとした山容をしているものだが、この山腹は、アイスクリームをスプーンでえぐったように凹形をしている。『甲斐叢記』は「鏡台山、古天神の東なる山を云ふ。山の形凹にして望の月の出る時鏡を懸たる如なり」、また「岩石欠落し自然ら巴の状をなせり、故に巴山と名づくといへり」と書いている。それにしても八人山とは、何に由来したものであろうか。

しいて理屈をつけるとすれば天保七年（一八三六）の大飢饉の暴動や、明治五年の大小切税法廃止の抗議その他で処刑された人たちを記念して名付けたものと推量する。なぜならば、この山の東端、山崎はその昔の刑場であったからだ。

ところが、これはとんでもないあて推量であった。近くに六人山というのもあることがわかったからである。

そこで、あわてて調べてみると、この山は昔、持ち主八人の共同の山であったという。甲府市桜井町一〇二三、久保寺春雄さんにお聞きすると、今では、川田町の長谷川正達さん、和戸町の渡辺大造さん、山本賢五郎さん、桜井町の桜井健雄さん、この四人の持ち山とのこと。こうなると四人山と改名しなくてはと、笑ったところである。

それはさておき、麓の酒折宮に触れてみよう。ここは古くから連歌発祥の地として有名である。連歌というのは、物の本によると、幾人か集まり、五・七・五の上句と、七・七の下句を交互に連続させていく詩のことだという。平安時代は上句と下句だけだったというが、鎌倉時代になると、百とか五十とか続くようになったとか。

『古事記』によると、倭建命（やまとたけるのみこと）（『日本書紀』では日本武尊）が「酒折宮に坐しし時、歌ひたまひしく、『新治（にいばり）、筑波（つくば）を過ぎて幾夜か寝つる』とうたひたまひき。ここに御火焼（みひたき）の老人（おきな）御歌に続ぎて歌ひしく。『かがなべて夜には九夜（ここのや）日には十日（とおか）を』とうたひき。ここをもちてその老人を誉めて、すなはち、東の国造（あずまのくにのみやっこ）を給ひき。」

小学校の時、ここに遠足にやって来たことがある。受け持ちの斎木坦先生がこの歌を教えてくれた。ところが、「幾夜か寝つる」を「いくら金づる」と覚えたからたまったものではない。かなり大きくなるまで、歌意が全然理解できなかった。

車窓右手、酒折駅のすぐ北にある。凹状の山腹に特徴がある

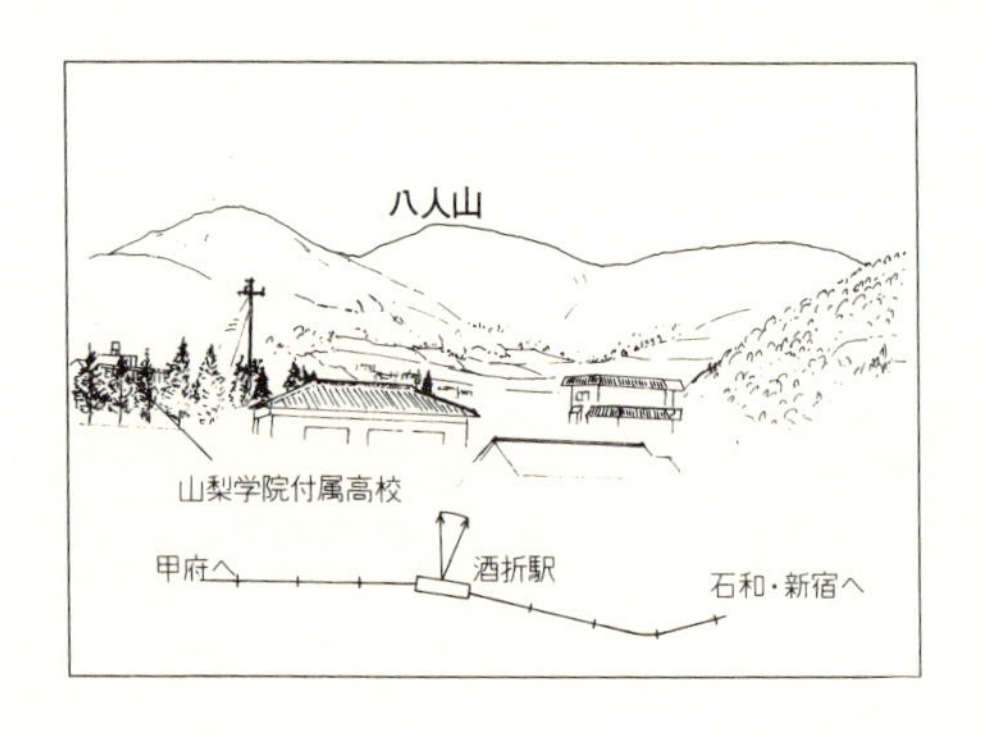

68

七面山

一九八二・四メートル

身延山と並ぶ信仰の山。
春秋お彼岸の中日、この山の頂上では富士山の真上に日の出が見られる。

甲府から七面山（しちめんざん）が見えるといったら、そんな馬鹿なといって笑われたことがある。でも勝沼から竜王にかけて、甲府盆地の南端に孤高を誇っており、ずんぐりとした山姿をもって車窓子の目を楽しませてくれる。

「みのぶ号」という中央線と身延線を結ぶ上下二本の不定期の急行電車が走っている。専門語では六四〇五M、六四一〇Mという。その一本は身延発一五時四九分、新宿着は一九時一四分である。この電車には、身延山、七面山参詣の帰りのお客さんがよく乗っている。冬でも梅雨時でも、持っている金剛づえの焼き印を見ればすぐにわかる。お参りをおえた人たちの顔は何となく晴々としている。

この山に登るには、奈良田行きのバスを利用して角瀬（すみせ）でおりる。春木川に沿って行くと裏参道の入り口となり、さらに上流に車道をたどると、お万さまの滝（白糸の滝）となる。ここから五十二丁、一〇〇〇メートルをこえる標高差、三時間はかかる。でもさすがは信仰の山、実に歩きよくつくられている。やがて、壮大な敬慎院。ここから南に行くと、東に灰褐色の大ガレに行きあたる。山名の由来になった「ナナイタガレ」である。遠く東海道線の車窓からも見え、もちろん、勝沼からも見える四〇〇メートルもある大崩落である。

頂上三角点はもう少し奥。天気さえよければ、遠く駿河湾が見え、富士川をまたいで大きな富士山。反対側は、南アルプスの、聖、赤石、荒川、塩見、白峰など超弩級の峰々を手中にできる。

この山は日蓮宗の守護神、七面大明神をまつるとともに、春秋お彼岸の中日、富士山頂から朝日がのぼることでも有名である。

日蓮上人は、果してこのことを知っていたのだろうか。もし知っていたとすれば、彼はなんとすばらしいロマンチストであったことか。

私は、かつてこの山のさらに西、大井川をへだてた茶臼岳で、秋のお彼岸に、富士山頂から昇る日の出を見たことがある。信じられないような、それはそれは不思議な光景であった。そして、夜半にきいたカモシカのうらがなしい求愛の鳴き声、今でも耳に残っている。

余談になるが、七面山近くの山名、地名の数字づくしをした人がいた。でもそこは日本人、四と九は欠けていた。ちなみに列記すると、一服峠、二王山、三河内、五色の頭、六郎木、七面山、八紘嶺、十枚山である。

勝沼から甲府を過ぎて竜王付近まで、富士川下流の山あいによく見えている

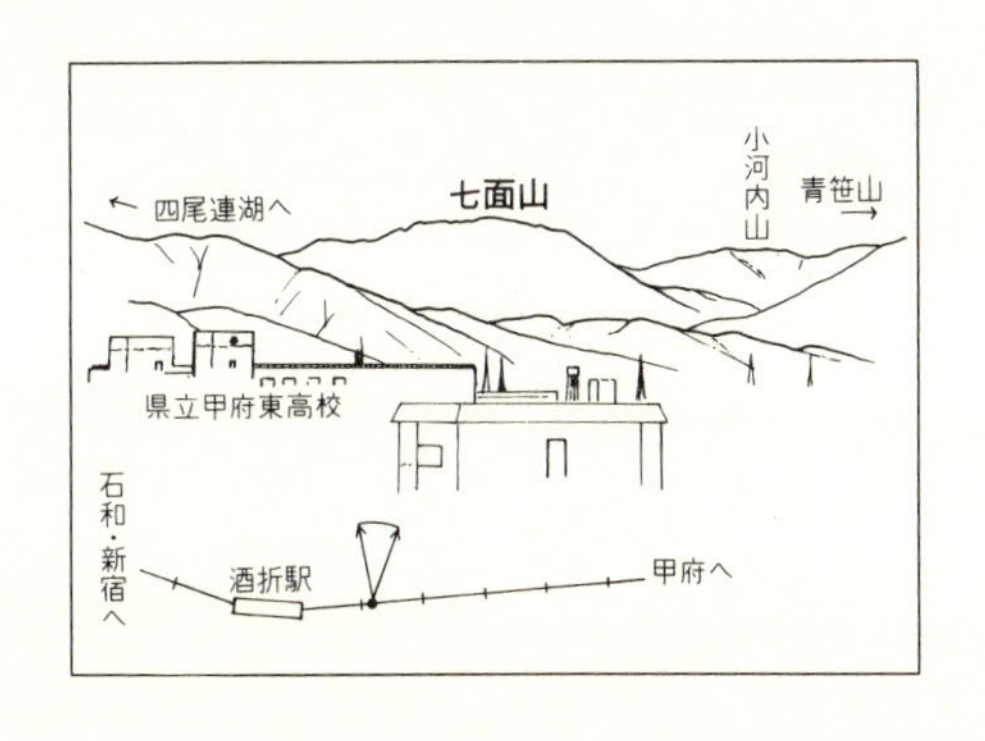

69

板垣山

九四四メートル

甲府駅に着く前、右車窓に見える大伽藍は善光寺、近くのブドウ園では日本を代表するワインの原料が。

電車が酒折をすぎると、車内が少しざわめく。甲府で降りるお客さんが下車準備を始めるからだ。そんな時、車窓右に善光寺が見える。東日本最大の木造建築物。仕事のなかなかはかどらないたとえを、甲州では善光寺普請というが、そのご本尊である。この裏山が板垣山（いたがきやま）。

この山は、今から八百年も前、武田信玄の十五代前の祖、武田信義の次男、板垣三郎兼信の居所の裏山としてその名が由来したものと思われる。兼信の名は『平家物語』『東鑑（あずまかがみ）』『源平盛衰記』などに散見される。

慶応四年三月五日、甲州鎮定のため甲府城に入った板垣退助は、旧姓を乾（いぬい）といった。彼は官軍に批判的だった武田遺臣団を懐柔するため、我こそは武田の重鎮板垣駿河守の末裔なりと名のり、ちゃっかり改姓してしまった。これには遺臣団もころりとだまされてしまった。

こんな古いことを書いても仕方がない。少し新しいことにふれよう。この山のふもとに小さなブドウ園がある。四ヘクタール。生食用でなく醸造用のブドウだけをつくっている。国際的な銘酒、シャトー・ブリアンの醸造元、甲府市北口のサドヤの農場である。昭和十年、ヨーロッパから八十種ものブドウの苗を輸入し栽培をはじめた。そして昭和十五年、残ったのは、フランスのボルドー、ブルゴーニュ南部のセミヨン、カベルネ、ソービニヨン、メルローなどの十種ほど。

オーナーは今井友之助氏（七四歳）。老いを感じさせず、毎年ネパールの山岳地帯にトレッキングを重ねている。そこで撮った写真は翌年、サドヤのオリジナルカレンダーとなる。過去何回か、彼の地の人々に、医療器具、自動車、文房具などたくさんのものを贈りとどけている。早大山岳部のOBである。

かつて早大山岳部の現役時代、昭和七年暮れ、北アルプス穂高岳、鳥も通わぬとうたわれた滝谷の初登攀のリーダーであった。今ではそんな激しい面影はどこにもない。先日、お目にかかったとき、庭先で草取りをしておられた。そして次の一言は身にしみた。

「ブドウ酒屋なんて、お産婆さんみたいなものですよ。お産婆さんのウデで頭のいい子が生まれるんではないですね。無事に生まれる手助けをするだけです。ブドウ酒屋もそれと同じ。ブドウがブドウ酒に生まれかわる。ただそれだけを念じて、そのお手伝いをしているに過ぎません。ブドウ酒のよしあしは、ブドウの種類と品質、土と天気できまるんですよ」

甲府で降りる人で車内がざわめき始める頃、右車窓、善光寺の上に

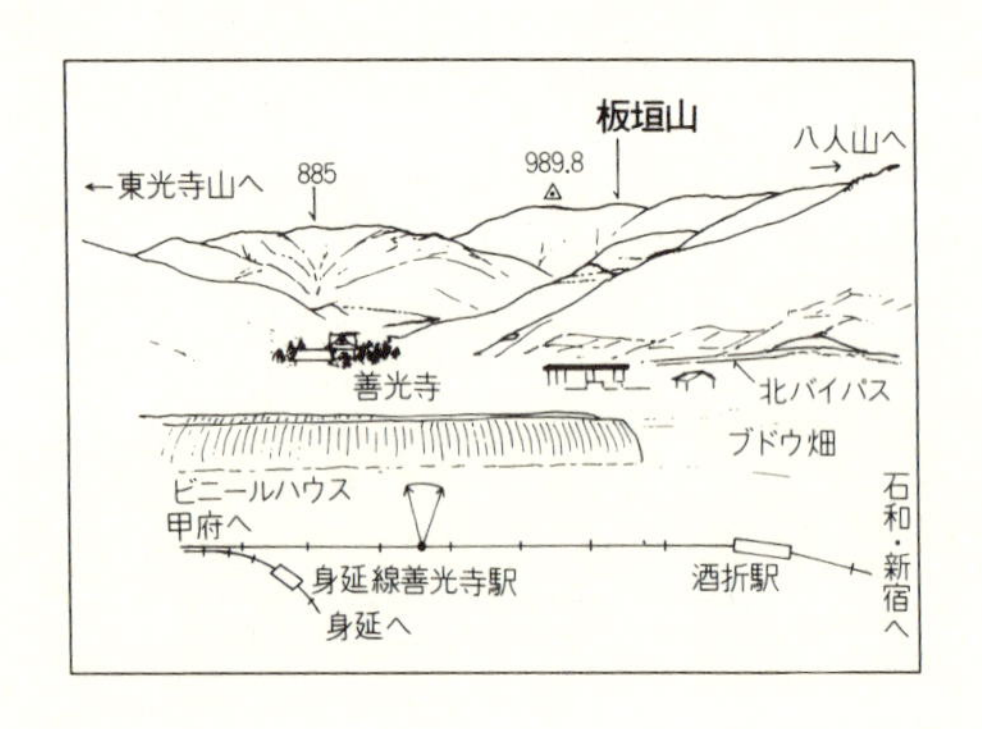

70

三方分山

一四二二メートル

富士五湖の一つ、精進湖の北にある山。名前のとおり三つに分かれた頂上。富士山と甲府盆地の眺めがよい。

三方分山(さんぽうぶんざん)とは、古くからの山名ではあるまい。『日本山名辞典』によれば、三方とは「三地域の境にある山、峠にこの名称が多い。村、地方、国など、スケールは様々で……」とある。昔は、八坂村、精進村、古関村の境であった。また、頂上から三つの尾根が分かれていることから付けられた名前ではないだろうか。

この山に登るには、女坂峠から入るのがよいだろう。甲府精進湖線の有料道路、精進湖トンネルの北入り口のわきからザトウ沢に入り、ジグザグの旧道の峠路をたどる。東電の電柱にそってあがると、ヒョッコリと女坂峠の小平坦地に出る。

左に、苔むした首のとれた石地蔵が四体。路傍の石地蔵の首はなぜ欠けているのだろうか。雑誌「民芸手帖」の昭和五十七年四月号に、「庶民に親しまれた地蔵さん」という題で、野田吉夫氏が書いている。それによると、首をもいで願をかけると願いがかなうという迷信。峠で旅人が、おいはぎに出あったとき、地蔵さんが身代わりに斬られたという言い伝えが各地に残っているとのことだ。

その左手奥に、立派な無線中継塔が建っている。これは上九一色村の消防災害行政無線中継所で、ここから同村の全戸に直接、情報が伝わるようになっているとのことである。正面に富士山、目の下に小さな精進湖、岸にへばりつくように精進の赤い屋根の集落が模型のように見える。

思い出せば、昭和十七年五月十五日、甲府中学の岳麓旅行で、女坂を越えて帰宅する前夜、精進湖北岸の、池田屋旅館、対岳楼（大町桂月の書いた扁額があった）に泊まった。夜、宿主の池田逸連ご夫婦が、尺八と琴の合奏を聴かせてくれた。また配属将校の田代大尉が「伊那節」をうたったことを覚えている。戦後、池田さんのお嬢さんの陽子さんが家内の同級生であり、息子さんの睦彦さんには、私の二人の弟が体操の指導を受けることになろうとは夢にも思わなかった。

話が脱線したが、西に灌木の尾根づたいにゆるく登って行く。ササ原の中のカラマツの植林地となると、御料局の七七七号標石のある平凡な頂上に達する。古いベンチの向こうの切りあけの間から富士山が見える。

名前のとおり、頂上で道は三つに分かれて、真っすぐに行くのは精進湖の西を限る湖西山に通じている。北は、下部町との境をたどり、トリの山から八坂の鞍部を経て、釈迦ヶ岳に向うカラマツ林の中の細道が続いている。釈迦ヶ岳は、赤松と富士桜、またワラビのとれる三等三角点。ふりかえると黒木の三方分山はひときわ高く見える。

甲府付近から韮崎までの間、下り線車窓左手に。芦川の谷へ抜ける右左口峠の裏の山

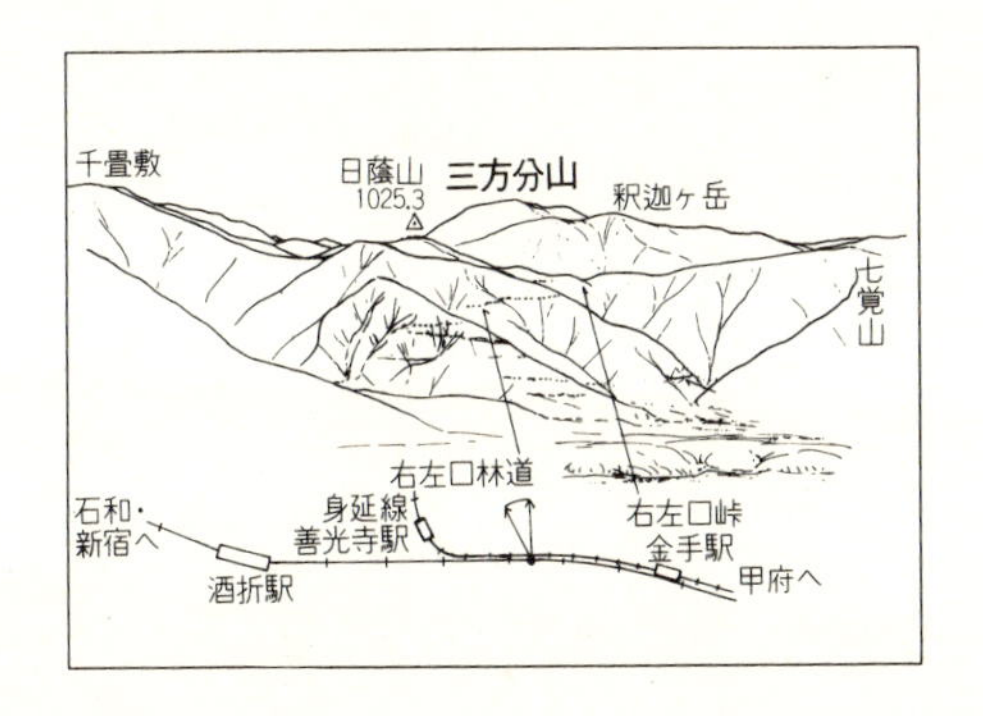

71

愛宕山　四二七・九メートル

全国に、はいて捨てるほどある〝あたごやま〟の一つだが、
甲府市民にはおなじみ。生活に密着している。

電車が甲府に近づいてくる。右の窓に半島が突きでたように迫ってくる低い山。大笠山から夢見山、突端が愛宕山（あたごやま）。甲府市民におなじみの山である。

昔は甲斐奈山といった。戦前の市民はドン山（中腹で正午に大砲がドーンとなった）。戦後の小中学生にとっては子供の国。これが愛宕山である。

愛宕山というのは、それこそ全国にはいて捨てるほどある。傑作は埼玉県飯能市のそれ。明治十六年の陸軍大演習で明治天皇がこの山に立ったので山名改称、天覧山となった。愛宕というのは『日本地名事典』によれば、アイヌ語でタイマツをもってくるの意だという。

本題にかえって、この山の上で早朝ラジオ体操が行われていて、集まるグループが、今年（昭和五十九年）社会体育優良団体として文部大臣表彰を受けた。

その源流を訪ねてみると、戦前までさかのぼる。昭和十六年六月一日（興亜奉公日といった）午前五時、山麓の若尾公園で、愛宕山鶏鳴歩行会が発会式を挙げた。集まる者

四十七人。主唱者は、山梨日日新聞社々主、故野口二郎氏であった。午前八時までに頂上にあがり、あずまや（鶏鳴亭といったと思う）にそなえつけてある名簿に名前を記入することを決めた。四十年も前のことである。

次は夢見山に移ろう。『甲斐国志』などには夢山とあり、山名由来について諸説があるが、『西山梨郡誌』から引いてみよう。

武田信玄がこの山でうたたねをしていたら天女が現れて「自分は三味線ひきだが一曲かなでて進ぜよう」と袋の中からいくつかの寄せ木をとりだして組み立てた。めずらしい三味線もあるものだなと、信玄いたく感心。いざひき始めようとしたら目が覚めた。体中クモの糸でがんじがらめになっていて身動きができなかったという。それからというもの、何時も信玄の枕頭にクモが現れ、戦いの吉凶をうらなってくれるようになったとか。信玄が夢を見たので夢見山。

その奥が大笠山。東洋一長いスロープのすべり台があり、子供たちに人気がある。山姿は大きな笠のようであり、カサというのは朝鮮語で帽子の意。

我が家からかけ足であがると八分で愛宕山に着く。山頂のテラスの双眼鏡で富士山をのぞくと山小屋や登山道まではっきりわかる。西を見やれば甲斐駒ヶ岳、鳳凰三山、間ノ岳、農鳥岳、少しはなれて笊ヶ岳など、南アルプスの山並みが満喫できる。近くにこんなにすばらしい山があるとは実にありがたく、本当に楽しいことである。

写真右の大笠山は、実際にはもう少し大きく見える

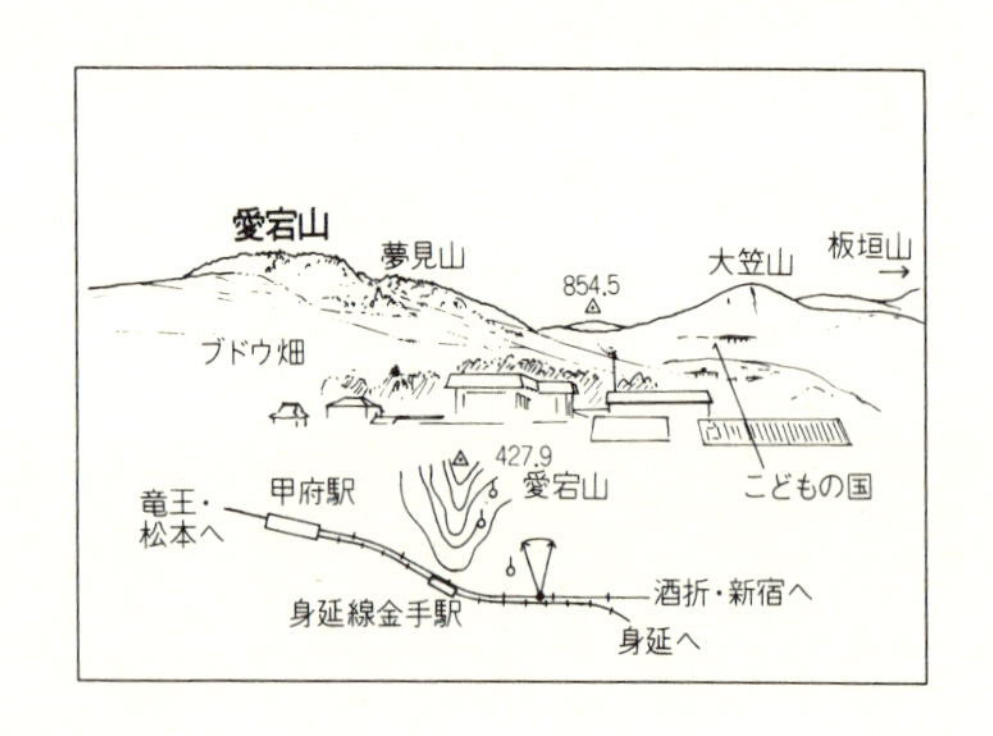

72

櫛形山

二〇五一・七メートル

ヘアブラシしか使わない近頃の人にはピンとこない名前。
七月上旬、アヤメの群落が見もの。

櫛形山（くしがたやま）とはうまい名前をつけたものだ。名は体をあらわすというが、和櫛の背がおおらかなカーブをえがいて甲府盆地の西をかぎる。

『甲斐国志』には「中郡諸村ニテ櫛形山或ハ鋸山ト呼フ」とある。南北四キロメートルにわたるこの山は、昔はふもとの村々の入会地となっていた。だからわりにこまかな山名が残っている。例えば、明治三十四年一月、地元飯野村の飯野萱之助編の「甲斐全図」を見ても、八田山、高尾山、西山、烏森山の名がしるしてある。

それを櫛形山というのは、『甲斐国志』でいうように、少しはなれた甲府盆地の人々の呼び名であった。また鋸といえば、私たちは、すぐに歯のギザギザを思いうかべる。でもこの鋸山は、杣屋（そま）さんの大鋸のみねの姿を連想しているわけである。

こんなわけで、櫛形山の名が地図上に表記されたのは昭和に入ってからである。陸地測量部の大正四年発行のものには見当たらず、昭和四年版に初めて登場。割合認知がおそかった山の一つである。

さて、昭和二十九年一月に発行された。保坂義昭著『櫛形山』という瀟洒な本がある。その中に、この山の異名を、鷹座巣、祠（ほくら）としている。日本武尊が酒折方面から遠望したとき、その頂が、あたかも鷹の座したるに似ている。また徳川時代の巣鷹山だったから。ホクラは平林の表登山口を登りつめた所に小さな祠があったからだと書いている。

登山コースの一番楽なのは、平林から奈良田に抜ける丸山林道を利用するものである。最高点の池ノ茶屋跡から右に折れ、ゆるく北上して頂上に達する。この地図上の櫛形山は、従来は奥仙重といっていた。主稜線を北にたどると、7月上旬、アヤメの大群落の花盛り。これが裸山の三角点である。

ここからの眺めはすばらしい。南アルプス、奥秩父、大菩薩、甲府盆地、御坂山塊、富士山と。ただ惜しいのは、アヤメのさかりは梅雨のさかり、なかなか四囲の山々にはお目にかかることがむずかしい。

でも、そぼふる雨と霧の中のアヤメ平の風情。山登りに雨はいやなものだが、櫛形山は別格。雨中の山行もまたひとしおのものがある。

この梅雨のさ中、地元では盛大なあやめ祭りを開いている。これがなかなかの人気で、ビニール合羽の老若男女が無慮二百人も繰りだすさまは壮観である。

和櫛の背のような山容はおおらか。車窓左手に大きく見えている

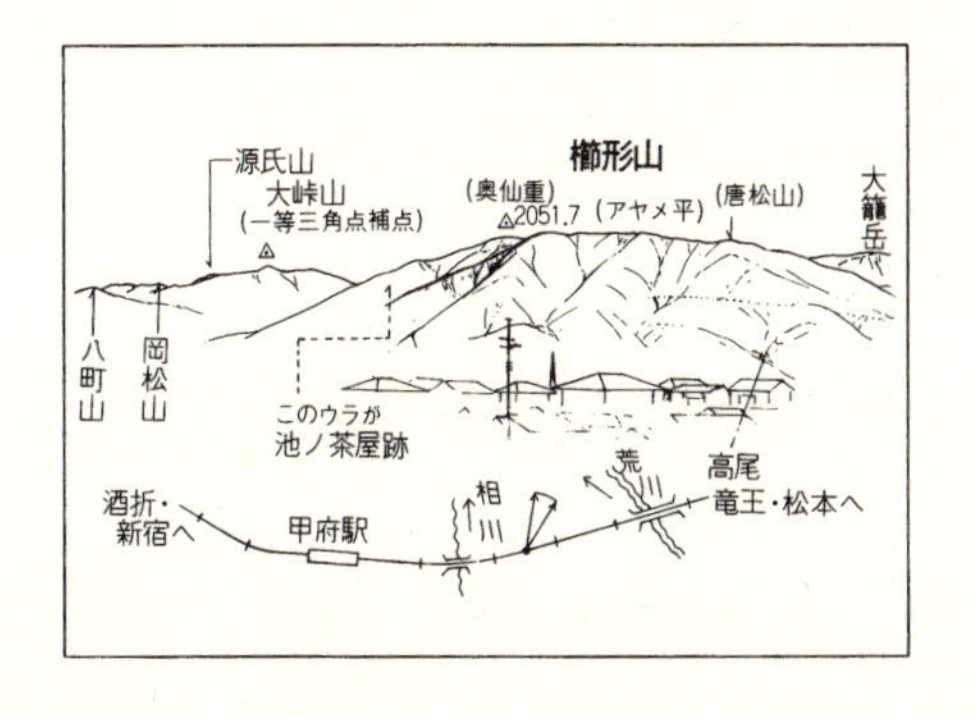

73 要害山　七八六・三メートル

味方に必要で、敵には害になるところ。
武田信虎が城を築き、信玄が生まれた。

電車が甲府を出てから、北のはるか高みの山稜にパラボラ・アンテナが見える。その左に白くガードレールが横に走っている。この鞍部が多（太）良峠である。タラは尾根のたるんだ所という意だろうか。

『日本地名語源辞典』（新人物往来社刊）には、ツルと同義で広野、原野とある。しかし地形的に腑におちない。

その太良峠から斜め右下のお椀をふせたような形をした山が要害山である。昼間、順光線では見えにくいが、夕方はよく見える。

鏡味完二著『日本地名学・地図篇』をみると、「要害」という地名は岩手県南部に集中しており、二十五もあるという。味方に必要で、敵には害になるような地形のことである。

この山は昔は、石水寺丸山といっていたが、永正十七年（一五二〇）武田信虎が、この地を選んで要害城を築いた。それに由来して要害山という。

さて、翌大永元年（一五二一）信虎は今井氏親の家臣、福島兵庫正成勢一万五千の襲撃をうけた。甲府市西郊の荒川をはさんで対峙した武田勢はわずかに二千。でも、十月十六日に飯田河原（山梨県立病院付近、甲府駅を出てすぐの右側、荒川鉄橋の手前）、十一月二十三日には上条河原（前記地点より二キロ弱上流の千塚の千松橋付近）で福島勢を完全制圧。

その間、要害山に疎開していた信虎夫人（大井上野介信達の女）は十一月三日、男子を産んだ。『甲陽軍艦』によれば、戦勝のさなかに生まれたので「勝千代」と名付けたという。でも実際の幼名は「太郎」であったとか。これが後の信玄である。

この時、勝千代の右手はかたく握られて開かなかった。その手を開かせたのは天桂禅長和尚であった。

彼は富士山のふもとで霊験をうけ刀の目ぬきを持ってやって来た。そして夢のお告げの通り、つつじが崎の東の池水で勝千代の右手を洗った。すると手は開き、目ぬきの片方があらわれたという。信虎は、そこに一寺を創建した。これが万年山大泉寺であり、その池の下流を富士川（藤川）というようになった。くわしいことは『裏見寒話』に出ている。ふもとの積翠寺には、信玄のつかった産湯の井戸や、産湯天神の祠が苔むした石がきの上に小さく鎮座している。

要害温泉から急坂の遊歩道をあがると、本丸跡にでる。昔なつかしい東郷平八郎元帥の書になる「武田信玄公誕生之地」の石碑がたてられている。

お椀を伏せたような形の山。夕方になるとよく見える

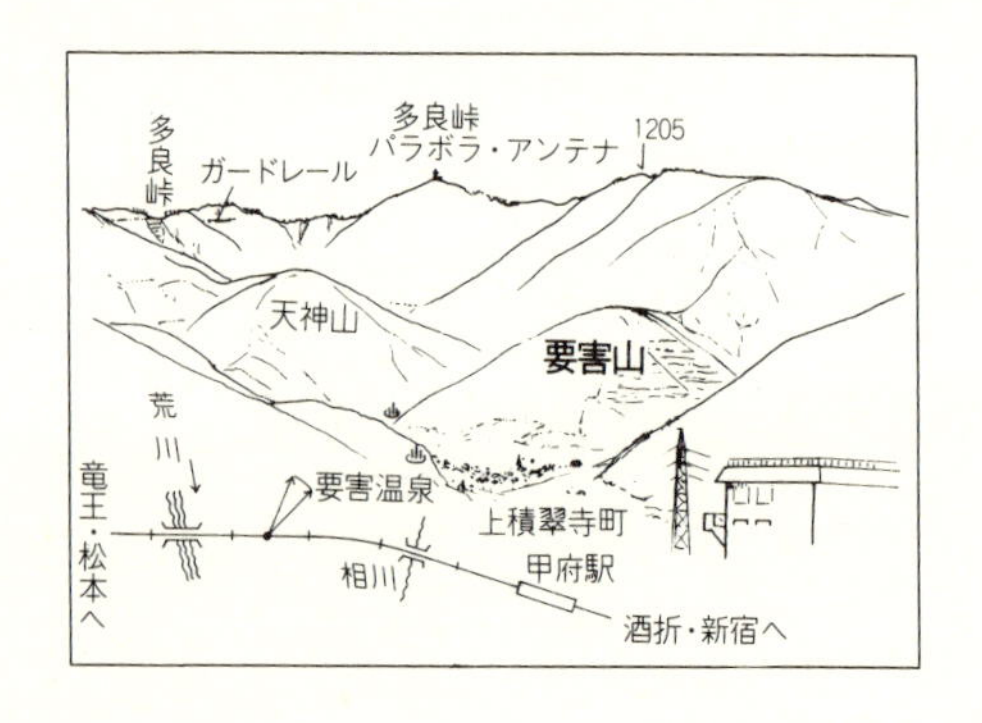

74

湯村山　四四六メートル

東の愛宕山とともに甲府市民にはなじみの山。
山というより、丘のようなところ。

湯村山(ゆむらやま)は甲府市民にとって、東の愛宕山とともになじみの深い山である。小学校五年生の夏休みの宿題で、この山の模型をつくったことがなつかしく思いだされる。和田峠をあがると千代田湖（千代田村につくった人造湖、以前は丸山貯水池といった）、その湖畔の南の山が白山（六四三・六メートル）である。風化した花崗岩が雪とまごうばかり。老松の間から甲府盆地や富士山、南アルプスのながめがすばらしい。

これを南下すると、相川小学校の学校林の鞍部となり、さらに湯村山へと続く。『裏見寒話』にこんなことが書いてある。

大永元年（一五二一）武田勢が今川勢に攻めこまれた時、武田の家臣、荻原常陸介、湯村山に旗指し物をたて、当時湯村の特産品だった笠を草木に着せた。

そして見方を大軍とみせて敵をあざむき大勝を博したという。

この湯村、そのころは湯島村といっていた。『甲斐国志』によると、後陽成天皇の第八子、良純親王が島原の遊女、三芳野と相愛になり寛永二十年（一六四三）島流しとなった。その場所が、海もない甲斐の湯島とは、なかなか粋なはからいであった。

湯村といえば厄除け地蔵。山中共古師の『甲斐の落葉』には「正月十三日夜ヨリ十四日迄ハ湯村ノ厄地蔵ノ参詣ノ者多ク甲府ヨリ馬車モ出テ非常ナ人出ナリ（中略）コノ地蔵堂ノ柱ニ何者カ狂歌ヲ落書シテアリ、山ニ居テ岡ヤキ餅ヲ厄地蔵イラヌ世話マデヤクノ神サマ」とある。

いつの頃からか一ヶ月おくれとなった。十三日の午後から十四日の正午までは、お地蔵さんの耳があいていて、何でも願いをかなえてくれるという。そこで、お参りに関東一帯からもやってくる。

昭和十五年二月十三日夜、厄年だという父と二人で、空っ風の夜道を急いだ。帰りに練兵場の南東すみのトーチカのかげでカヤタンキリ（カヤアメ）を買った。正に闇の中での闇商売。

さて、白山の西、健康の森の管理棟のすぐ上に、地図では片山（六六五・二メートル）という三角点がある。これは管理棟の前にある案内板の通り、大宮山が正しい。羽黒、山宮は、かつて大宮村であった。その背後の山という意に由来しているからだ。

片山というのは、その西にのびる尾根上にある六一八メートルの山。山姿が人間の肩に似て、しかも片方しかないところから名付けられたものと思われる。

甲府駅を出て町並みを抜けると、厄除け地蔵で知られる湯村の上に

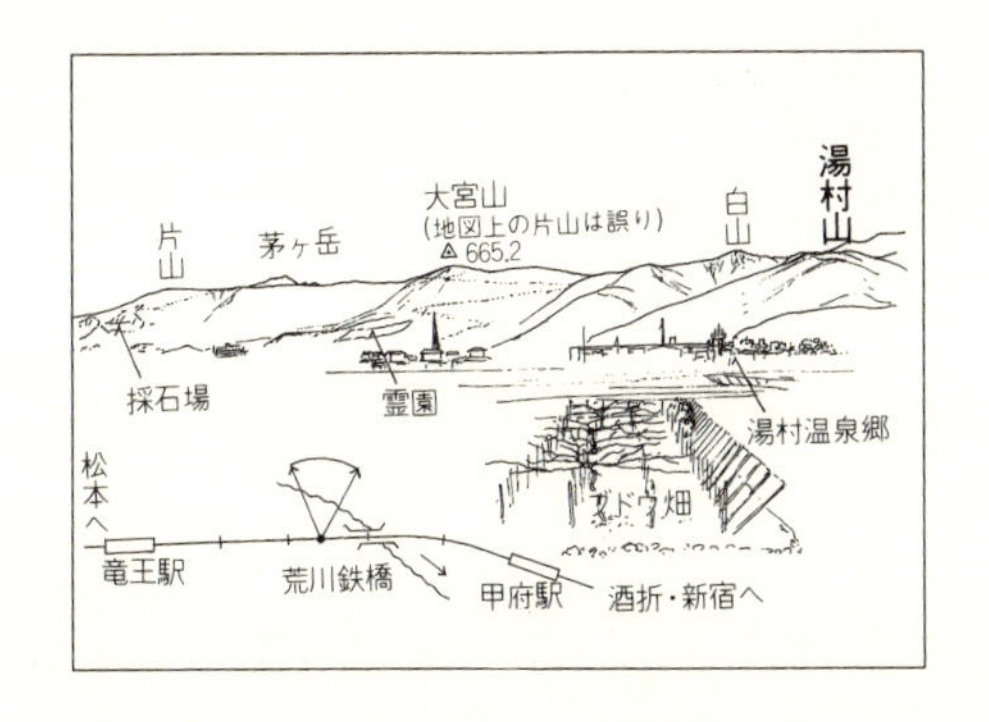

75

太刀岡山

一二九五・三メートル

この山が見えると雨。その奥の特徴のあるピークは、その名のとおりの曲岳。車窓右手によく見える。

甲州、国中（くになか）の俚言（りげん）に、「諏訪口があければ晴れ」というのがある。天気は西から回復することが多いので当然のことである。甲府の西、竜王あたりには「黒富士が見えるので間もなく雨」というのがある。

ここに、竜王駅で撮った同じアングルの写真を二枚ならべた。どちらも雨雲がたれこめているが、里の方は日が照っている。

片方の写真には稜線が連らなって見える。一方は、その稜線が消えて、忽然と富士山形の山が出現している。これが雨降りの前兆として見える黒富士だといわれている。

ところが、このミニ富士山、実は太刀岡山（たちおかやま）なのだ。本当の黒富士はこの山の右後ろの小ピークである。でも、形が富士山とそっくりであれば、太刀岡山を黒富士と間違えても無理はない。頂がキュッと曲がった左側のピークはその名のとおり曲岳（まがりだけ）（一六四二・四メートル）である。左すみの一番低い所は観音峠で、敷島町吉沢（昇仙峡への裏道）から須玉町増富ラジウム温泉に抜ける林道が通っている。観音峠から左に稜線は茅ヶ岳へと続く。

太刀岡山は、『裏見寒話』には「絶頂に社あり、太刀多く納めてあり、昔聖徳太子守屋と合戦したる跡と云」とある。これはおかしい。聖徳太子の生まれたのは西暦五七四年。物部守屋が蘇我馬子に殺されたのが五八七年。となれば、聖徳太子十歳前後の話である。『甲斐国志』には「村老相伝ヘテ云日本武尊凱旋ノ時太刀ヲ此山上ノ窟ニ置キ去ル故ニ太刀置山トモ云」とある。

これも何となく不自然である。そこで、こちらも少しこじつけてみよう。『甲斐国志』の別項で「建岡又太刀岡ニモ作」とある。この「建」に注目してみると、一般には「立」他は「館」「辰」などがある。「館」という意味の一つに「小規模の城」という意がある。また「岡」というのは『大言海』に「峯処ノ義トイフ」とある。よって私流に解釈すれば、小さな城山。こんな意ではどうだろうか。

一方、「辰」をとれば、竜神、雨神の峰となる。竜王からこの山が見えれば雨が降るというのだから、これはつじつまが合いそうである。

それはさておき、最近、この山の西面の岩壁で、岩登りのトレーニングにはげむ若者の姿をしばしば見かける。甲府の近くに、これはまたうまいゲレンデを見つけたものだ。でもくれぐれも落ちないように。

この山を見ることができたあなたは雨男、雨女……

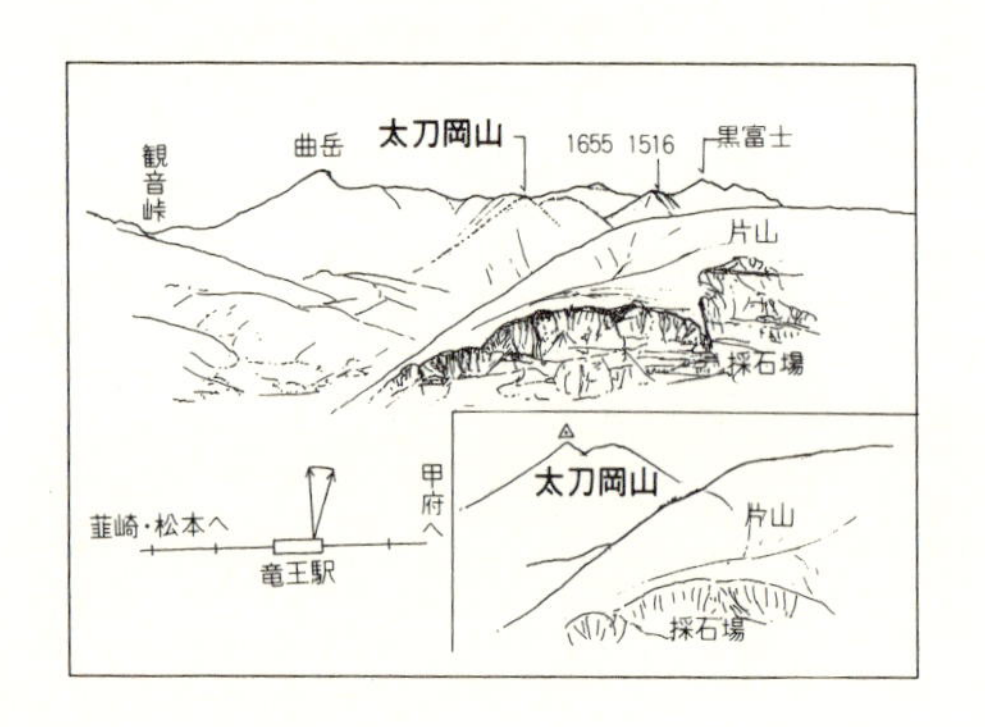

76

地蔵岳

二七六〇メートル

山頂にたつ岩塔は電車の窓からもはっきりと見える。
記録に残る尖塔の初登攀はイギリス人、ウエストン師。

甲府盆地の西をかぎる山塊の一つに鳳凰(ほうおう)三山がある。北から、地蔵岳、赤抜(あかぬき)ノ頭、観音岳、薬師岳、砂払と実は五つのピークに分かれている。

この中で特徴のあるのは、高さ一八メートルの尖塔がそそりたつ地蔵岳である。この頂に最初に立ったのは一体だれだろう。伝説によると、平安の昔、京の朱雀(すざく)大路の殿上人、六の宮の娘で、春房卿の妻、都那登姫といわれている(今井徹郎氏の『山の物語』による)。いわゆる子授け地蔵の伝説である。

一方、岩塔に初登攀した記録として残っているのは、明治三十七年七月十四日、英国の宣教師ウエストン師の単独登攀。続いては、甲府中学五年生の大島隣三(大島正健校長の三男)と内藤安城の両氏、明治四十三年の夏休みのことであった。これは、韮崎の「白鳳」第五号に寄せられた野尻抱影氏の文章(昭和五十年七月発行)と、それを追跡調査して、日本山岳会会報「山」三七一号(昭和五十一年五月発行)に載せた山崎安治氏の記事により最近知られるようになった。

ところが、野尻氏は戦前、すでに発表ずみである。昭和九年「山小屋」十月号に「日本人で地蔵仏最初の登攀者と信ずるは、明治四十三年秋（?）当時甲府中学生大島隣三（当時の校長、文博大島正健氏の子息、在米）と内藤安城（今春逝去）の二君で、霧の絶間をロープで登ったもの。小生も現にその写真も見てゐます」と。

さて、この山は、古くから山名論争がくりかえされている。『甲斐国志』には「絶頂ニ高数丈ノ立岩アリ（中略）州人多クハ誤認メテ是ヲ地蔵カ岳ナリト云ハ非也」とある。最近韮崎市の郷土史家、山寺仁太郎氏が、生山正方による「大鳥ヶ岳に遊ぶ記」（文政七年＝一八二四）を発見、前記「白鳳」に鳳凰山説を発表している。さらに、京都の今西錦司先生も「山名は復旧できるか――地蔵岳および鳳凰山を例として――」と題した先鋭的な論陣を展開している。

でも、私が持っている、文政八年に刊行された地図をみると、地蔵岳の南に鳳凰山が載っている。また、諸論争の中に、赤抜ノ頭が出てこないのが不思議でならない。昭和五十六年五月、今西先生と水ヶ森に山行を共にしたとき、その点に触れたが、残念ながら確答を得ることができなかった。

私は、地蔵岳でさしつかえないように思う。しかし、尖塔の岩壁に「鳳凰山天照皇太御神鎮座　明治二十年七月二十九日」と刻まれた石碑を直接目にすると、その考えも、少しばかりぐらついてくるのである。

甲府盆地の西をかぎる南アルプス前衛の山。山頂にたつ岩塔は高さ18ｍ

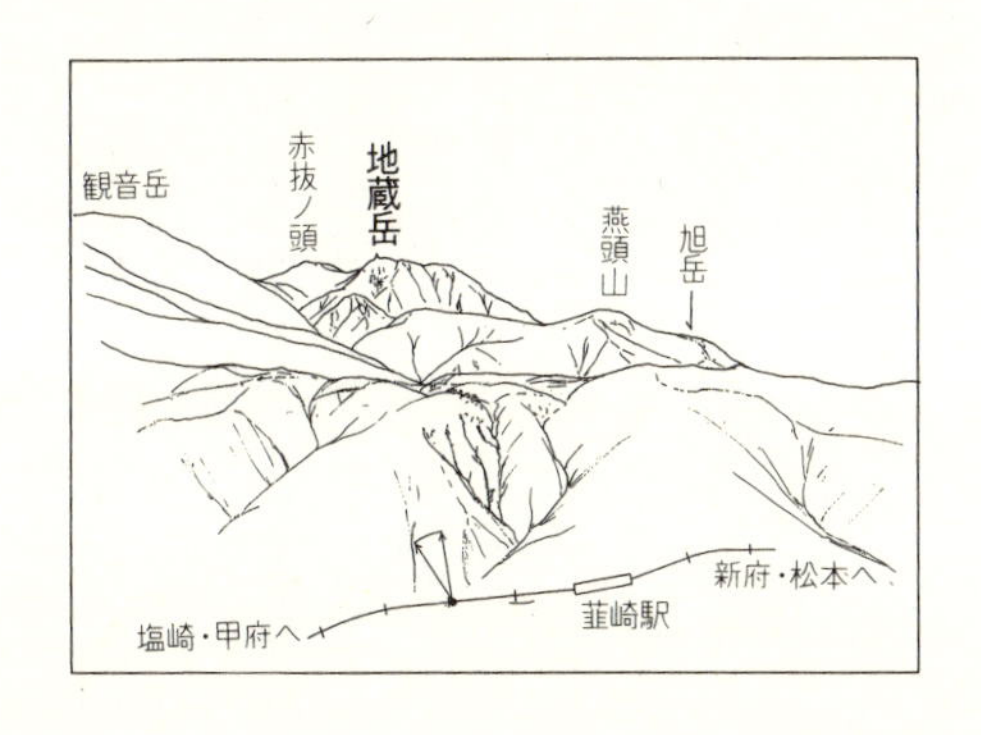

77

国師岳

二五九一・八メートル

かつては奥秩父主脈最奥の山の一つ。
いまでは山頂まで一時間の大弛峠を林道が越えている。

（前略）丸太つくりの大弛小屋。豊富な薪を集めて盛大に火を燃やした。ぬれた軍靴(ぐんか)も乾かした。突きあげ窓から南アの主稜におちていく夕日を、飽きもせずながめてゐた。

夕食は、塩味のきつい、ふすま混じりの小麦粉のすいとんであった。食べる物、よしまずしくもと、満足しきった二人は、毛布を縫ひ合はせた寝袋にもぐりこんだ。トタン板のはがれた天井からは、星の数々が手のとどく近さで私たちを見守ってくれてゐた。

提灯にローソクをともして出発。樹林帯の急斜面は雪もしまってをり、ピッチは上がった。国師(こくし)ヶ岳(たけ)の岩塊の上で日の出を待った。すぐ南、奥千丈岳の左、藍一色の富士山の左肩が光った。

二年半ぶりに御来光を拝んだ。Tのほほが朱に輝いた。亡友の鎮塊の思ひをこめて、ケルンを積んだ。その彼方に、北から南に、甲斐駒、仙丈、白峯三山。ピンクから朱に移り変はる白銀の連峰。おごそかな静かな一日が始まった。

何故こんな所まで来たのだろうか。二人で顔を見合はせ、思はず苦笑した。一銭の得になるわけではない。この世知辛い世で、ばかではないだらうか。燃料にも難儀したこの冬、木炭の一俵でもかついだ方がはるかに実利的であった。でも、こんな静謐な心安らぐ時があっただらうか。（下略）

　これは、昭和二十一年四月、金峰山から縦走していった時の拙文の一部である。今では何のことはない、塩山から峰越林道（長野県千曲川の上流、梓川に抜ける）が大弛を越えている。ここから東にわずかに一時間で頂上に立つことができる。

　国師岳の登山記録の最初のものは、日本山岳会機関誌「山岳」第二年二号（明治四十年発行）に載っている。「甲州国司嶽紀行」と題し、悪沢岳の発見者、荻野音松氏の記したものである。

　この国司というのは、日本武尊が東征のときの案内者、大山祇神が東国支配の国司に任ぜられた伝説による。一方国師の方は、この山で修業した夢想国師にちなんで名付けられたとのことである。

　昭和五十七年秋、久しぶりに大弛小屋に泊った。北海道から北大名誉教授、ヘルマン・ヘッセの研究家、井手賁夫先生がみえ、雨中、きのこを採りながら車であがった。シェフ（?）の堀口丈夫君の料理はいつも豪華だ。翌朝は新雪。一行大喚声をあげ、奥秩父の中で、唯一座登り残した先生久恋の山、金峰山に登った。

国師岳が見えるのはこの区間だけ。下り線車窓右手うしろにご注目

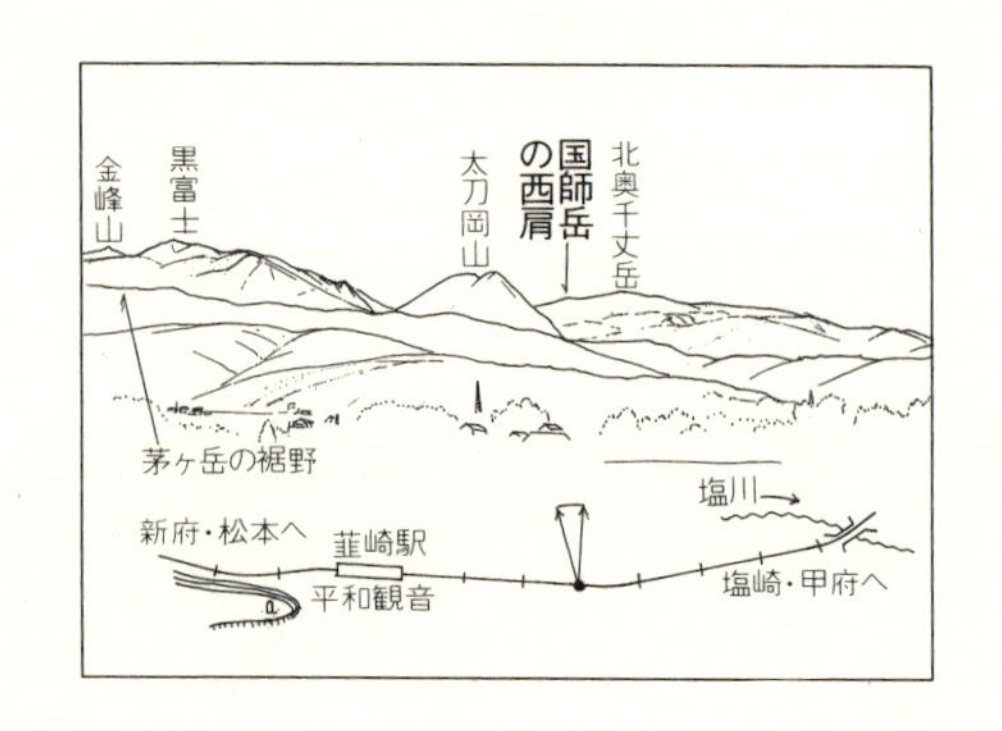

78

茅ヶ岳

一七〇三・五メートル

「百の頂に百の喜びあり」の文学碑が、山麓、大明神開拓地に建っている。ご存知、深田久弥終焉の地。

茅ヶ岳。この山は私にとって終生、忘れることはできない。ちょうど十三年前、山の作家、深田久弥先生を眼前で失った山だからである。

昭和四十六年三月二十一日、お彼岸の中日、おだやかな日であった。女岩の鞍部から稜線をたどること五分。あと少しで頂上という所で、何の前ぶれもなく、十一時二十三分、先生は突然倒れた。そして大きないびきをかきだした。これは脳出血、手に負えないと判断。同行者藤島敏男氏など五人に後事を託し、救援依頼のため麓の柳平に向けてかけ下った。

金峰も富士も夕映えの燃えつきるころ、救助の方々と再び稜線に立った。すでに先生は事きれていた。その間を藤島敏男氏は「心臓の鼓動が止って、三月二十一日、午後一時、深田君は還らぬ人となった。(中略)僕たちは眠った深田君の傍で、刻々色調の変ってゆく富士を眺めながら、黙黙として、暗然として、悄然として佇んでいた」と記録している。

その後、志げ子未亡人、ご家族、友人らの一周忌登山。七回忌には、志げ子未亡人、先生の故郷石川県の俳句連衆、京都の今西錦司先生、日本山岳会の図書委員会のメンバーらとの山行。そして、小さな記念木柱を建てた。

昭和五十五年のときは珍しく、前日から大雪となり、頂上では六〇センチ、でも春の淡雪、帰りは泥んこの山行であった。

昭和五十六年四月、韮崎市、同観光協会のきもいりで、麓の大明神開拓地の西端に文学碑が建てられた。

「百の頂に百の喜びあり」

生地、大聖寺にはすでに、

「山の茜(あかね)を顧みて一つの山を了へにけり
　何の俘(とりこ)のわが心　早も急かるる次の山」

の碑があり、終焉の地には前記のもの。正面に茅ヶ岳を仰ぐ実にいい場所をえらんだものだ。

あの時の同行者のうち、藤島敏男、村尾金二の両氏が、そして志げ子夫人も逝(い)った。そして今、私の手元に残されたものは、前夜、穴山の能見荘で書いていただいた「山に行き何をしてくる　山に行き　みしみし歩き水飲んでくる」の絶筆となった色紙。そして、かたみわけの先生自筆の「天山」と書かれた絵ざらだけとなってしまった。

先生の遺徳をしたい、名著『日本百名山』を登る人たちが「深田クラブ」をつくっている。すでに登りおえた人も結構いる。

ニセ八ツともいい、八ヶ岳と間違える乗客が多い。山頂からは浅間の煙も見える

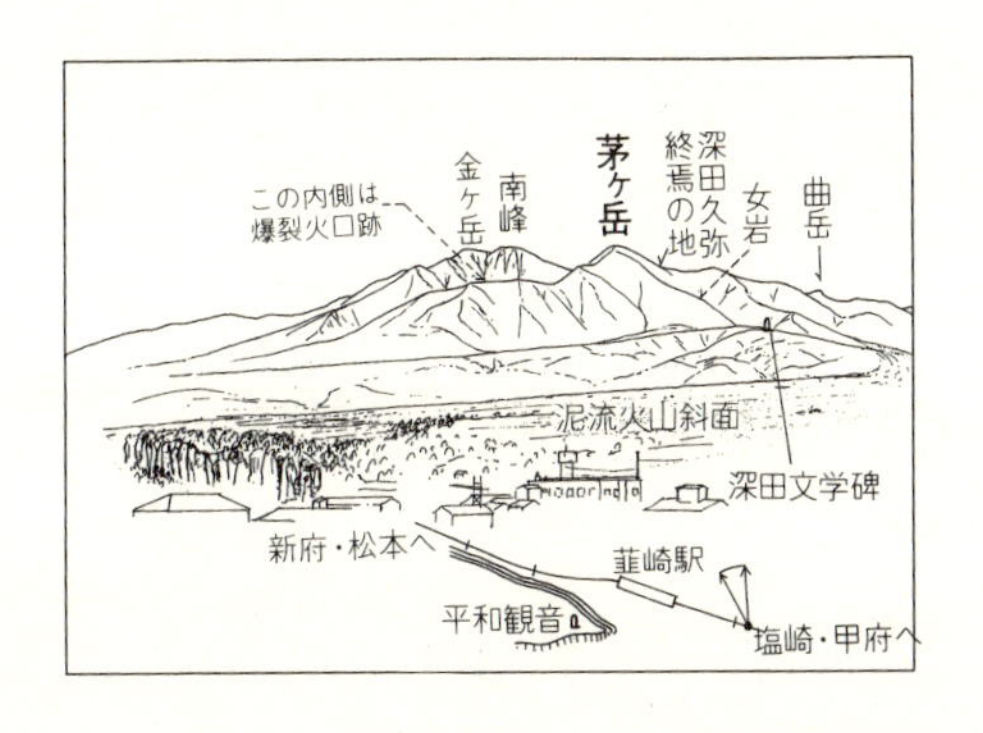

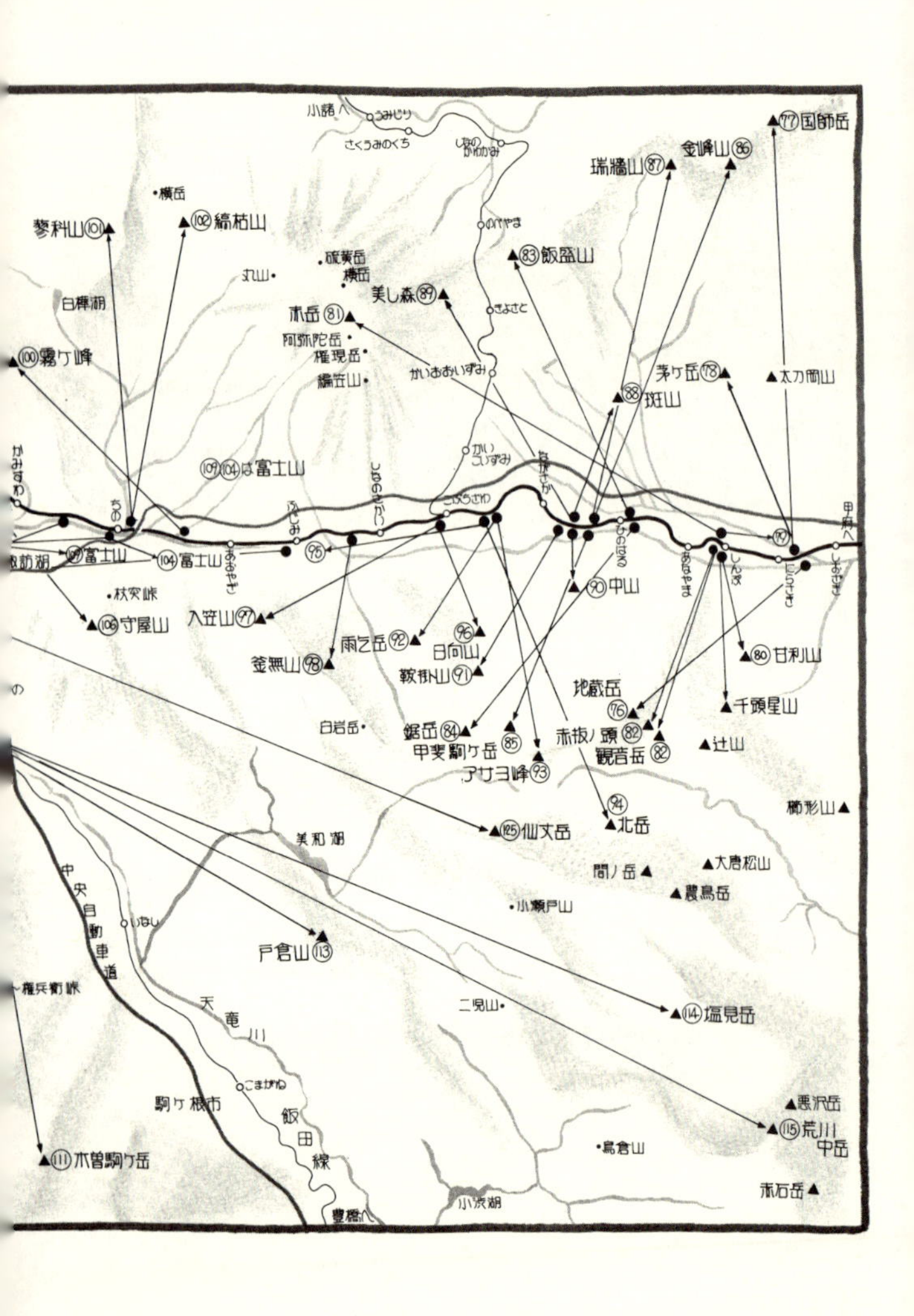

小諸へ
うみじり
さくうみのくち
しなのかわかみ
⑦国師岳
金峰山⑧
瑞牆山⑧
横岳
蓼科山⑩
⑩縞枯山
のべやま
⑧飯盛山
丸山
硫黄岳
横岳
美し森⑧
白樺湖
赤岳⑧
きよさと
阿弥陀岳
権現岳
⑩霧ケ峰
かいおおいずみ
編笠山
茅ヶ岳⑦
太刀岡山
⑧斑山
かいこいずみ
かみすわ
⑩⑩は富士山
ちの
ふじみ
しなのさかい
こぶちさわ
ながさか
ひのはる
甲府へ
⑩富士山
104 富士山
諏訪湖
おおやぎ
あなやま
しんぷ
にらさき
しおざき
杖突峠
⑩中山
⑩守屋山
入笠山⑨
雨乞岳⑨
⑨
日向山
⑧甘利山
釜無山⑨
鞍掛山⑨
地蔵岳
⑦
千頭星山
白岩岳
鋸岳⑧
甲斐駒ケ岳⑧
赤抜ノ頭⑧
観音岳⑧
辻山
アサヨ峰⑨
⑨
北岳
櫛形山
⑩仙丈岳
美和湖
間ノ岳
大唐松山
中央自動車道
農鳥岳
小瀬戸山
いなじ
戸倉山⑩
権兵衛峠
天竜川
二児山
⑩塩見岳
こまがね
駒ヶ根市
悪沢岳
飯田線
⑩荒川中岳
⑩木曽駒ヶ岳
鳥倉山
赤石岳
小渋湖
豊橋へ

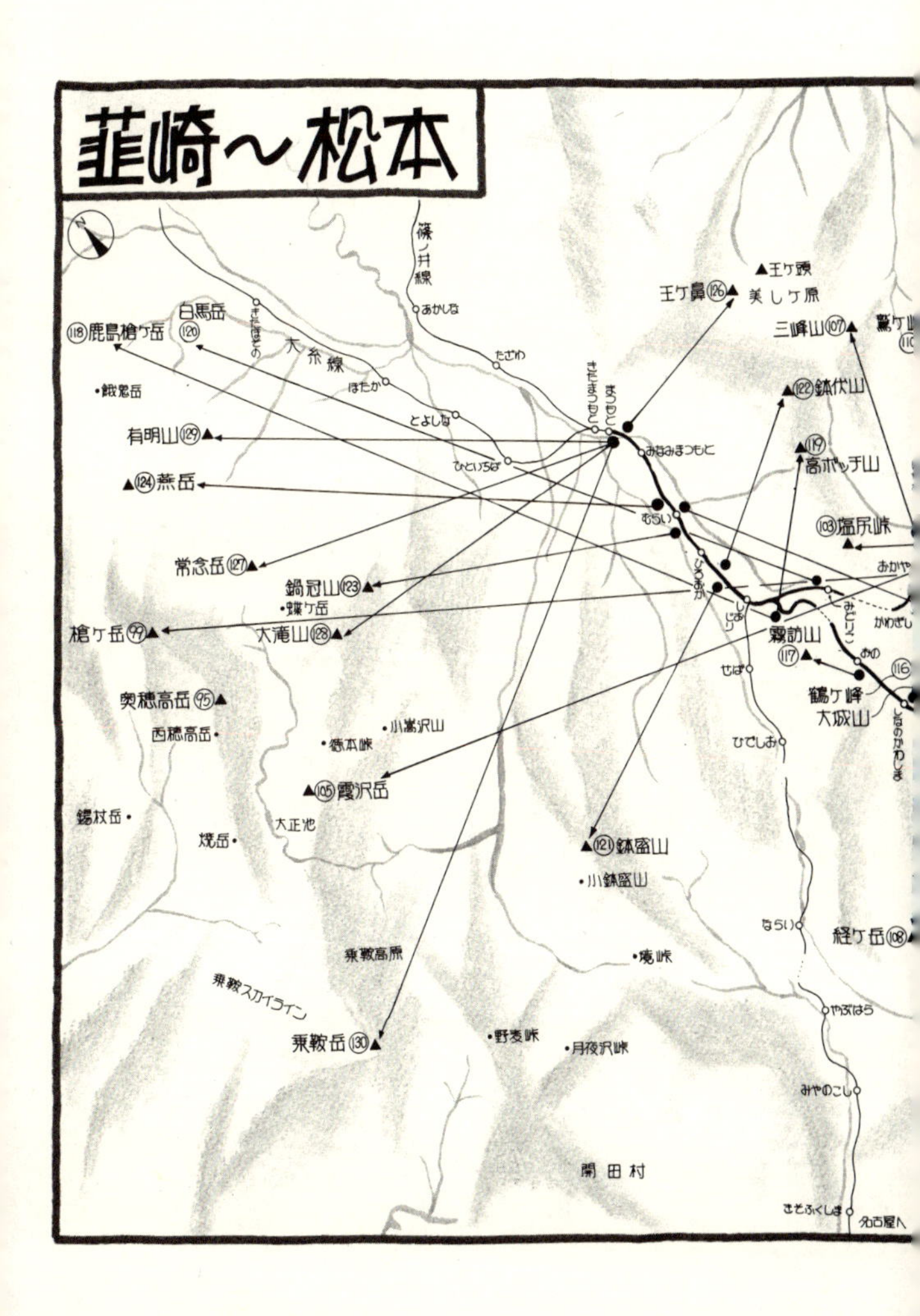

韮崎～松本
篠ノ井線
あかしな
たざわ
とよしな
ほたか
ひといちば
きたまつもと
まつもと
みなみまつもと
大糸線
きたほその
白馬岳 120
118 鹿島槍ヶ岳
餓鬼岳
有明山 129
124 燕岳
常念岳 127
鍋冠山 123
蝶ヶ岳
槍ヶ岳 99
大滝山 128
奥穂高岳 95
西穂高岳
錫杖岳
焼岳
大正池
105 霞沢岳
徳本峠
小嵩沢山
王ヶ頭
王ヶ鼻 126
美しヶ原
三峰山 107
122 鉢伏山
119 高ボッチ山
103 塩尻峠
むらい
ひろおか
しおじり
おかや
みどりこ
かわぎし
おの
116
鶴ヶ峰
大城山
霧訪山
117
せば
ひでしお
しなのかわしま
121 鉢盛山
小鉢盛山
ならい
経ヶ岳 108
境峠
やぶはら
みやのこし
きそふくしま
名古屋へ
開田村
乗鞍高原
乗鞍スカイライン
乗鞍岳 130
野麦峠
月夜沢峠

79 富士山 その四

台風予報に活躍するのは山頂の気象レーダー。
明治中期、厳寒の山頂で気象観測を始めた先駆者がいた。

たくさんのトンネルを抜けて、勝沼に出てホッとする間もなく、電車は塩山に近づいてくる。重川の鉄橋を渡ると、左手、御坂山塊の上に富士山が見えだす。石和、酒折、甲府と七号目上が姿を見せる。これが竜王を過ぎると、俄然、背をのばして大きくすそをひろげ、いやが上にも、孤高を誇るようになる。

特に、韮崎―小淵沢間。峻烈極まる冬の夜明け、暁闇を破るシルエットだけの富士山は荘厳の一語につきる。車窓を開け放つと、風圧で目じりに涙がにじんでくる。南東の山ぎわが、オレンジからクリーム色にかわってゆっくりと朝日が昇る。その時はもう、あの冷厳さはなくなり、おだやかな山姿へと変容をとげる。

さて、夕方。周りは、すべて重く、日かげる。その時、なおひときわ高く、ほおを染めるように暮れ残る富士の高嶺。

「私は曽(かつ)て小淵沢で落日の富士を見たことがあった。私は汽車の窓から顔を離さなかった。」こう書いているのは、田山花袋、大正六年のことである(「富士を望む」)。

この小淵沢で見ると、頂上の右端が、きらりと光ることがある。山頂観測所のレーダードームである。観測所といえば、どうしても触れなければならない人がいる。野中至氏である。

慶応三年（一八六七）福岡県生まれ。明治二十二年以来高層気象観測を志し、明治二十八年、一月、二月に偵察登山。八月に資材をあげ、観測所を建設。十月一日から越冬観測を計画して山頂観測所にこもる。妻の千代子さんは、三歳の子供を親元に預け、十月十二日、夫の後を追って登頂。以後、その観測は困難をきわめ、バッテリー、風車、温度計なども破損。夫人、ついで本人も重い浮腫にかかる。十二月二十一日、二人の安否を気遣って和田気象台技師ら十二人がやってきて、二人を説得、下山となった。この壮絶な滞頂記は、明治三十四年、春陽堂から『富士案内』と題して出版された。最近では、これをもとに、『芙蓉の人』の題名で新田次郎氏が小説を書いている。

この先覚者の壮挙から八十余年、現在では、レーダードームをヘリコプターであげ、半径八〇〇キロをカバーして観測しているとのことだ。

戦争末期、アメリカのＢ29が富士山を目標にやって来たとか。こんなことに郷愁を感じる年になってしまったかと思うと、やけに情けなくなってくるこのごろである。

手前の山並みは御坂山塊。山頂にかかる笠雲は悪天候を予告する

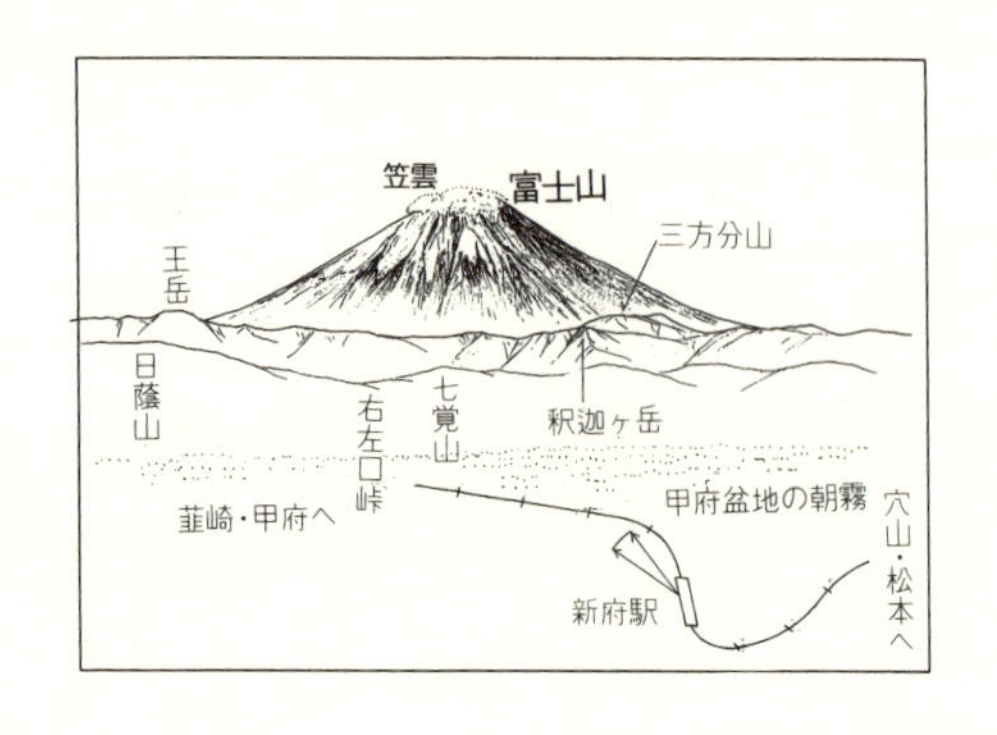

80 甘利山 約一七四五メートル 千頭星山 二一三八・五メートル

ツツジとスズランの甘いかおり。六月の甘利山は女性に人気が高い。
山頂近くまでクルマもあがる。

電車は金剛寺トンネルを抜けると、右にカーブした塩川の鉄橋を渡る。鉄橋がカーブしているのは、中央線ではここだけである。

車窓前方に、鳳凰三山がたちはだかり、その手前の尾根を左にたどってみる。六月初旬、みどり一色の山肌の中に朱のじゅうたんが見える。全山、レンゲツツジにおおわれた、これが甘利山（あまりやま）である。

韮崎の町はずれ、舟山橋から頂上直下をかすめて林道が通じている。あたり一帯、ツツジとスズランの甘いかおりでむせかえるばかり。眼下は甲府盆地、それをめぐる甲斐の山々。盟主はやはり富士山である。

寝ころんで、行く雲に思いを馳せるもいいが、せっかく、ここまできたからには少し歩いてみよう。西に奥甘利山を経て大西峰にあがる。それを南に踏跡をたどると千頭星山（せんとうぼしやま）の二等三角点である。

この千頭というのは、本来センズといい、サル、シカ、イノシシなどの多猟地を意味する言葉である。静岡の大井川の上流に同名のものがあり、南アルプスの光岳（てかりだけ）近くのセンジヶ原、北アルプス立山のふもとの千寿ヶ原、千曲川上流の戦場ヶ原など同系のものと思われる。ここではセントウボシという。戦争中は戦闘帽なんていったが、星というのは、境界をしめす、榜示、法地の転化したものではないだろうか。

では甘利山の方はどうか。武田の重臣、甘利備前守の居所（上条北割）の背後の山の意であろう。彼は、信玄一世一代の作戦の失敗、天文十九年（一五五〇）の、いわゆる戸石崩れにおいて討ち死している。

この甘利というのは、大化の改新以後の制度である。郷とよばれる五十戸単位の集落の個数が増えて六十戸になると、その十戸をアマリ、アマリベといったという。だから全国に流布している名である。

さて、この甘利山の中腹には椹池（さわらいけ）という小さな池があり、白鳳荘がひっそりと営業を続けている。前記甘利備前守の孫、旭丸がこの池で魚つりをして水神の怒りに触れて溺死した。父左衛門尉は村人を集めて池をさらってしまった。いたたまれなくなった水神は赤牛となって、その奥の大笹池に逃げていった。『甲斐国志』はこんな伝説を記録している。

こういったロマンも、車でかけぬけるだけだと何の印象も残らない。旅はゆっくりすればするほど、密度の濃い思い出を残すものである。そんなに急いでどこへ行く気なのだろうか。

車窓左手、南アルプスの巨大な姿の下に大きく、ゆったりとした山容

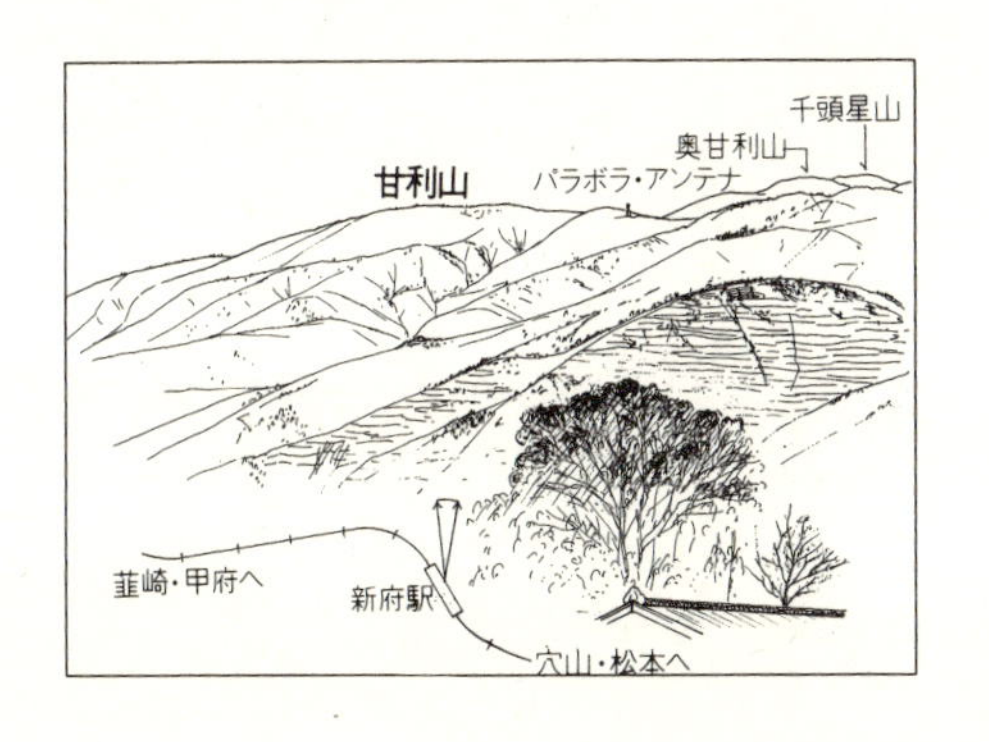

81

赤岳　二八九九・二メートル

八ヶ岳の主峰。その名のとおり山肌は赤い。
太古、この山は富士山よりも高かった、それが大噴火で……。

甲府盆地に住む人で、八ヶ岳を知らない人はないだろう。大昔は、富士山より高い山だったとか。それが噴火で、頭が吹きとび、八つの峰に分かれたという。

その主峰が赤岳で、残りの七つとなると諸説がある。一般的に、横岳（二八二五メートル）、硫黄岳（二七四二・一メートル）、阿弥陀岳（二八〇六メートル）、権現岳（二七〇四メートル）、峰ノ松目（二五六七・三メートル）、編笠山（二五二三・七メートル）、西岳（二三九八メートル）といわれている。

甲州側からながめる八ヶ岳は長い裾野を引いて、ゆったりとした姿をしている。それが信州側では、西面の大断崖が荒々しいパノラマとなって展開する。冬の夕暮れ、赫々（あかあか）と燃える雪壁を見るときがある。このようなアルペン的風貌に接すると、年甲斐（としがい）もなく胸の高鳴りを覚えるのである。

今では、若い娘さんに占領された感じの、ふもとの清里も、戦前は、わずかに清泉寮（せいせんりょう）があっただけだ。駅から木材搬出のトロッコの道をたどり、蜒々真教寺尾根を経て赤岳に立ったことがある。さすがは一等三角点の補点。東、西、南、とひろがる広大な裾野。その彼方の甲府盆地や諏訪湖。それらをめぐる日本中央高地の重畳たる山々や富士山。足元に咲いたピンクの駒草の特異な花びら、今でも覚えている。そして、頂上直下に赤岳神社の木の小祠（しょうし）があった。一体だれが建てたのだろうか。

雑誌「山小屋」昭和十一年九月号に、当時の上諏訪高等小学校主席訓導、土俗学の研究家であった小口伊乙氏が「八ヶ岳の開山達」と題して四人の名をあげている。

一人は、宗野（茅野市）の東城作明で、国常立命、金山彦命、日本武尊の三柱をまつって開山した。彼は天明四年（一七八四）に生まれ、文政四年（一八二一）に没した。非常に足が速く、歩くとき、胸にシゲガサをあてたままでも落ちる心配がなかった。

次は原村の富田謙明で、諏訪一帯に赤岳神力教をひろめ、文政十年（一八二七）に生まれ、明治三十九年（一九〇六）に亡くなった。また、玉川（茅野市）の原田信濃は、弟子の原田源吉（文政十二年生まれ、明治三十六年没）とともに、赤岳講を創始、安政七年（ママ）（一八六〇）六月、講中一行を連れて赤岳に登る。頂上に白滝不動尊を勧請したという。

何はともあれ、この山は、諏訪の人たちにとっては、母なる山である。七年に一度の御柱（おんばしら）の用材をこの山から切りだしているのだから。

八ヶ岳は竜王から岡谷にかけて、つねに車窓に付き合ってくれる。塩尻からも見える

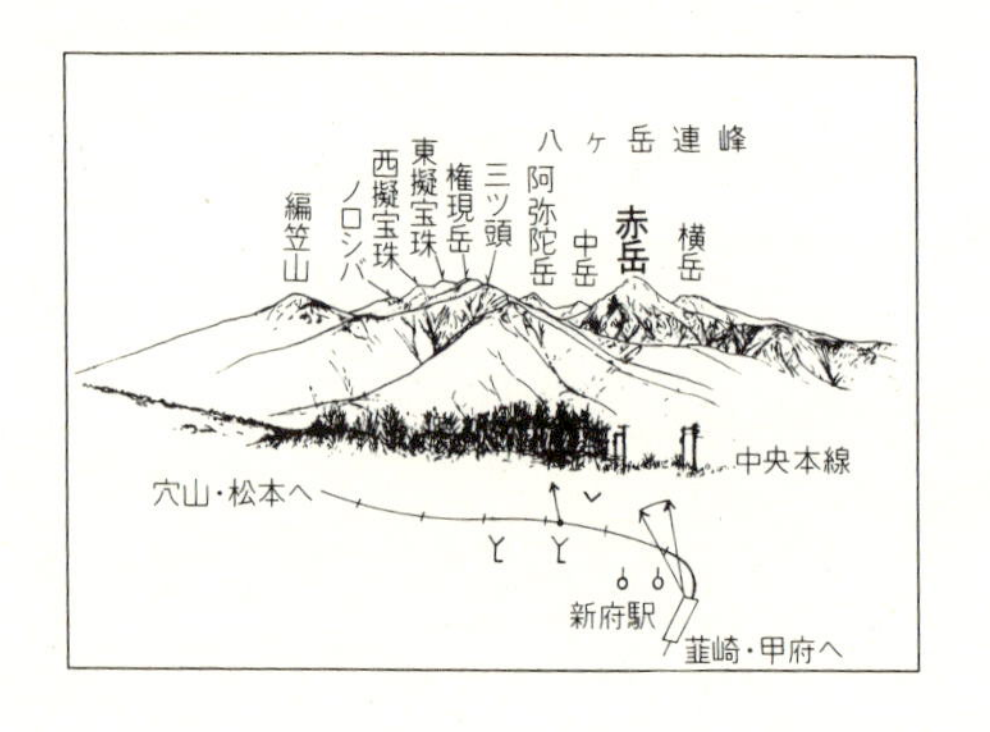

82

観音岳 二八四〇・九メートル 赤抜ノ頭 二七五〇メートル

鳳凰三山の最高峰が観音岳。春、この山頂の下に黒牛が姿を現わす。里の村人はそれを見て畑に豆をまく。

昭和五十六年六月、信州豊科の高名な山岳写真家、田淵行男氏が『山の紋章　雪形』と題するすばらしい写真集を学習研究社から出版された。

この中に、地元韮崎市の山寺仁太郎、大柴力、秋山晃氏らの写した観音岳(かんのんだけ)の農牛(のううし)が載っている。

「此山ノ面ニ三月頃ヨリ雪消エ残リタル時自然ニ牛ノ形ヲ作ス処アリ土人望テ農候トシ農牛ト称ス」と『甲斐国志』が記しているのはそれである。

『口碑伝説集』(山梨県北巨摩郡教育会編集/昭和十年刊)には農牛と農鳥の話が載っている。要約すれば次の通り。

日照りに悩んでいた茅ヶ岳山麓の村民は鳳凰山に登って雨乞いをした。その願いがかない、黒牛と白鳥が西山から派遣され、夜中に、牛池と鳥の子池を掘りはじめた。夜明けになると白鳥が時を告げ、その合図で山に帰るというのが日課であった。ある時、仕事熱心のあまり時を告げるのを忘れてしまい、牛は山に帰れず、池のそばで牛石となってしまった。白鳥の方はさっと飛びたち、帰った山が農鳥岳であり、牛の古巣がこの観音岳であったという。それから村人は、黒牛が稜線に現われると畑に豆のまきつけを始めるようになったとのこと。同じ頃、種まき小僧が富士山に、種まき爺さんは北アルプスの爺ヶ岳に現われる。

さて、地蔵岳と観音岳との間のピークを赤抜（あかぬけ）ノ頭（あたま）という。この山は地図にも古い文献にも載っていない。それには、それなりの理由がある。

この山の裏側は、野呂川の広河原である。この手前の左岸に、頂稜から一気におちる赤茶色の抜け（崩落）がある。これを赤抜沢といい、その頂だから赤抜ノ頭と称する。広河原で伐採に従事していた人たちだけがその名を呼んでいた。だから表側の甲府盆地の人たちのあずかり知らぬ山名なのである。

余談になるが、この流域を組織的に伐採しだしたのは天保七年（一八三六）といわれ、江戸城修理のための用材をきりだすためだったという。木曽の庄屋、中村儀助が二十一人の杣夫（そまふ）を連れて入山し伐採をはじめた（今井徹郎著『山は生きる』昭和六年刊）。

しかし、調べてみると芦安村光明寺境内森本章雄氏の墓地内にある中村儀助の小さな墓には、「皈元濶安妙霊信士　天保六未年三月三日　野呂川山杣方支配人信州木曽王滝村儀助」とあった。となれば、儀助は入山の前年に亡くなっている。果してどちらが正しいのだろうか。

韮崎は鳳凰三山と奥秩父金峰山などへの下車駅

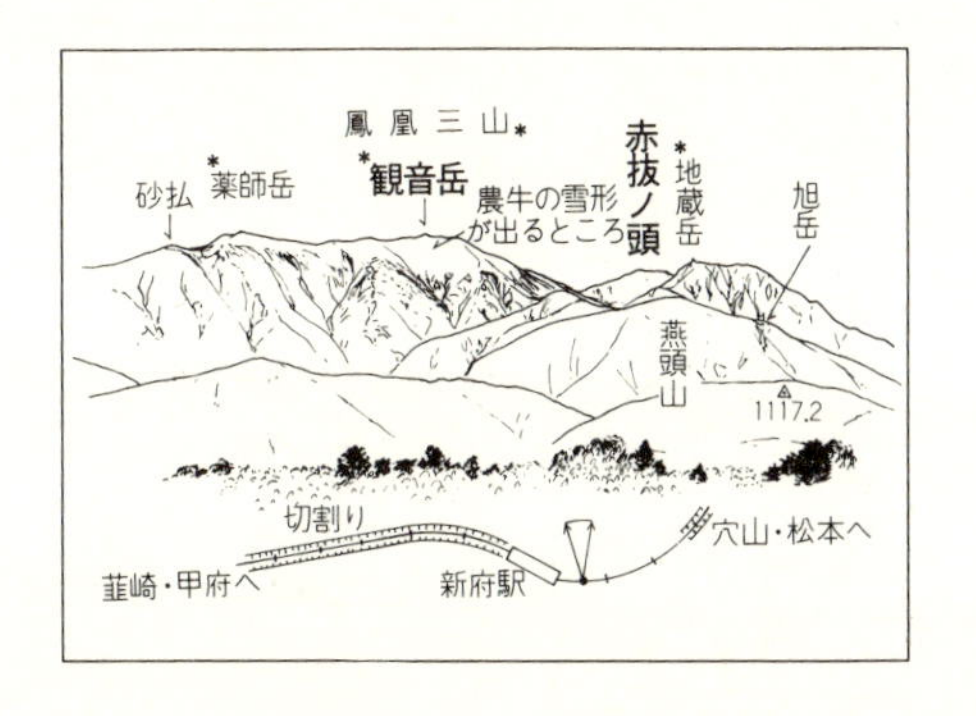

83

飯盛山

一六四三メートル

会津白虎隊でおなじみは、いいもりやま。
こちらは、めしもりやま。八ヶ岳と南アルプスの大展望台。

美し森とくらべ、飯盛山(めしもりやま)とは、何と即物的な名前だろうか。山姿が山裾から仰ぐと一膳飯を盛りつけたように見えるのだから、無理もない。しかし、この二つが佐久往還をへだてて向きあっているとは、皮肉なものである。

でも、この山を中央線から眺める限り、そんな風には見えない。金峰山から小川山、信州峠、横尾山へと、山梨、長野の県境いの山陵が西にのびている。その端に位置するのがこの山である。

小海線清里駅前から、佐久往還、大門川を横ぎって、だらだらとくだると平沢の村落となる。ここはもう信州の領分だが、生活圏は完全に山梨県に属する。それが証拠には、電話帳をひろげてみるといい。高根町(山梨県)の次に、堂々と南牧村(長野県)とあり、清里局に加入している。

さて、舗装された農道を左に折れてあがる。牧柵越しに、草地の中の踏跡が、頂上に続いている。わずか二時間たらずのアルバイトで、草原の頂に立つことができる。

正面に金峰山、北巨摩から甲府盆地にかけてのゆるやかな起伏。富士山はあくまでも高い。さらに南アルプス北部の山々。王者北岳は早川尾根の上にすっくと立ち、大きな根張りを見せているのは、ご存じ、甲斐駒ヶ岳である。

右下には、東大の電波望遠鏡の巨大なパラボラ・アンテナが光っている。ふりかえり見る八ヶ岳は正に圧巻。一つ一つのピークが強烈に自己主張しているが、大きな裾野が、それらをゆったりとつつみこんでいる。そして点在する寮や別荘のカラフルな屋根。朱色のディーゼルカーが二両、のろのろと国鉄最高地点、野辺山をめざしている。まさにメルヘンの世界である。となれば、ぜひとも、高原のポニーとうたわれたSLの煙と汽笛、何とか復活してもらいたいものである。

帰りは、西に向かい、平沢峠にくだろう。野辺山に抜ける立派な林道が横ぎっている。わきの獅子岩に立つと、八ヶ岳はさらに間近に迫る。

ここには江戸時代の科学者平賀源内の祖、平賀源心成頼を葬ったと伝えられる胴塚がある。彼は、天文五年（一五三六）武田信玄が元服、その初陣の血祭りにあげられた、海ノ口城主であったという。

でもこれは、『甲陽軍艦』の書いていることだから、あてにはなるまい。

とまれ、耳を澄ませば、兵馬のいななきがきこえてきそうなたたずまいである。

中央線の車窓ではこの付近からしか見えないが、飯盛のイメージは浮かばない

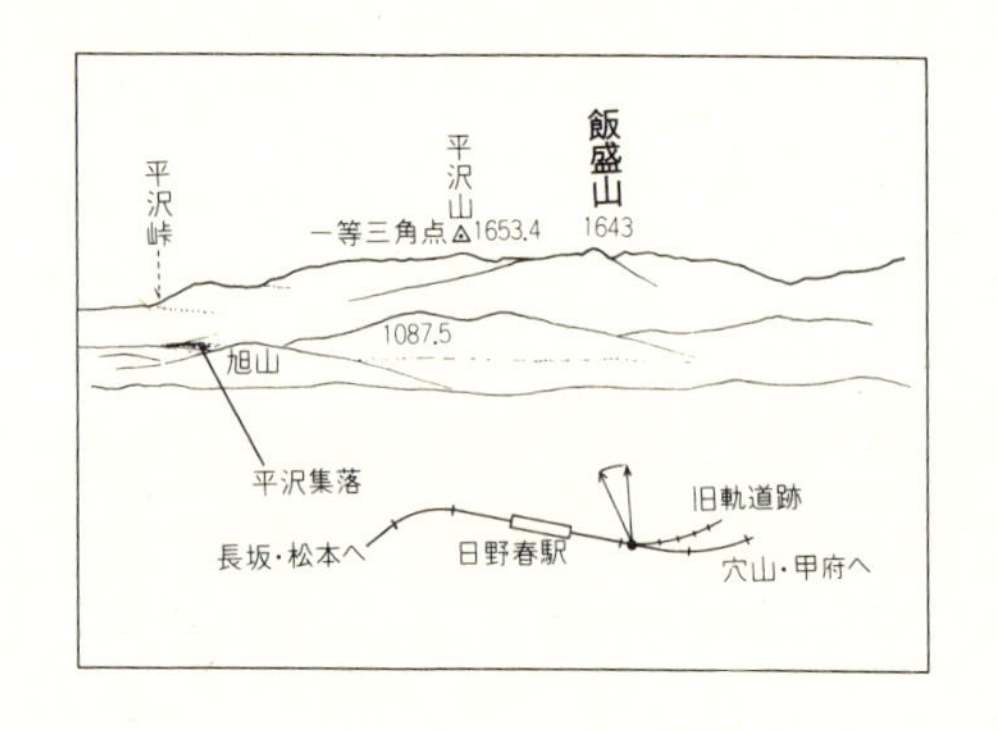

84

鋸岳

二六七五メートル

明治期、初登頂かと思ったがすでに人の野宿したあとが。
急峻な岩峰の連続で一般登山者の入山はムリ。

電車が日野春を過ぎる、甲斐駒ヶ岳の右に、鋸(のこぎり)の歯に似た稜線が見えてくる。国土地理院の地図には鋸山とあるが、この最高点が鋸岳である。

細かく分けると、甲斐駒側から、三ツ頭、熊穴沢ノ頭、中ノ川乗越、第二高点、大ギャップ、中岳、鹿窓、小ギャップ、第一高点（鋸岳）、角兵衛沢ノコル、角兵衛沢ノ頭、三角点ピーク、大崩れノ頭、横岳峠、横岳へと続く。

この急峻なやせ尾根について『甲斐国志』が一言も触れていないのは不思議だ。裾野を流れる釜無川については、くわしく述べているのに。

それはともかく、鋸岳が登山史の中に現われるのは比較的おそく、明治末期である。まず、明治三十六年七月、ウエストン師が甲斐駒ヶ岳を経て試登。同四十四年七月、辻本満丸と星忠良が鞍掛山から入山。星とガイドの水石春吉（柳沢の猟師）が第二高点に立った。時に七月十九日、午後三時三十分であった。

星は「頂上は岩塊多く、狭し、中央に石塊を積み、高さ二尺、径二、三尺の石垣ありてはなはだ意外なり。（中略）西北直ちに見ゆる連山は鋸の最高点なれども（中略）真の絶壁なれば登攀の望みさらになし」と記録を残している。

その登攀の望みのない所にやって来たのは小島烏水と友人の岡野金次郎であった。翌年、二人は水石春吉をともない、甲斐駒からいったん信州側におりた。戸台川から横岳峠を経て第一高点に立った。七月二十五日の正午。だが頂上直下に、人の野宿した跡、焼けあとの残っているハイマツが散在していたという。先駆者がいたわけである。

二人は石の間に名刺をはさんでおりて来た。その名残りか、私が二十年程前に登ったとき、ブリキでつくった名刺入れがあったことを覚えている。この山の縦走は、一般登山者には少し無理である。ある程度の登攀技術を要求されるからだ。

この稜線に面白い所がある。鹿窓とか風穴ともいうが、口を甲州側に向け、信州側は急なガレとなり、その向こうに仙丈岳が見える。人間が通り抜けられる、つまりトンネルである。

それにしても、この山の眺望はすばらしい。北には八ヶ岳の大きな裾野、戸台の谷一つへだてて優雅な仙丈岳。一人抜きんでている北岳。赤茶けた鋸岳の岩肌と対照的な甲斐駒ヶ岳の白い岩稜。

息づまるような登降のくりかえしから、しばし解放された目に映るものは、かくも新鮮であるか、改めて思い知らされるような光景である。

甲斐駒ヶ岳の右に特異な山容を見せる冬の鋸岳

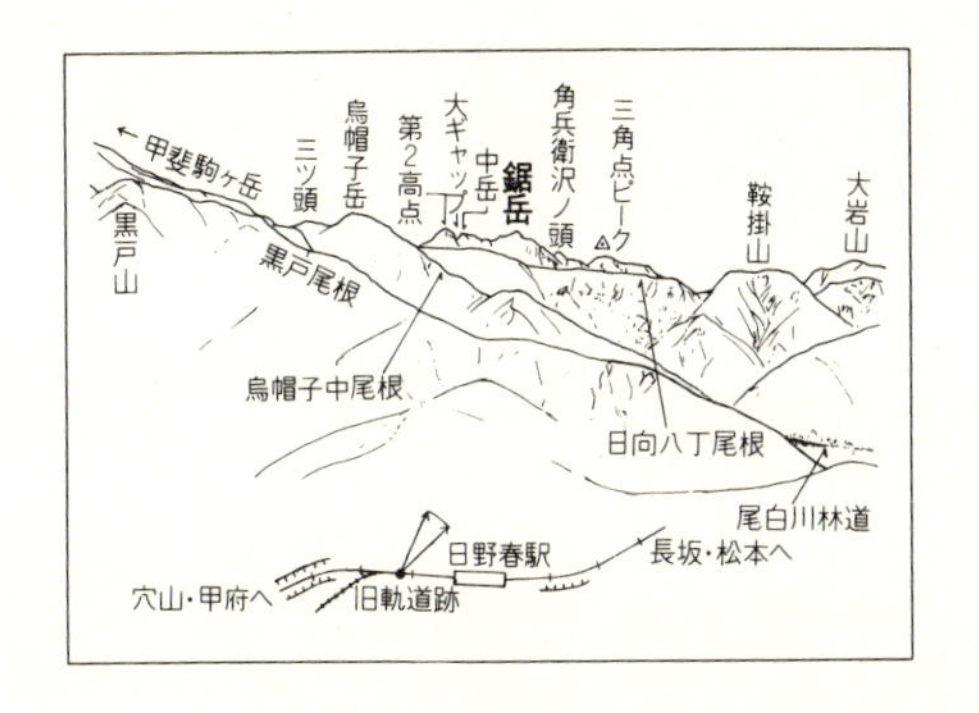

85

甲斐駒ヶ岳

二九六五・六メートル

作家宇野浩二の讃辞は、山の団十郎。
すっくとたちあがったピラミッド形の山容はまさに千両役者。

甲府盆地の西端にピラミッド形にそびえているのが甲斐駒ヶ岳（かいこまたけ）である。全国に、駒ヶ岳というのが二十四ほどあるが、その中で一番高く、山梨県に二つしかない一等三角点の本点の一つが埋められている。

特異な山姿なので、乗客からよく名前をきかれる。作家の宇野浩二氏は「山の団十郎」と讃辞を述べているが、信州伊那の人たちは「東駒」という。これに対して天竜川の対岸、中央アルプスの木曽駒を「西駒」といっている。さらに「西駒」を南下すると、「南駒ヶ岳」もある。

昭和二十年敗戦。十月に復員してすぐ登ったのが、この山であった。今にも落ちてきそうな天気。韮崎から木炭バスにゆられて白須で下車。黒戸尾根をたった一人で登った。五合目の儀作小屋は廃屋に近かった。翌朝、深いガスの中を出発。金属供出もここまでは手がとどかず、鎖場も無事であった。

地平線にわく雲を白雪の峰と見まがい、山恋いのつのる思いをおさえていた二年間。

ようやく立った頂。去来するガスの中に、「祝出征」「祈武運長久」などと書かれたのぼりが力なげにぬれてたれていた。亡くなった戦友には申し訳ないが、生きて帰って来たと山神に告げた。もう四十年前のことだ。

かつては、駒ヶ岳講の白装束の登拝客でにぎわった。その姿も、いまはない。盛時のさまを残すものは、登山道わきに建っているおびただしい石祠（せきし）群だけである。そういえば、屏風小屋で、中山国重氏の朝の勤行に付き合ったのはもう十年以上前のことになる。

この山の開山は、文化十三年（一八一六）信州諏訪の延命行者。同じく諏訪の弘幡行者が文政年間（一八一八～一八三〇）に開いたと二つの説がある。しかし、文化十一年編の『甲斐国志』には、すでに「山頂巌窟ノ中ニ駒形権現ヲ安置セル所アリ」とあるので、その真偽のほどはわからない。この山の麓は、駒城、牧ノ原の地名が残っている通り、記紀、延喜式の昔から、甲斐の三官牧の一つであった。産馬の守護神をまつる所から駒ヶ岳の名が生まれたものと思われる。

甲州側は黒木におおわれているこの山も、反対の伊那側は花崗岩の白砂に輝いている。そんなことから白崩山といって別の山と思われていた。それが明治四十年に至り、武田久吉博士によって異名同山であることが実証された。

最近は、南アルプス林道の開通とともに、南側の北沢峠からの入山者が増えた。

下り線車窓左手、圧倒するような量感でそそりたつ「山の団十郎」

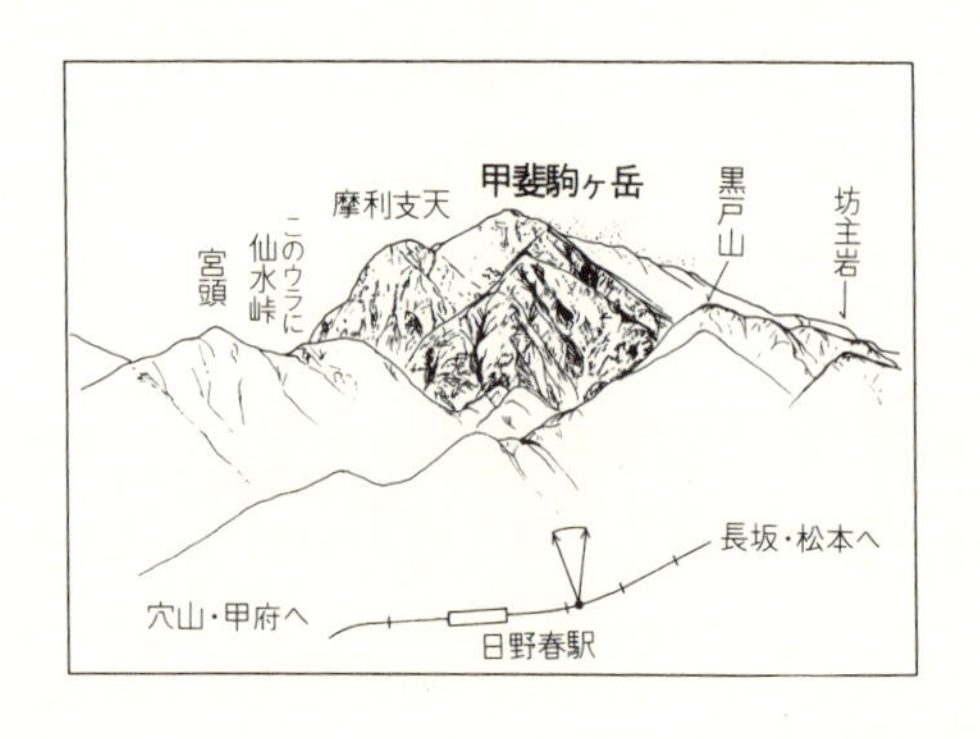

86 金峰山　二五九五メートル

山頂には積木を重ねたような五丈岩。
地蔵岳の岩塔と相対して、ようく目をこらすと車窓からも見える。

金峰山（きんぷさん）は勝沼から塩山すぎまで山頂をわずかにのぞかせ、竜王からまた見え始めて韮崎の手前で見えなくなる。ついで日野春から小淵沢まで、茅ヶ岳のうしろに、十二単衣（ひとえ）の女官のような、たおやかな姿を見せる。

昔から名の知られた山で、『甲斐国志』は、里宮の金桜（かなざくら）神社とともに、七千五百字近くついやして詳述している。それによると、雄略天皇の十年（四六七）に開かれたというから千五百年も前のことだ。それより前、日本武尊が東征の折この地にヨロイをおさめて、国家鎮護を願ったとか。

それから幾星霜。室町、江戸時代は修験道のメッカとして栄えた。ふもとの御岳（みたけ）には神主の家が七十軒、参詣者（さんけい）の宿泊所が二百軒もあったというのだから驚きの一語につきる。

時代は一気にさがって、明治。奥秩父の山々にほれ抜いた木暮理太郎氏は「世に男の中の男を称へて裸百貫といふ諺があるが、金峰山も何処へ放り出しても百貫の貫禄を具へた山の中の山である」と『山の憶ひ出』の中で絶讃している。

最近は、御岳から登る人は少なく、西は増富から、東は大弛からの入山が多い。頂上には、大きな岩が積木を重ねたようにそばだっている。これを御像岩、または五丈岩といい、南アルプスの地蔵仏岩とよく対比され、偶然かも知れないが、どちらも花崗岩の岩峰である。

展望は正に雄大。北は上信越の山々、西に八ヶ岳、北アルプス、中央アルプス、南アルプス。南に甲府盆地をへだてて富士山。東に連なるのは大菩薩から奥秩父の黒木の山々など。

もう二十年にもなろうか。当時、日本キリスト教団山梨教会の雨宮栄一牧師（現在は東京の東駒形教会）とわが仲間が頂に立ったことがある。謹厳な牧師の感激と感嘆の声に水を差すようなことを一人が言った。

「先生、信仰や説教に影響しませんか」

「これはしますねえ、しないはずありません」

さて、山名の由来について。荻生徂徠の『峡中紀行』に出てくる。原文は漢文なので意訳すると、「頂上はみな黄金の地である。山の神がうるさいので、参拝者はわらじをぬいで、はだしでおりてくる。わらじの裏に金の粒がいっぱいくっついているからだ」。漢文の表現はいつも大げさだ。黄金の山だから金峰。まさか？

本当は、修験の総本山、紀州金峰山から蔵王権現を分祀（ぶんし）したことに由来しているようだ。

日野春付近の下り車窓右手、大日岩から五丈岩へとつづく金峰山のたおやかな姿

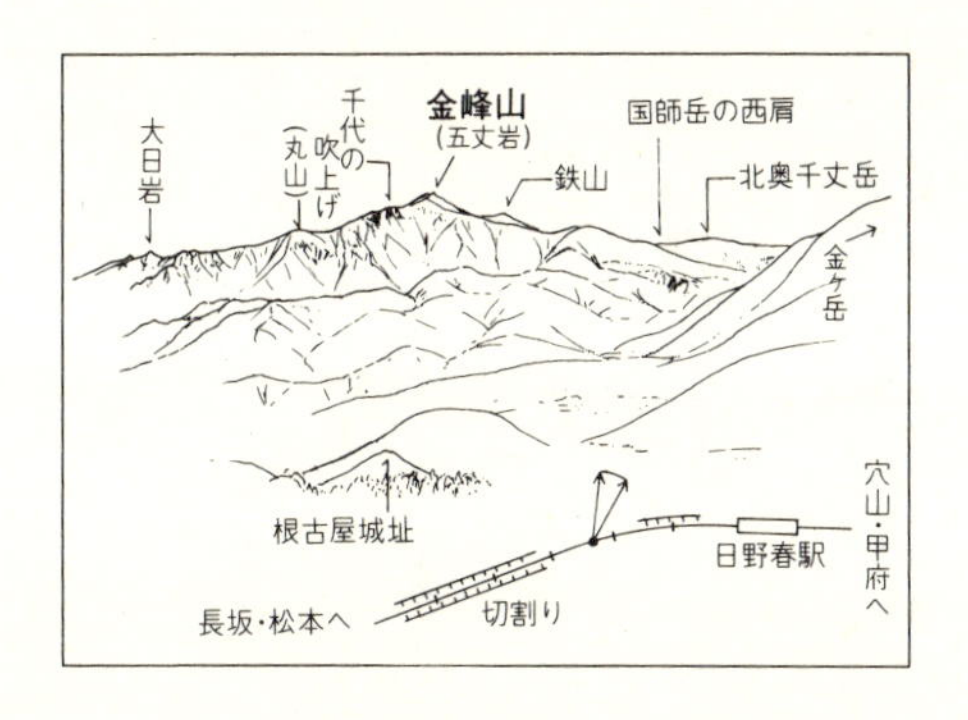

87

瑞牆山

二二三〇・二メートル

みずがきやま。知らずにいて読めたらおみごと。
複雑な地形の岩峰だが、登山道は岩の間を巧みにぬって登る。

瑞牆山（みずがきやま）とはまたむつかしい字をあてたものである。雑誌「岳人」四十一号（昭和二十六年九月号）に「奥秩父の岩場」と題し、平賀文男氏の記事が見える。その中に「瑞牆山の名は一九〇〇年代に入って間もない頃、ときの山梨県知事、武田千代三郎氏の命名」と出ている。

思うに、近くの金峰山と小川山との尾根のつながった所にあるので三繋（みつな）ぎといった。それに瑞牆という雅語をあてたものだろう。『甲斐国志』には「東ハ瑞籬ト云金峰山ニ連ル中間ニ子産（こうぶ）岩ト云アリ大岩叢（むらが）リ峙（そばだ）チ佳景言フヘカラス」と的確に山姿を表現している。

この山は、西側、増富最奥の集落、黒森から、秋の午後の陽を浴びた姿が最高である。全山峨々とした特異の山陵と紅葉とのコントラストは実にすばらしい。

この岩山には、不思議な文字のきざまれた岩壁が二ヵ所ある。これについて、日本山岳会機関誌「山岳」第二十年一号（大正十五年発行）に、大島亮吉氏のすぐれた研究が載っている。一つは、洞の岩に、弘法大師が彫ったといわれる二字二行の深さ五十センチ、幅一・五メートル、長さ十二メートルの大きな梵字で、カンマンボロン。訳すと、不動大日、または大日如来とのこと。もう一つは、大きさ六十センチほどの朝鮮文字、五、六字をきざんだ岩壁があるとのこと。でも私はまだ確認していない。最近はふもとの富士見平小屋の小屋番が単独行の女子登山者をあやめたことで有名になってしまった。

さて、この山のふもと、金山平は、武田信玄の昔、甲州金の採鉱基地で、金山千軒とうたわれた所である。ここに今もかやぶきの一軒家がある。有井館といって、明治の終わりから、奥秩父を行き来した登山家はほとんど泊まっている。

そしてここには、奥秩父をこよなく愛した木暮理太郎翁の胸像碑（レリーフ）が昭和二十六年に建てられた。翁は、明治六年群馬県に生まれ、東大中退、東京市史編纂室に勤めながら山行。昭和十年、日本山岳会第三代会長となり、昭和十九年五月七日死去。「東京から見える山々」と題した詳細なスケッチと山座同定をやりとげた。また日本のヒマラヤ研究のさきがけとなった岳人である。

この碑をめぐり、五月の第三土曜日には木暮碑前懇親会が毎年開かれている。翁ゆかりの老岳人らとの飲み語らい唄うひとときは、夜のふけるのを忘れるほどの楽しいものである。

望遠レンズでひいた瑞牆山。小川山と重なって肉眼ではちょっと見にくい

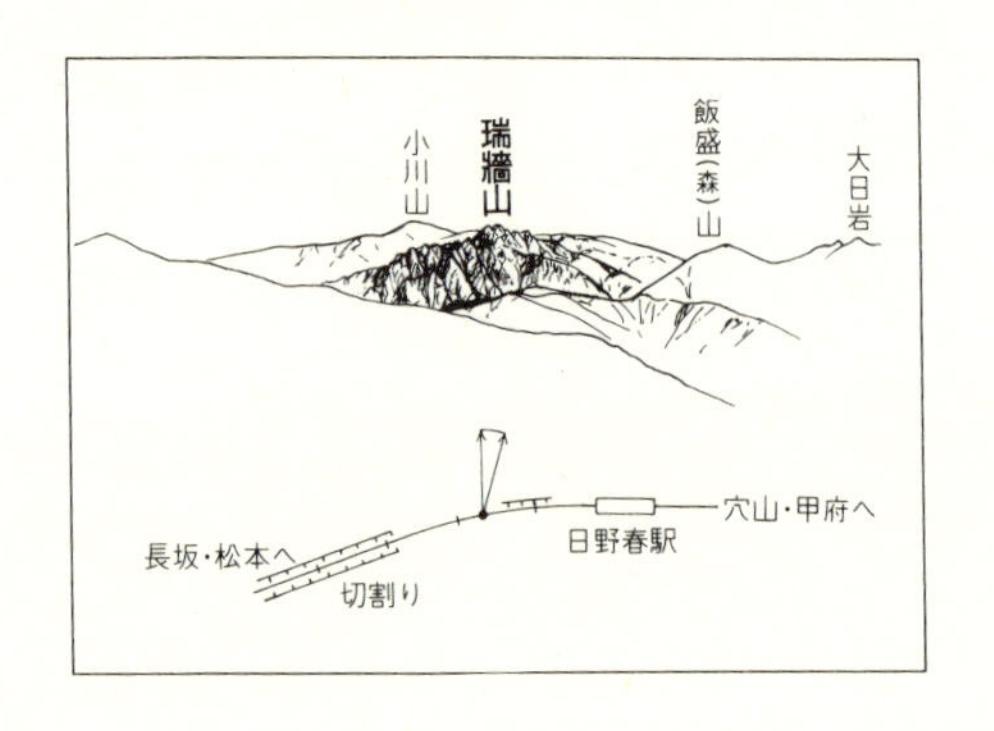

88 斑山　一一二五・一メートル

韮崎から増富に行く塩川沿いの道と、
清里に行く須玉川沿いの道にはさまれた、マツタケの採れる山。

戦前、初めて金峰山に登ったときのことである。韮崎駅前から、百観自動車という乗合バスにゆられて、八巻まで行った。その時の引率者は、愛称トクさんといって、教練の三橋先生であった。いつも黒いサージのつめ襟の服を着て、ひげをたくわえ、学帽をかぶっておいでだった。

途中、バスの左に見える山を、あれはマンドリン山だといって指さされた。なるほど、マンドリンをふせたように見える。いなかの人はまた何とハイカラな名前をつけるものだと、すごく感心した。

今では、三尺さがって師のハゲを笑うというが、その当時は、三尺さがって師の影を踏まずといった時代であった。だから先生のいうこととなれば、何の疑いもなく無条件で信じた。

それが、本当は斑山(まだらやま)といって、マツタケのたくさん採れる山だと知ったのはだいぶあとになってからだった。でも最近はあまり採れないようだ。

電車の窓からは、韮崎—新府間、日野春—長坂間の右側に見える。塩川と須玉川に挟まれて、取り残されたような地形の小山である。このような小山は、中央線沿いにいくつかある。例えば塩ノ山、山梨市の南の石森山、石和—酒折間の右手、ブドウ畑の中の舟石、韮崎の七里ヶ岩の先端の舟山、そして日野原から見おろした中山などである。

『甲斐国志』には、「東ハ塩川西ハ玉川ニ界シ南ハ東向（ひがしむき）藤田大蔵小倉村ニ跨リ北ハ津金山ニ続キ頗（すこぶ）ル高大シテ兀山（こつざん）ナリ赭土（しゃど）ノ間往々ニ黒岩アリテ斑文ヲナス故ニ名ツク　今訛シテ曼荼羅山萬鳥山真鳥山トモ云リ。土俗云地中螺（ニ）シ棲マシムルニ因テ草木ヲ生セスト」とある。

遠くから見ると、よく木が茂っているようだが、近くで見ると、少しは昔の面影が残る。でも『甲斐国志』でいうほどハゲ山ではない。それに、地中に左巻きの貝がいると、どうしてハゲ山となるのだろうか。

話はかわるが、この山に松の木が茂り、マツタケが採れるようになったのは明治以降ではないだろうか。なぜなら宝暦四年（一七五四）に成った『裏見寒話』にマツタケの産地として、恵林寺山、塩山、白須松原をあげているが、斑山は入っていない。また前記『甲斐国志』でも全然それに触れていないからだ。

また、この山の中腹にはいくつかの洞窟が残っている。武田信玄の頃の金採掘の跡だというが、その真偽のほどはさだかではない。

このあたり、まわりに立派な山が多すぎて、この山まで目がゆきとどかない

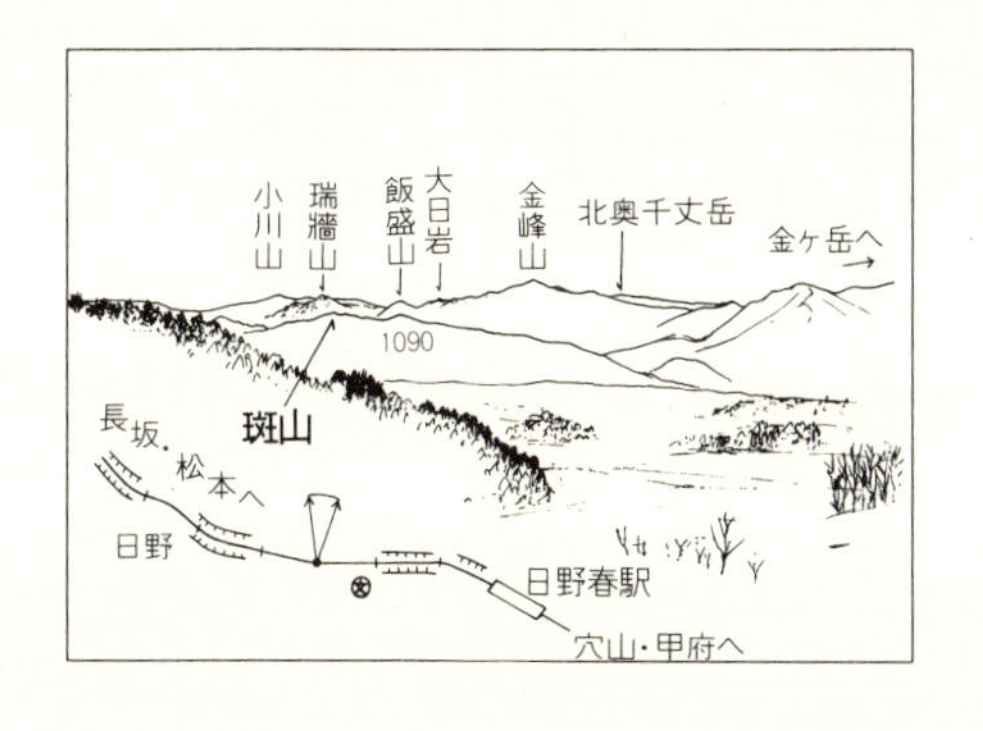

89

美し森

一五四二・六メートル

Beautiful Forest とは現代的な、できすぎた名前。
実際にはケモノの行き交った小山の意。

夏の清里の、猥雑、喧騒は大変なものである。もう今昔の感などという月並みの言葉では間に合わない。

二十年ほど前、清里から霜柱をさくさくと踏んで、初冬の夜明け、美し森（うつくしもり）に登ったことがある。光芒一閃（こうぼういっせん）、北岳と甲斐駒の頂がピンクに染まった。朱色になった。黄金色に変わった。見あげるところ、八ヶ岳の赤岳にも日がさしだした。物音一つしない。広漠とした野辺山ヶ原、念場（ねんば）ヶ原、井出ヶ原などは、まだ眠りから覚めていなかった。

美し森というロマンチックな名は、『甲斐国志』には「宇都久志森、八ヶ岳ノ麓念場ノ原ニ在る小山ナリ（中略）小者ヲ宇都久志ト云ハ方言ナリ美麗ノ義ニアラズ」とある。『地名語源辞典』（校倉書房刊）では「宇都」とはケモノの通い道、「久志」は越すの古語のあて字、小丘を意味する地形語とある。森というのは山のことだから「ケモノの行き交う小山」という意になろうか。だから、決して、美しの森、美森山、美ヶ森ではない。あくまで、うつくし森である。

では、どんなケモノの通い道で会っただろうか。長野の信越放送は「日本の屋根」というPR小冊子を発行していた。その二五六号、昭和五十六年九月号の裏表紙に興味ある地図が載っている。「信州のゾウ化石分布図」がそれである。これを見ると、八ヶ岳の東麓、南牧村、八千穂村から始まり、シンシュウゾウ、アケボノゾウ、トロゴンテリゾウ、ナウマンゾウの化石が、千曲川に沿って発見されているのだ。例外は、中野市、野尻湖、中条村だけである。そして、長野高専の富沢恒雄理博は次のように類推している。「ゾウたちは二十頭から三十頭、群をなし南関東から甲府へ、さらにフォッサ・マグナの東縁、千曲川に沿い、今で言うなら甲州街道から北国街道に沿って信州の北部までやって来たようです。ゾウは私たち人間の古道の開拓者であったと言えるでしょう」と。

今から八十万年から五万年も前、八ヶ岳のふもとを、ゆうゆうと群をなして北上する巨像の姿がまぶたに浮かぶ。そのころは、八ヶ岳は噴火していたのだろうか。そんな詮索はさておき、往古、念場ヶ原をめぐる壮大なロマン。それにくらべ、昨今は何とまた俗臭ふんぷんたる観光地になり果てたことか。その名の通り清い里となるのはいつの日だろうか。清里・清泉寮の創立者、ポール・ラッシュ博士は、天上でどんな思いで眺めておいでだろうか。

八ヶ岳の雄大な裾野にちょこんと。日野春駅付近からしか見えない

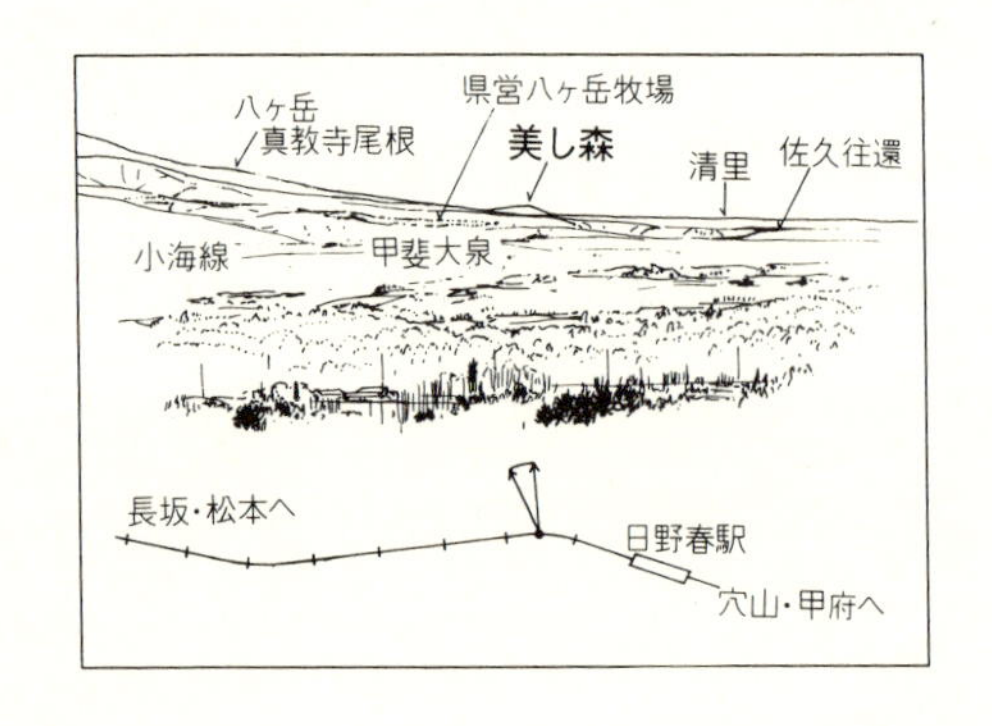

90

中山　八八七メートル

甲斐駒ヶ岳のふもと、釜無川のわきにある丘陵状の山。
戦国の世、ここにあった山城は武川衆の拠点。

韮崎から小淵沢にかけて、電車は七里ヶ岩台地の上を走る。車窓から見える山々すべて、三つの国立公園（富士箱根伊豆、秩父多摩、南アルプス）、一つの国定公園（八ヶ岳中信高原）に属するものである。こんな豪華な車窓からの展望、全国鉄の中で、唯一のものである。

そんな中で、無視されそうなのが中山（なかやま）である。『甲斐国志』は次のように記している。「北ニ尾白川南ニ大武川ヲ帯ビタル孤山ノ嶺ニ方四五拾歩、塁形存セリ半腹ニ陣ガ平云平地又水汲場ト云処モアリ麓ヨリ凡ソ三拾町許ノ阪路ナリ」と。

要するに山城の土塁のあとが残っているというのだ。これに、昭和五十七年三月二十八日、初めて学術のメスが入れられた。磯貝正義山梨大学名誉教授を団長とする、山梨丘陵考古学会のメンバー二十人による「中山砦発掘調査団」。地元武川村が村誌を編纂するために計画したものである。

さて、この山に登るには、国道20号線を北上、白州町の手前、上三吹から町村界のゆるい尾根道をあがって達する。なるほど、うまい所に砦を設けたものだ。釜無川沿いに南下する兵馬の動きは、手にとるようにわかる。

思いを四百年前にはせてみよう。武田家がほろんで三ヶ月。天正十年（一五八二）六月二日、本能寺の変。大混乱の甲州に、北条氏直勢が諏訪から侵入。信州境の蔦木の出城から伝令がとぶ。これをうけて、中山砦の中腹、バケイバ（地名であるが、馬繋場、馬飼場とでも書くのか？）から早馬がとびだす。武田武士団の残党の一つ、武川衆が行動を開始したのである。異変を知った村人は、戸口を板で十字に打ちつけ、石空（いしうとろ）川沿いの城山に疎開を始める。

新府城に布陣した徳川家康勢、当初は劣勢だったが、武川衆のゲリラ戦法の効あってか、八月十二日黒駒の合戦で快勝。甲州は徳川の支配下となった。その後、家康は甲府城の築城を計画。慶長十二年（一六〇七）城主義直（家康の第九子）が尾張清洲に転封とともに、武川衆十二騎が城番としてその任についた。

時代はさがり、宝永元年（一七〇四）五代将軍綱吉の側用人柳沢吉保が甲府城主となった。彼の祖父信俊は武川衆の一人だったという。

かくて、武川衆の拠点、中山砦の発掘報告書は近日発表されるそうだが、蔦木滋男武川村村長は「中山砦は村の歴史のシンボルであり、私の祖先も武川衆であった。その生きざまをもう一度ふりかえってみたい」といっている。

日野春駅を過ぎると赤松林の間から甲斐駒ヶ岳をバックに見え隠れする

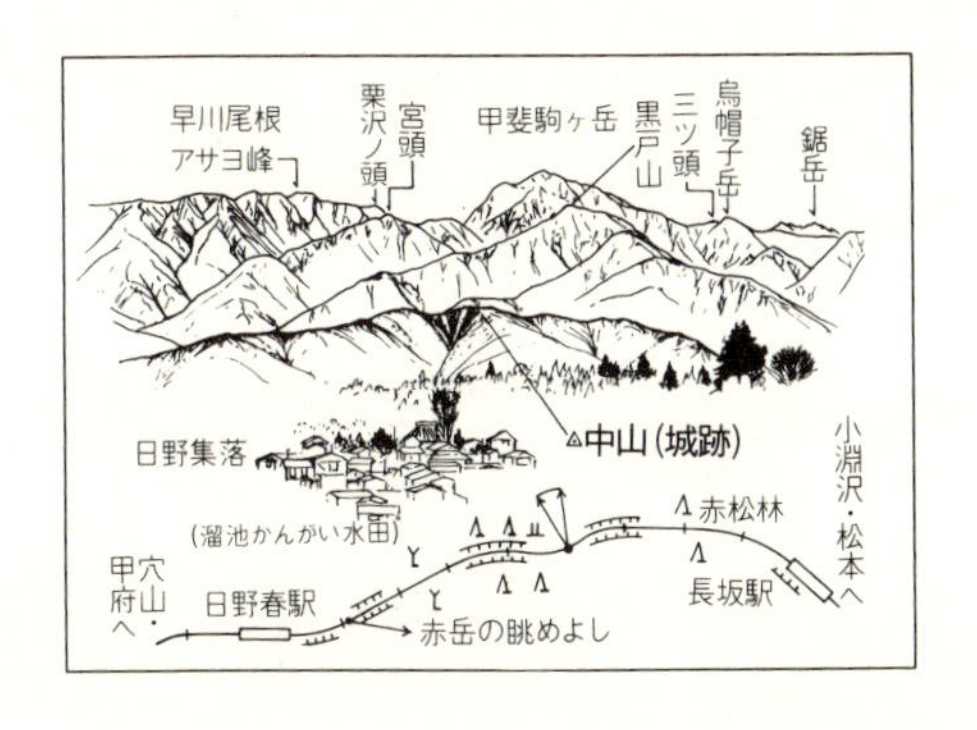

91

鞍掛山　二〇三七メートル

暗いシラビソとシャクナゲの間を強引によじ登る。
何のしるしもなく、カモシカの踏跡が入り乱れている山頂。

山の姿を物になぞらえて名付けることはよくある。例えば、鳥沢の北の、扇に似た扇山。甲府盆地の西に横たわる櫛形山。甲斐駒ヶ岳の西に連なる鋸岳などである。
甲斐駒ヶ岳と日向山を結ぶ日向八丁尾根の小突起、鞍掛山（くらかけやま）もその一つの例であろう。
日野春―長坂間で、背後に鋸岳を負い、その手前に、正に馬の鞍といった感じで、車窓子の目を楽しませてくれる。

ところが、これに異説がある。高橋文太郎氏の『山と人と生活』という本の中に、「岩壁という話」という項があり、ガケ系統の呼称、クラ系統の呼称と分類している。ガケもクラもどちらも岩壁の山だというわけである。私とすれば、やはり馬の鞍を掛けたと理解したいのである。それは、この山の奥の烏帽子岳が、烏帽子そっくりの姿であるように。

それにしても、この山は、人跡まれな山である。すぐ下の日向山には、指導標も完備して、結構ハイカーも訪れる。ところが、ここから奥は、人間の踏跡より、カモシカのとびあるく足跡の方が立派。それに展望もきかない。となれば、よほどの物好きでなければ、足を踏み入れることはない。

　さて、日向山から白砂の雁ヶ原を経て、稜線をひたすら忠実にたどる。縦横にふまれたカモシカ道に迷わされることしきりである。ここかしこにカモシカのトイレがあり、たくさんのフンが重なっている。カラマツ、シラビソ、身のたけほどのシャクナゲの暗い樹間、ふわふわの朽ち葉のカーペットをふんで登り続ける。急に、花崗岩の白い岩場に出る。鞍掛山の奥、見上げる高みに甲斐駒ヶ岳。右には、雨乞岳。八ヶ岳は大きく裾をひろげている。

　やっとたどりついた駒薙ノ頭。シラビソ、ソウシカンバの巨木の中で、展望ゼロ。ついで樹間をくだると、思いもかけず、石碑があり、〇〇正神、裏には明治二十年九月、諏訪郡湖西村、野口弥吉ほか十人の名が連名で刻んであった。それと、手帳のきれはしに、「東京白稜会　北川　恩田　唐音沢を登りビバーク　１９７９、９、９」としるしたメモが残っていた。

　ここから、暗いシラビソとシャクナゲの間を強引によじ登る。何のしるしもなく、ただカモシカの踏跡が入り乱れた所、これが鞍掛山の頂上。苦労して登ったにしては、あまりにも殺風景、何も見えないのだ。でもルート・ファインディングのカンを試すのには、うってつけの山かも知れない。

甲斐駒や鋸岳に目を奪われてしまうが、その右手に特徴のある山容

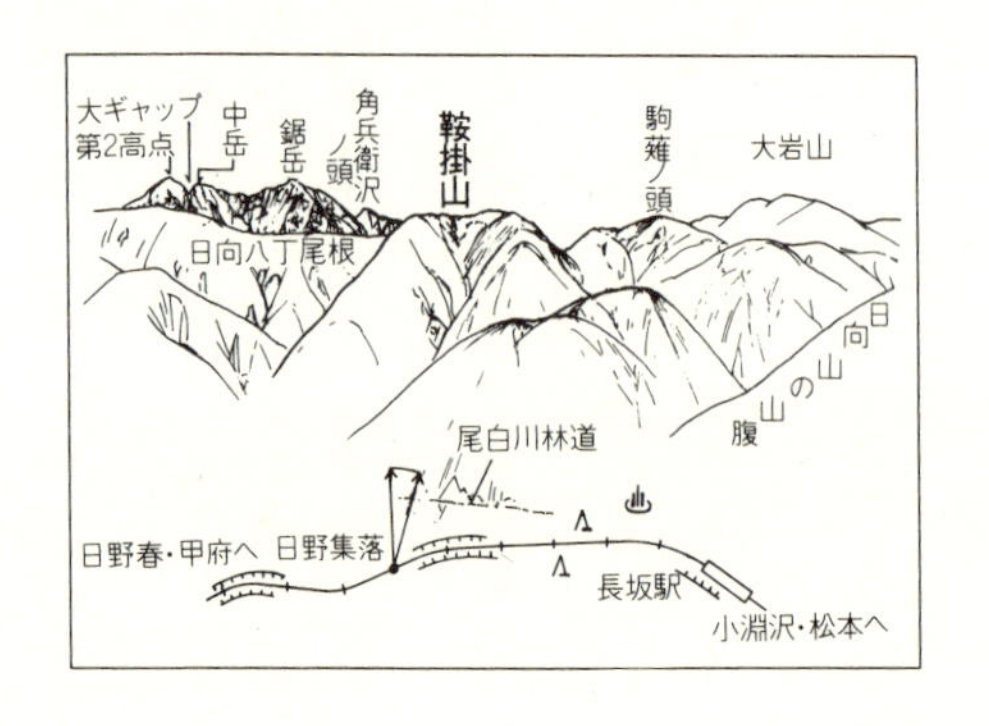

92

雨乞岳

二〇三六・八メートル

ガイドブックにも載っていない不遇の山。
胸まであるクマザサを分けて登る静かな山頂は八ヶ岳の展望台。

雨乞岳（あまごいだけ）は不遇の山である。日野春から小淵沢にかけ、甲州の西を限る立派な山容を持っているのに、ガイドブックにもほとんど載っていない。『甲斐国志』には釜無山とでている。

わりにまとまった文献は、山村民俗の会の機関誌「あしなか」第十四集がその全部を使って「雨乞岳を繞（めぐ）りて」と題して、大石真人氏が一人で書いている。昭和二十四年八月に発行された。

これを読むと、雨乞いに四つのパターンがある。沢筋で竜神に祈願。山頂で雷神に祈願。山頂または沢筋で火を燃やすもの。山神をおこらせて雨を呼ぶもの。この四つをあげている。ところが、この雨乞岳のそれは例外である。ふもとの鳥原（トルーというのはアイヌ語で小石がゴロゴロしている意）の人たちが、山頂に集まって、流川源頭のコノゲナギにむかって石をころがす。その大きな音とともに、気流に変化を与えて雨を降らせるのだそうだ。

登山路は、鳥原の人たちが雨乞いに登ったコースが考えられるが、少し道中が長い。そこで、地元白州町の岳友、成沢正通氏にきいたら、尾白雨乞林道からつめるといいという。

早速車を入れた。貫通したばかりの雨乞トンネルを抜ける。また反対側、塩沢鉱泉から、いもり池への道をたどってもいい。塩沢橋で車を捨て、左の尾根にとりついた。稜線近くの山腹に古い踏跡を見つけた。胸までもあるクマザサをかきわけて、塩沢の源頭にあたる稜線にとびだした。

天然のカラマツ林の間から鳳凰、甲斐駒がかいま見られた。流川の谷一つへだてた、鋸岳は圧倒的な迫力を見せていた。ここから、またわずかな踏跡を急登。小ピークを二つ越えて、やっと頂上に立った。ダケカンバ、カラマツが亭々とそびえ、眺望は少なかった。東面のクマザサの原に出ると、大菩薩から奥秩父、八ヶ岳と、甲府盆地をとりまく山々の北半分の眺めを堪能した。双眼鏡をのぞいたら、特急「あずさ」がゆるくカーブしながら切り通しに消えた。ゆっくりと左に線路を追っていったら、小淵沢駅の跨線橋が光り、それと重なり合って小海線の赤い気動車が二両見えた。こんな静かな山頂に立ったこと、今年の小さな山旅の収穫の一つというべきであろうか。

帰りは、塩沢の谷を伝って一気にかけおりた。正面に八ヶ岳が残照のなかに浮かび、吹く風は、冬の近いことを告げているようであった。

長野県境近くに孤高を誇る、人の匂いの少ない山

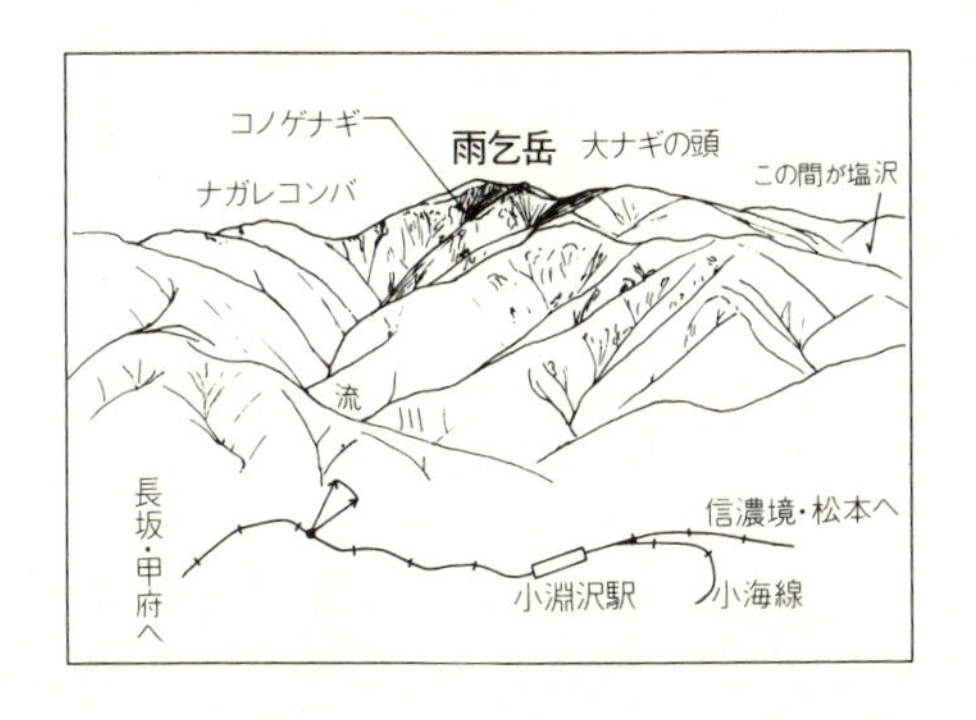

93

アサヨ峰

二七九九・一メートル

展望のすばらしい早川尾根の最高点。
アサヨとカタカナで書くわけは？　一泊二日、実り多い山旅を。

日野春から小淵沢にかけ、窓の左側を見てみよう。鳳凰三山から甲斐駒にかけて尾根筋が連なる。左から地蔵岳、高嶺（たかね）、白鳳峠の鞍部、袋沢ノ頭、広河原峠、早川尾根ノ頭、少し離れてアサヨ峰（浅夜、朝与とも書く）、栗沢ノ頭、がっくり落ちて仙水峠。ぐんと高度をあげて摩利支天、甲斐駒ヶ岳へとつづく。

これを早川尾根といい、別名を南アルプス銀座という。なんと俗っぽいと笑いたもうな。この尾根からの展望がすばらしいからだ。北側は八ヶ岳、奥秩父の山々。その間に広々とした北巨摩の平野。南側は野呂川を隔てて北岳が実にいい。北岳は高嶺を超えて、重厚なたたずまいから孤高を誇る先鋭的な姿に変貌をとげる。東、北、西から天人が力いっぱい、岩肌をひきあげたように見える。

途中の早川尾根小屋に一泊したら最高の山旅。以前、ここでお月見の宴を催したことがある。南アのムカデとあだ名された、小屋番の末木登久翁が待っていた。おだんごをそなえ、広島の福田明美さんが送ってくれた清酒「一代」は心地よくはらわたにしみわたった。夜半にきいたカモシカの哀しい鳴き声は、今も忘れられない。翌朝、モルゲンロートに輝く北岳は、紅蓮の炎の中から生まれでた赤不動であった。

小屋から小ピークを六つほど越えると、アサヨ峰である。これはおかしな名前だ。「山岳」第七年一号（明治四十五年発行）に辻本満丸氏は「台ヶ原の竹屋旅館に照会した処山岸喜作氏が土地の古老から聞いたと云ふ話で朝日岳と返事して来た」と記録している。野呂川の谷で見ると、一番先に朝日があたる。それでアサ日岳と呼んだ。その「日」の第一画がおちてアサヨとなり、それに、浅夜、朝与の字をあてたとのこと。

このような例は近くにもある。野呂川の支流、荒川谷に、ゲンネの大岩というのがある。これは本来、源太の大岩、太をネと読んだばかりに、意味が全然通じなくなってしまった。

最後は仙水峠であるが、これは恐らく「泉水」であったであろう。なぜなら、ここは、硬砂岩と花崗岩の接触点で、ホルンフェルスという熱変成岩が奇妙な姿で、ハイマツの間に累々とし、正に大庭園である。融雪期から梅雨期にかけて、大きなお泉水が現われる。これに由来すると思われるからである。

野呂川の広河原で車を捨て、広河原峠にあがり、尾根路を西にたどって北沢峠を経て帰ってくる。わずか一泊二日だが、実り多い山旅となることだろう。

下り線左車窓に屏風のように立ちはだかる早川尾根

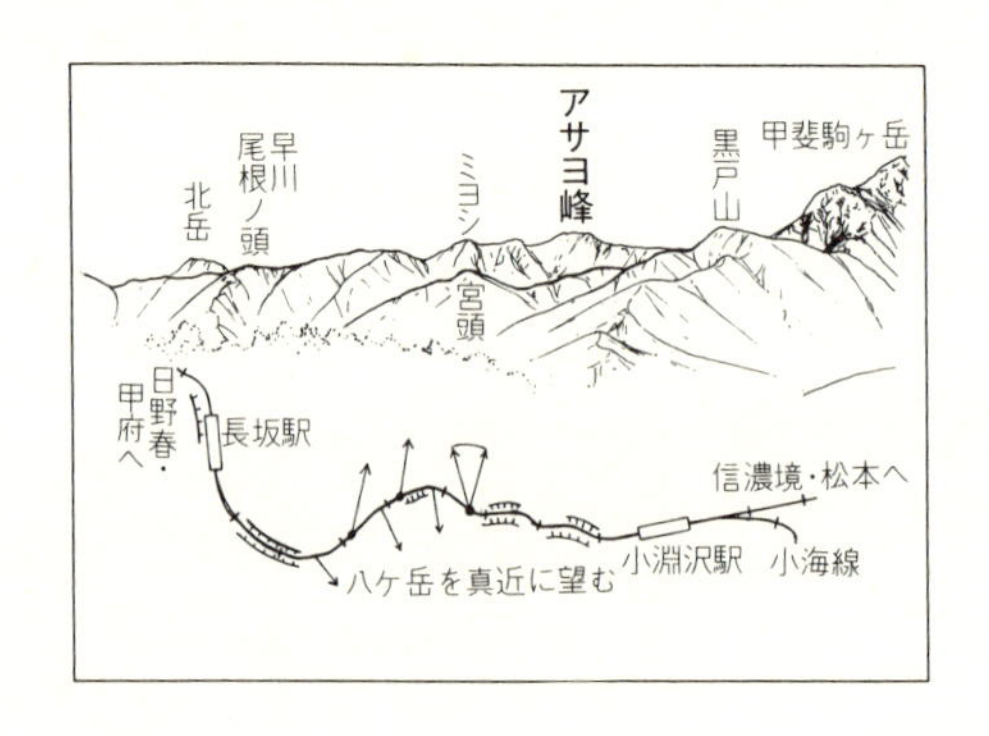

94 北岳　三一九二・四メートル

富士山に次ぐ日本第二の高峰。
昭和十七年の夏以来、五十回も登っている大好きな山。史話も豊富多彩。

十六年前、下の子が小学校二年生の夏休み、一家で白峰三山（しらねさんざん）を縦走した。第一日は、広河原から白根御池（しらねおいけ）小屋泊まり。翌朝、草すべりをあがった。夏の昼のことで、頂上はガスで展望はゼロであった。北岳稜線小屋では小屋番の深沢今朝光氏に迎えられた。夕方から雨となり、彼のあげてくれたユキザサの天ぷらをさかなに怪気炎をあげた。翌日は停滞。幸い午後には雨があがり、夜、富士山五合目の水銀灯二つ、生き物のようにまたたいていた。頭上には天の川と人工衛星の明滅する軌跡。自然と科学との饗宴をしばし楽しんだ。

翌朝、再び北岳（きただけ）に立った。一陣の風とともに、西側からガスがわいた。ブロッケンの怪光。虹のサークルの中に自分の影が見え、子供たちも大歓声をあげた。

この山をなぜか私は好きだ。昭和十七年の夏、初めて登り、それから、かれこれ五十回も登っている。文献の古いものでは、貞応二年（一二二三）、京都と鎌倉を往復した紀行文である『海道記』、『平家物語』巻十の平重衡海道下りの一節などに出てくる。

「手越を過ぎて行けば、北に遠ざかりて雪白き山あり、問へば甲斐の白峰といふ。」果して、東海道から白峰が見えるだろうか。

さて、この山の登山史をめぐって一つのミステリーを紹介しよう。雑誌「太陽」第十巻三号（明治三十七年二月発行）に小島烏水は「甲斐の白峰」と題して長文の紀行を発表した。これは、当時の山好きにセンセーションを巻きおこし、これが一つのきっかけとなって、日本山岳会が創立されたほどである。

でも、その登山の真偽については古くから問題視されていた。ところがズバリ、架空登山記であると断定したのは、中央公論社「海」の編集長をしていた近藤信行氏である。ウエストン師が、「甲斐駒ヶ岳の登頂」の題で、ジャパン・ウイークリーメール、一九〇二年（明治三十五年）十一月一日号に寄稿したものの翻案であることをつきとめた。そのいきさつについては、同氏著『小島烏水　山の風流使者伝』（創文社刊・第五回大佛次郎賞受賞）にくわしい。

その烏水が、実際に北岳の頂を踏んだのは、明治四十一年七月二十四日であった。このとき、烏水は、頂上に「奉納大日如来寛政七年乙卯六月」とほられた小鉄板のあったことを記録している。

考えてみれば二百年も前、その人は、なぜ、こんな高い所（日本第二の高峰）に登ったのだろうか。不思議というほかはない。

中央線車窓展望のクライマックス。早川尾根の上に北岳がのぞく

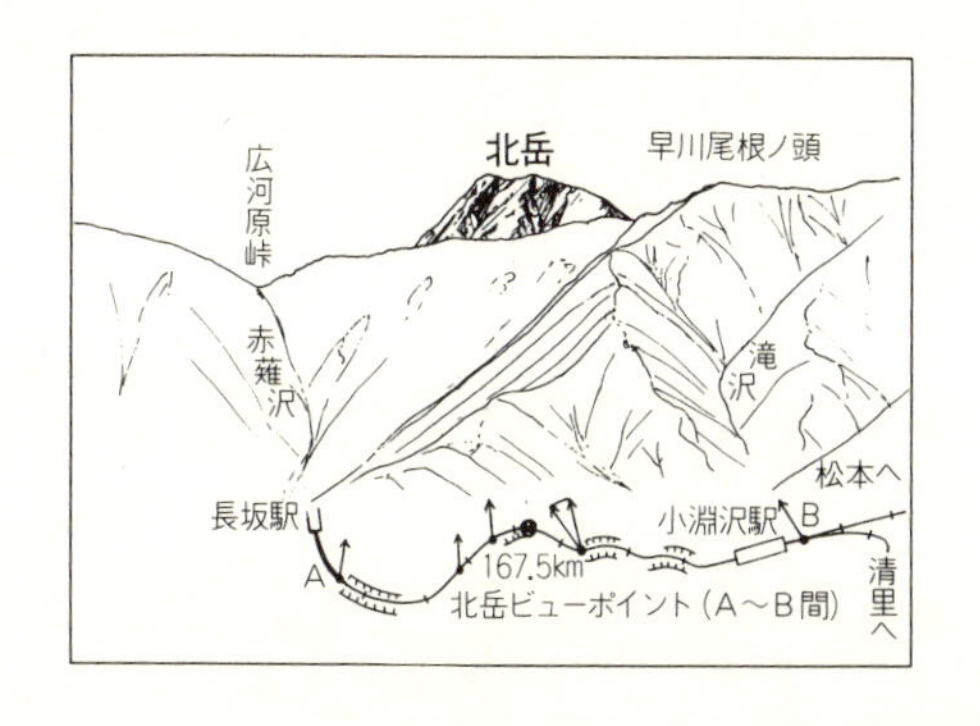

95

奥穂高岳

三一九〇メートル

富士山、北岳、奥穂高岳と、
日本の高峰三つが電車の窓から同時に見えるのは日本でここだけ。

日本で高い山の順序は、富士山、南アルプスの北岳、北アルプスの奥穂高岳（おくほだかだけ）とつづく。中央線の車窓から、この三つが見える所が一ヵ所だけある。

東京起点一六七・五キロメートルから、たった一〇〇メートルの間である。それも一年に数えるほどしか見えないのだ。具体的にいうと、長坂―小淵沢間の小淵沢寄りの車窓左側である。今まで早川尾根の向こうに大きく見えた北岳が少しずつアサヨ峰に寄ってくるところ。ふりかえると、左窓うしろに富士山を見る。電車が右にカーブすると、前方、圃場整備の終わったばかりの田圃のすぐ上に、それこそ一瞬、穂高連峰が見える。アッ、あれは穂高という間もあらばこそ、無情にも電車は切通しに入ってしまい、一巻の終わり。

その穂高岳は、奥穂高を中心に、北穂、西穂、前穂などに分かれている。奥穂高岳から南に、岳沢をくだって梓川に合流。そこはかの有名な上高地となる。

この山をめぐる早期登山については、山崎安治氏が、『穂高星夜』と美しい響きの題名の本を書いている。昭和三十三年朋文堂から出版されたものだ。

さて、この山の積雪期登山者として一人の山梨県人が登場する。「板垣山」の項でも触れたが、甲府市北口三丁目の今井友之助氏である。

昭和六年十二月二十一日、当時早稲田大学山岳部員であった氏は、単独で、奥穂高を東北稜から攻めあげた。午前十一時四十分、頂上に立ち、冬季東北稜の初登攀者となった。

翌年の十二月二十六日、今度は、中村喜平氏と、北穂高の滝谷に挑戦。第二尾根を完登。ついで昭和八年一月三日には小川猛男氏とともに同第三尾根をあがり、どちらも初登攀者として名をとどめている。

時は前後するが、昭和七年四月二日から四日にかけては、北アルプス剣岳の八ツ峰にアタック。この時、早大は今井氏、池野信一氏。慶応大学は金山淳二、谷口現吉両氏の二パーティーがしのぎをけずった。第一峰から第八峰下半、上半に分かれてきそいあい、両パーティーとも遂に完登。積雪期初登攀の喜びをわかちあった。

昭和五十年十月十二、十三日、この四人が、今井氏の古稀の祝いを兼ねて、四十八年ぶりに再会した。霧の流れる八ヶ岳山麓、観音平ロッジで肩を組んで「グリンデルワルトリード」や「守れ権現」など山の歌を合唱する四人。この集まりをアレンジした者の一人として、古き山の友の交わりのうるわしさをまのあたりにして、胸にせまるものを感じた。

東京起点 167.5km 地点。長坂〜小淵沢間で一瞬車窓をかすめる奥穂高岳

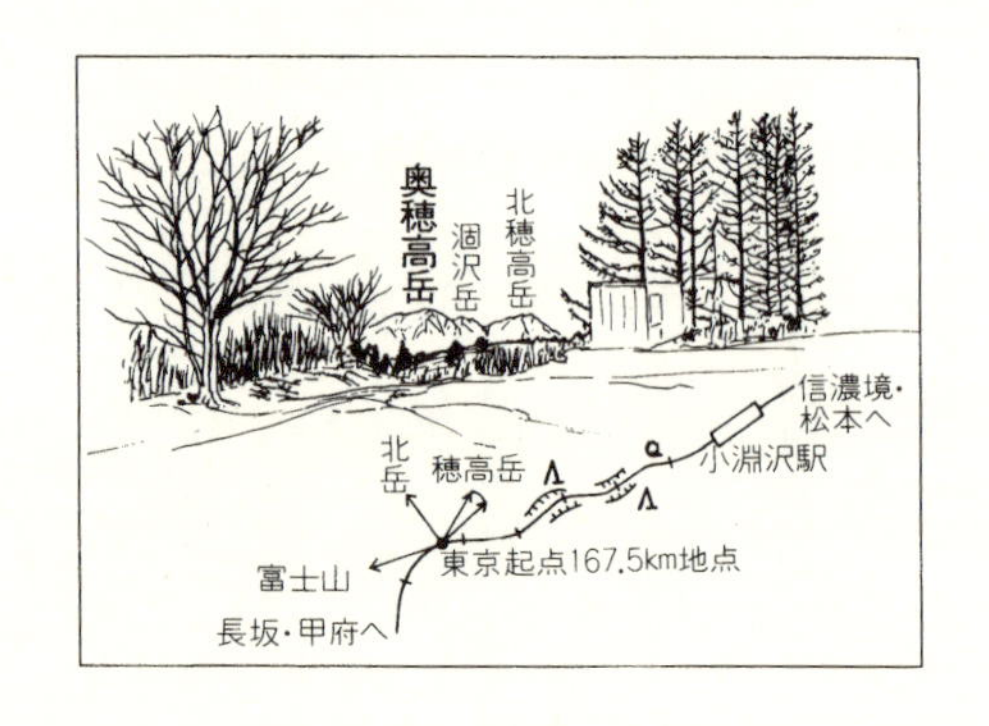

96

日向山

一六五九・六メートル

山頂の脇、雪かとまがう白砂の大斜面。
甲斐駒ヶ岳を眼前に、雄大な山岳展望がすばらしい。

小淵沢駅のホームに立つと、正面に大きく甲斐駒ヶ岳が雄姿を見せてくれる。その斜め左下に、夏でも真っ白な大きな斜面が見える。あんなところに雪が、といって、大抵のお客さんが不思議がる。まわりがすべて青緑の山の中に、べったりと真っ白なところが大きく残っているのだから無理もない。この斜面の左が日向山（ひなたやま）で、黒木におおわれ、三角点の標石を探すにも苦労する。

一般的な登山の対象として山を見た場合、登山の適期というものがあるようだ。例えば、南アルプスだったら七月下旬、御坂山塊だったら早春。八ヶ岳なら初夏。まあこれは主観的な見方だろうが、そんな風に見てみると、日向山は、春先と中秋ということになろうか。

最近は、尾白川林道を経て登る人が多くなった。韮崎から国界橋行きのバスに乗り、白須下車。駒ヶ岳神社への道をたどる。村はずれで、右にわかれるのが尾白川林道である。これをゆっくりと登る。途中、いくつかの近道があるので、これも利用する。正面に甲斐駒を見ながら行くと、右手に指導標がある。奥に向かう林道を見おくり、そこからゆるい登りとなる。笹やぶの道となり、あとワンピッチ。雑木林の中に日向山の指導標がうちつけられている。

なんの変哲もない頂上である。こんなところでマゴマゴしている手はない。踏跡をたどると、あの小淵沢駅で見た、白砂の斜面にとびだす。眼前には甲斐駒ヶ岳、右を見やれば八ヶ岳が大きく、それこそ雄大に、壮大に裾野をひいている。その下は七里ヶ岩の断崖。地図の模型を見るようである。空気は澄みわたり、峡北の穀倉地帯の稲田が黄金に色づき、それはすばらしい眺めである。

足もとには、雁ヶ腹、雁ヶ原、雁積といわれる花崗岩砂が、下の濁沢まで続いており、そこここに、風化、浸食からまぬがれた石塔群が造化の妙をうたいあげている。そして、そのふもとにはサントリーディストラリーの酒蔵が並列しているのが見える。帰りは、指導標に従って、錦滝の脇におりて往路の林道と合する。

駒ヶ岳登山口（白須）からそっくり歩いても、わずか四時間でこんなに眺めのよいところに立てるとは。まったく山梨県にはいい山があるものだ。

『甲斐国志』には、濁山とあり、「白禿（シラハゲ）山ナリ土人其色ノ清濁ヲ望ミテ晴雨ヲトス」としるしている。頂上から、蜒々と鞍掛山へと尾根が続いている。もうこの尾根を経て甲斐駒へ登る物好きは絶えていなくなってしまった。

甲斐駒ヶ岳の下、雪のように白い花崗岩の斜面の左に

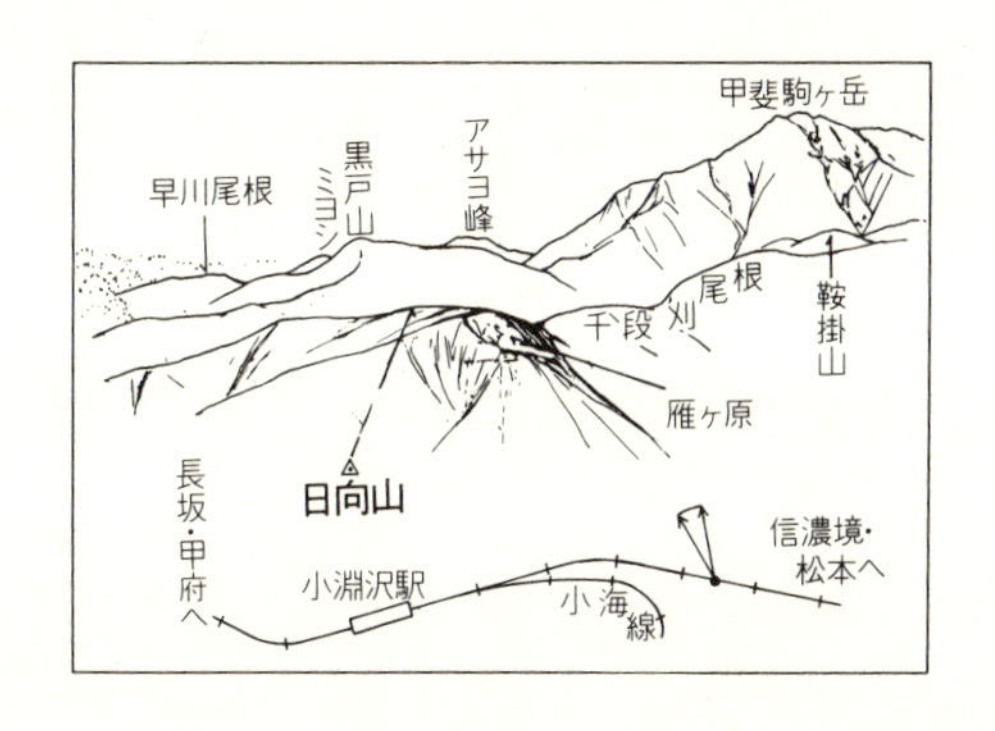

97

入笠山

一九五五・一メートル

初夏、スズランで有名な山。山頂からは本州中部の主な山々を望み見る。
かつてあった入笠小屋の主人は……。

たしか、昭和二十五年ごろのことである。入笠山(にゅうがさやま)に登った帰り、二人の子供を連れ、九尺もある丸太を背負子につけた男の人に会った。一見して土地の人ではない。きけば、山小屋を建てる材木を運んでいるのだといった。

それから二、三年した秋、また入笠に登った。頂上近くの牧場のわき、丸太作りの山荘が建っており、「入笠小屋」と看板が出ていた。犬がほえ、ドアがあいた。見おぼえのある人、戴いた名刺には、高橋達郎と刷ってあった。

草原をよこぎり、岩がちの山頂に急登した。広大な裾野の上に、八ヶ岳。頂稜に新雪を光らせた北アルプス、中央アルプス。ゆるやかな起伏の美ヶ原や霧ヶ峰。近くにはなつかしい、仙丈、鋸、甲斐駒など。八ヶ岳の東面の裾をへだてた金峰山など、三六〇度の大展望をほしいままにした。

この山は、小淵沢駅近くで左前方を眺めると、ゆるやかな台地の上に、わずかに頭をもたげて見える。二つのパラボナ・アンテナにはさまれているのですぐわかる。夏は富士見駅から定期バスが頂上直下まで行くので実に手軽な山である。

岩科小一郎氏の説によると、甲信境で、稲塚のことをニュウといい、その積み上げた塚の頂部が三角形の笠形になっている。これが山名の由来とのこと。

さて、前記、高橋氏は、大正二年生まれ、その後、奥霧ヶ峰の沢渡に「ヒュッテ・ジャヴェル」を開いた。高橋氏は、一八四七年フランス生まれ、『一登山家の思ひ出』たった一冊を残し、三十六歳で早逝したエミール・ジャヴェルを記念したもの。調度は松本の池田三四郎さんがつくった。ゆきとどいた配慮である。現在は長男の保夫氏にまかせ、御自身は故郷安曇の穂高町で昭和四十三年三月三十日の夕方、ユニークな民宿「ガストホーフたかはし」をやっている。

高橋さんは昭和四十三年三月三十日の夕方、ウィーンで、尊敬する芸術家の一人ベートーベンの墓を探していた。そこで偶然、老夫婦に会い墓に案内された。「私は西ドイツから、年に何回もこのウィーンを訪ねます。その時はまず、ベートーベンの墓にもうでて市内に入ります」と、その人の差し出した名刺、ベートーベンを弾かせたら世界の第一人者、ウィルヘルム・ケンプであった。

高橋さんは、世界の人口、三十億分の一の出来事、正に奇跡だといっている。それから二年後、来日したケンプと高橋さんは新潟で再会の握手をかわした。

やはり、旅はハプニング、人と人との触れ合い。一生に一度でいい、こんな旅にめぐりあってみたい。

電車は気持のよい高原風景の中を走る。車窓におおらかな山並み

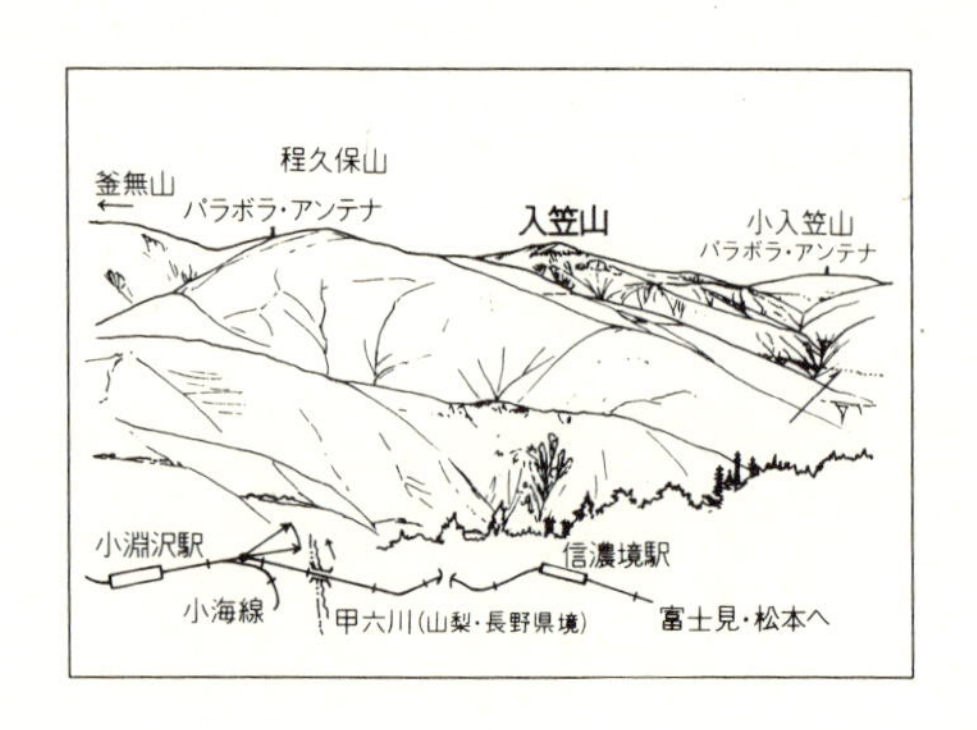

98

釜無山

二一一六・五メートル

長野県に入る。登山口の富士見駅は中央線最高所の駅。富士見高原療養所では、あの竹久夢二も。

電車が小淵沢を過ぎ、甲六川を渡れば舞台は信州に移る。鋸岳に向け、釜無川の谷が一直線に深くくいこんでいる。釜無川の源頭の意から釜無山(かまなしやま)となったのだろう。その隣りの程久保山は、釜無川を女陰の古語ホトとクボ（膣＝『地名語源辞典』）に見立てて、その頂としたのではないか。こんな名前をつけたのはいったい何者だろうか。恐らく対岸の台地、信濃境一帯に生活していた先住民（井戸尻遺跡の人々）ではなかったか。

さて、富士見から入笠山に登る。途中の大阿原湿原（荒れはてて湿原らしくない）の入口から左に折れ、稜線沿いの林道を歩くこと二時間で笹原の頂に立つ。蓼科山から始まる、北八ヶ岳からの大連嶺。カラマツ林越しの甲斐駒ヶ岳など、一目千両の眺めを満喫することができる。

この山行の基点、富士見駅は海抜九五五メートル。中央線で一番高い駅である。田山花袋は「山水小記」の中で「富士見高原が富士を眺めるには最もすぐれたところであらうと思ふ」と書いている。ここを訪れ、ここを舞台に、作品をものした作家は多い。宇野浩二、堀辰雄、尾崎喜八、田宮虎彦など。なぜか嫋々(じょうじょう)とした中に、清冽で、人の心の琴線にふれる作品が目につく。

作品こそ残さなかったが、劇的なのは竹久夢二であった。没後五十年。今なお多くのファンを持つ彼の才能を最初に見出したのは意外や意外、社会主義の先駆者、荒畑寒村であったという。夢二は、昭和八年、欧米の放浪の旅から台湾を経て帰国。富士見にやって来た。誘ったのは、当時富士見高原療養所の所長、医師にして作家の正木不如丘であった。彼の著書『思はれ人』には「『それじゃありがたう。さうして貰ふとありがたい』さう云って夢二は寝あせを拭って、グシャグシャになったタオルで涙をふいた」とある。

かくて、昭和九年一月、凍てついた富士見に姿を見せた。その時、この療養所で臨床研修医をしていたのが、現在東京蒲田で産婦人科医を開業しておいでの、慶応大学山岳部OBの河野幾雄ドクターであった。

以下、河野先生の直話。「ベルリンからの帰り、船待ちの港で描いたという絵を見せてもらった。朱色一色であった。絵の具を買う金もないので、船のサビどめのペンキで描いたとのこと。危篤になった。長男の虹之介と姉の二人に電報を打ったが、臨終には間に合わなかった。九月一日未明、夢二は逝った。五十歳。ポンポンダリヤの色が鮮烈だった。」

笹原の山頂からの眺めは一目千両。釜無川源頭の山

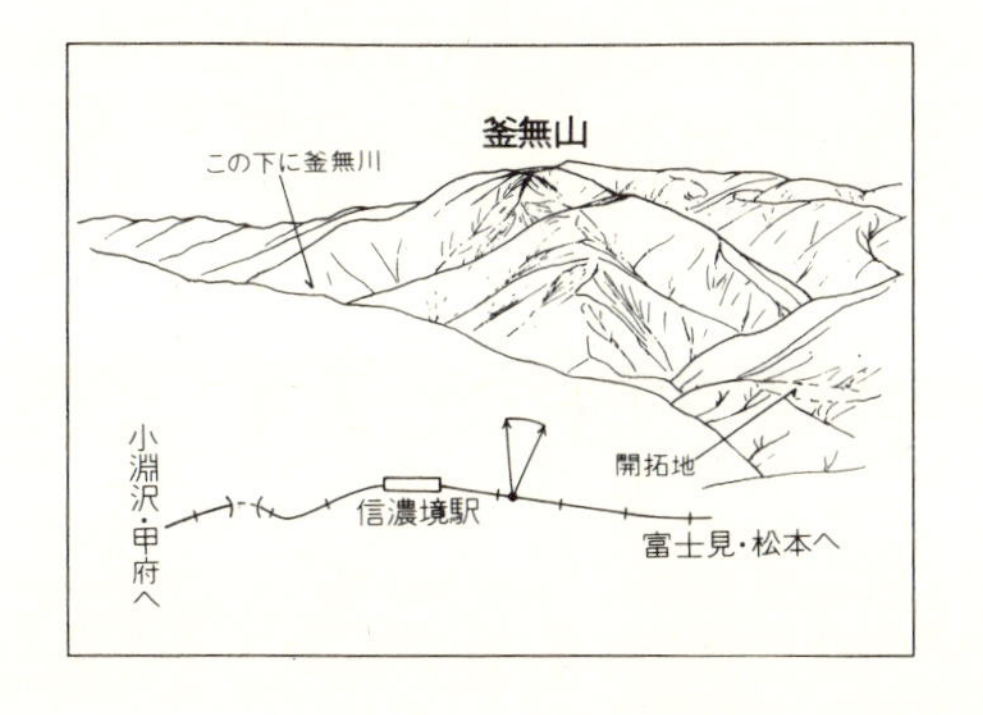

99

槍ヶ山

三一八〇メートル

お膝もとの松本よりも、遠く離れた茅野付近からのほうがよく見える北アルプスのシンボル。

北アルプスのシンボルともいうべき槍ヶ岳も、山都、松本では、常念岳のすぐ左に、わずかに穂先を見せるだけである。それが、はるか離れた、富士見—茅野間の車窓からは実によく見えるのだから意外である。

さて、「旅と伝説」誌、第六年八月号（昭和八年）に武田久吉博士が、「槍ヶ岳の開山播隆上人」と題し、上人の生涯を略述し、文政九年（一八二六）槍ヶ岳開山を発願した松本在の玄向寺にある上人直筆の「鎗ヶ岳略縁記」の全文を載せている。また、雑誌「山」第二巻九号（昭和十年九月）で、笠原烏丸氏が、上人遷化（けんげ）の地、美濃太田の林魁一氏の書庫から発見した「鎗ヶ岳略縁記」のこれまた全文を紹介している。

両者とも、本文はほぼ同じであるが、後者は、半紙七葉木版であること。本文に附録七行が加えられ、「天保七丙申四月、信州松本新橋、大阪屋佐助印施」としめくくっている点がちがっている。

内容は、文政十一年（一八二八）秋、初めて頂上に登り、銅像の阿弥陀如来、同じく観世音菩薩、木像の文珠大士の三尊を安置したこと。天保五年（一八三四）の夏、頂上直下に、善の綱を設置したこと。頂上を竪三間、横九尺にならし、方一尺二寸の祠をつくり、銅像の釈迦文仏を安置したこと。頂上より十二、三丁下の岩窟（坊主の岩小屋）を修造したことなど開山の縁起を記し、終りに「時は天保五年甲午八月朔日、一向専修念仏行者、播隆謹言」と書き、筆をおいている。

天保十一年七月には、長さ五十四メートルの鉄の鎖を頂上直下に設置した。その時上人は玄向寺で病床にあった。そして同年十月二十一日、美濃太田の林伊左衛門方で亡くなり五十八歳であった。その鎖は、明治に入り梓川村の奥原という猟師がぬすみ出して売っぱらい、現在のそれは、昭和六年七月、玄向寺の住職らの努力で再設されたものである。

話かわって、昭和五十四年九月八日、槍ヶ岳開山百五十年祭が催された。上人ゆかりの玄向寺、美濃太田の祐泉寺、上人が開いた唯一の寺、岐阜揖斐川（いびがわ）町の一心寺の僧侶ら六人が、坊主の岩小屋前で法要。夕方から槍ヶ岳山荘で、三田幸夫、折井健一、近藤信行氏ら百三十名が集まり、盛大に祝宴を張った。

これを主催した山荘主、穂刈三寿雄、貞雄父子は『播隆』と題する一書を昭和五十七年大修館より上梓した。これは播隆上人の事蹟に関する決定版といわれるほどの高い評価をうけている本である。

中央線車窓から槍ヶ岳がはっきりと見えるのはこの付近だけ。下り線左前方をご注目

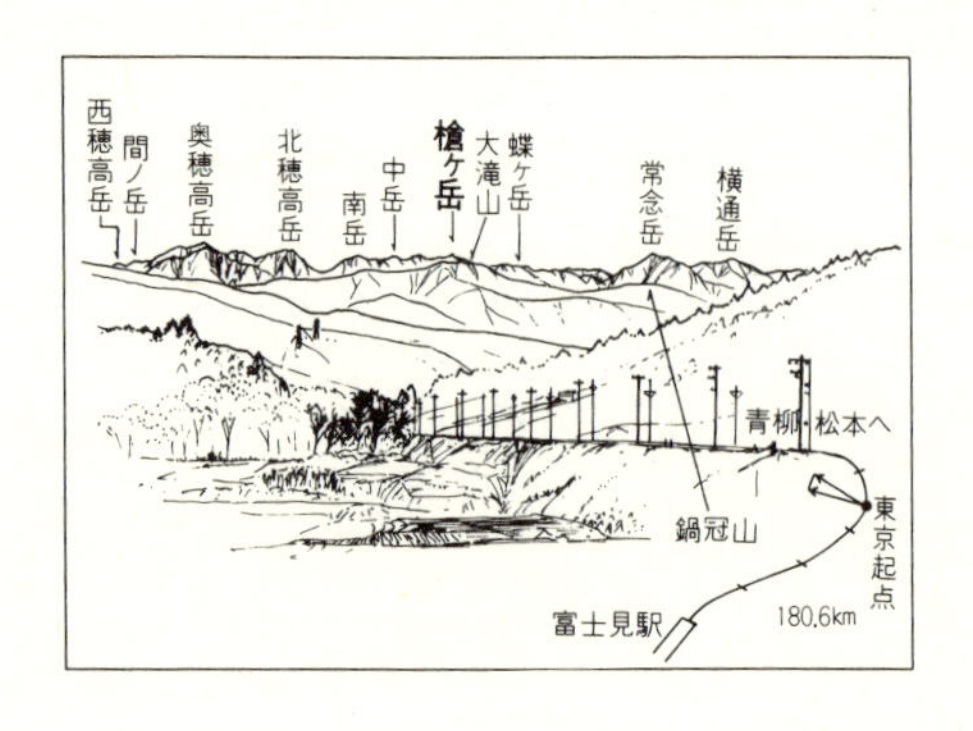

100

霧ヶ峰

一九二五メートル

広大な草原の最高点は車山。
「うれしくもわけこしものか遙々に松虫草のさきつづく山」の情感はいまいずこ。

中央線沿いの有名な行楽地の一つに霧ヶ峰（きりがみね）がある。ビーナスライン、上諏訪温泉と結ぶモータリイゼイション、春夏秋冬、わが世の春を謳歌している。

ところが、この霧ヶ峰、車窓からは意外と見えにくく、青柳―茅野間の木舟地籍から、右前方にちらっとスカイラインを見ることができる。明治三十八年九月六日、地元諏訪の歌人、島木赤彦らとこの地を訪ねた長塚節は、

うれしくもわけこしものか遙々に松虫草のさきつづく山

と詠んだ。春のオニツツジ、夏のニッコウキスゲの花の大群落が終われば、うすむらさきの松虫草。車とともに来たり、車とともに去りゆく者には「うれしくもわけこしものか」の実感を味わうことは無理であろう。

かくて、冬の暁闇、この雪原に立てば、手前の八ヶ岳、その彼方の富士山が、かげろうでゆらいで見える。かげろうは、俳句のほうでは春の季題だが、風のなく、気温が極端に低くなると、かげろうが立つのである。こんな乾燥しきった、静かな冬の霧ヶ峰を

訪れなくなって、もう幾年になるだろうか。

私が最初にここに来たのは、昭和十七年の六月であった。「イッチ、ニッ、イッチ、ニッ」と掛け声がこだまし、プライマリー型のグライダーが広大な草原をフワーと横ぎっていった。歩を進めると、焼けた礎石の残る建物の跡に出た。「ヒュッテ霧ヶ峰」といって、昭和九年、岡山の長尾宏也という人が建てた、ハイカラな山小屋だったが、昭和十二年に焼けたと、引率の嶋田武先生が説明してくれた。

後年、調べてみると、昭和十年八月十七日から二十一日にかけて、山の本を出版していた梓書房の岡茂雄氏の提唱で「山の会」なるものが、ここを会場に開かれている。講師は、木暮理太郎、武田久吉、辻村太郎、藤原咲平、柳田国男と、民俗、地理、植物、気象など当代有数のメンバーであった。受講者の方も、尾崎喜八、小林秀雄、中川一政、中西悟堂、深田久弥、松方三郎、村井米子、石黒忠篤等々錚々たるものであった。日中は遠足に、夜は、講演に座談。その内容は、雑誌「山」昭和十年九月号に中西氏が、回想記を「アルプ」一七五号（昭和四十七年）に岡氏が書いている。また、深田氏の『日本百名山』の「霧ヶ峰」の項は、この時の模様を綴っている。

こんな豪華な講座を、現在の霧ヶ峰に望むべくもない。ただ、こんな企画をアレンジする、おしゃれな人の出現を待つや切なり。

車窓から見えにくいのが霧ヶ峰。青柳〜茅野間、木舟地籍から右前方にチラリ

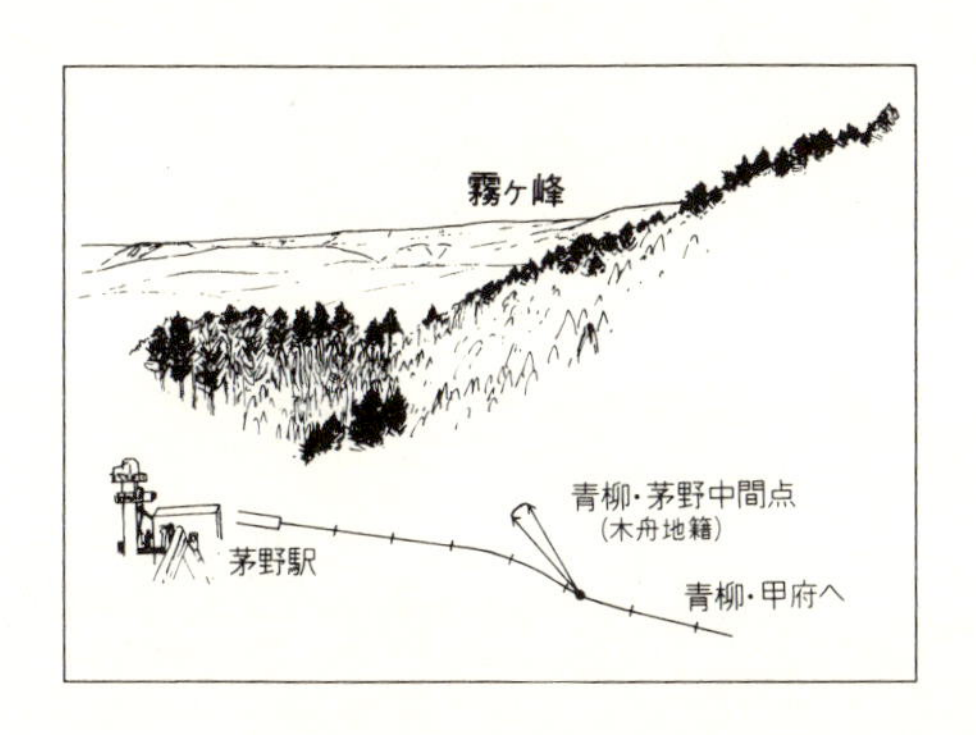

101

蓼科山　二五三〇・三メートル

長野県に八つしかない一等三角点の本点のある山。
それだけに眺望抜群。別名諏訪富士。

歌人、伊藤左千夫は、蓼科の地にどれほどのめりこんでいたか。「蓼科に埋骨の地を得たしの念頻りに起る。十坪の地と方丈の仮庵を結び、吾が余生をここに籠りたい」と胡桃沢勘内あて、明治四十一年十月十三日附で書き送っている。その左千夫が蓼科を詠む。

信濃には八十(やそ)の群山(むらやま)ありと云へど女(め)の神山(かみやま)の蓼科我れは
我が庵をいづくにせむと思ひつつ見つつもとほる天の花原
この二首は、蓼科温泉、親湯(しんゆ)の裏に歌碑として残されている。
さびしさの極みに堪へて天地に寄する命をつくづくと思ふ
この絶唱は、富士見公園に、万葉仮名、島木赤彦の書で碑が建てられている。
別名、諏訪富士、またの名を高井山、おそなえ山という蓼科山(たてしなやま)は、茅野駅付近で、北八ツの左端、高原状の溶岩丘の上に、さらにお椀をふせたように、ふくよかな山頂を見せる。このコニーデ状の山を見紛う者はないほどに特徴をもった山姿であり、長野県に八点しかない一等三角点の本点の一つである。

『日本地名基礎辞典』(日本文芸社刊)には「タテ」には急坂の意があるとあり、『古代地名語源辞典』(東京堂刊)には「シナ」は階段状の地形をさす語とある。これをもとに類推すると、麓の蓼科高原、白樺高原などの段丘状に、ぐっと頭をもたげている山容をさしたもの。事実、深田久弥氏の『日本百名山』の「蓼科山」の項に「この円錐丘はなかなか傾斜が急峻で山頂に近いところでは三十二度ある。少し下がっても二十八度を示している」とある。この種本は平賀文男氏の『八ヶ岳火山群』である。

この山の麓に、白樺湖という乙女チックな名前の人造湖がある。もともとは下流の稲作のための温水溜池としてつくられた。初めは蓼科大池といい、湖畔には雷小屋というのがたった一軒あったきりであった。

それがどうだろう。夏冬問わず行楽の客であふれ、旅館、ホテル、寮が林立している。観光地にはシーズンオフというものがあるが、ここにはそれがないのだ。ビーナスラインという道路がそれに拍車をかけた。昔のことをいっても始まらないが、最近のように、こう人が多くては何となく足も遠のく。

和田峠、鷲ヶ峰、沢渡、車山と、波うつ大草原を横ぎり、蓼科山に登り、大石峠から親湯におりた山旅がなつかしく思い出される。湖面にうつる蓼科山は正に「女の神山」であった。初夏の薫風が、湖中に残る白樺の枯木をなでていった。

雪をつけた蓼科山。下り線右車窓に八ヶ岳連峰の大きなうねりがひろがる

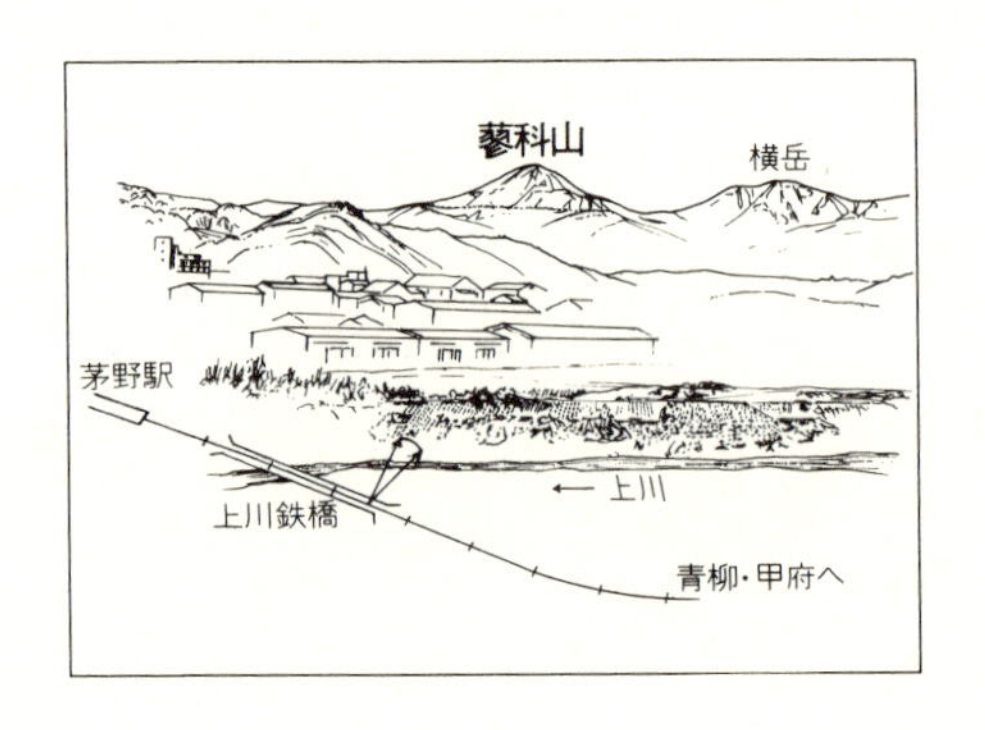

102

縞枯山

約二四〇二メートル

北八ヶ岳の一峰。山肌に針葉樹の織りなす横縞模様があるので車窓からもよくわかる。

蓼科山から右に連なる連嶺を、通称、北八ツという。横岳、縞枯山、茶臼山、丸山、中山、天狗岳、根石岳、箕冠山と続く。その右が、甲州でいう八ヶ岳となる。同じ八ヶ岳でも、甲州で見るのとは段違いで、何となく芝居の舞台裏を見せられているような気がする。

私の小学校からの同級生で、一昨々年早世したが、大久保一昭君がいた。彼は、お父さんの勤めの関係で、甲府中学から諏訪中学（現清陵高校）に転校していった。昭和十九年三月（七年に一度の諏訪の大祭、御柱の年）、当時の永明村に住んでいた彼を訪ねた。

彼が、オレの中学の歌だといって教えてくれた。相当の長文だが、よほど印象に残ったとみえて、今でも出だしはそらんじている。

ああ搏浪の槌とりて／打破せん腐鼠の奴原が／弥生半ばのこの夢を／おしてる難波の群あしの／世は昏々と華に眠り／赳々武夫の面影は／氷に鐫りし玉楼の／消えて跡なし

あなあはれ／空（むな）しかるべき男（お）の子やも／いで独歩（どくほ）せん天地（あまつち）に／鷲がかかなく八岳（はちがく）の／嵩（やま）の骨ゆく青雲（あおぐも）の／高き志（こころ）を身に負ひて……

　この壮士調の歌詞とメロディ、今もなつかしく思い出される。「鷲がかかなく八岳の嵩の骨ゆく青雲の……」といったところなど、諏訪盆地から東に仰ぐ、八ヶ岳の長大な頂稜をうたいあげて余りあるものがあるように思う。

　少しばかり個人的な回想に紙数を費しすぎた。本論に入って、縞枯山に触れよう。この山は、遠くから見てもわかるが、山腹が横縞模様を描いている。海抜二二〇〇メートルから頂上直下まで、シラベ、コメツガなど針葉樹が、等高線と平行に、緑と白（立ち枯れ）の帯となって縞模様をなしている。

　成因についてはいろいろの説があるようだが、私見を述べれば、富士スバルライン三合目あたりの道路沿いの枯木立の帯や、南ア林道奥の仙丈岳の東斜面と同類の現象ではないか。密生していた樹林帯が、何らかの原因でその一部が強風雪にさらされ枯れはじめる。それが帯状に横に広がる。そのあとに、ヒコバエがはえる。その頃は、枯木の帯はさらに上方に移動する。幼樹も長い年月で大きくなり、帯状の樹林となる。

　このくりかえしが、縞枯現象となって表われていると思われる。専門家は、年々、その縞模様が順次移動していると報告しているので、しろうと考えも、当たらずとも遠からずといったところであろう。

あいにくこの写真では縞枯模様がわからないが、車窓右手にご注目

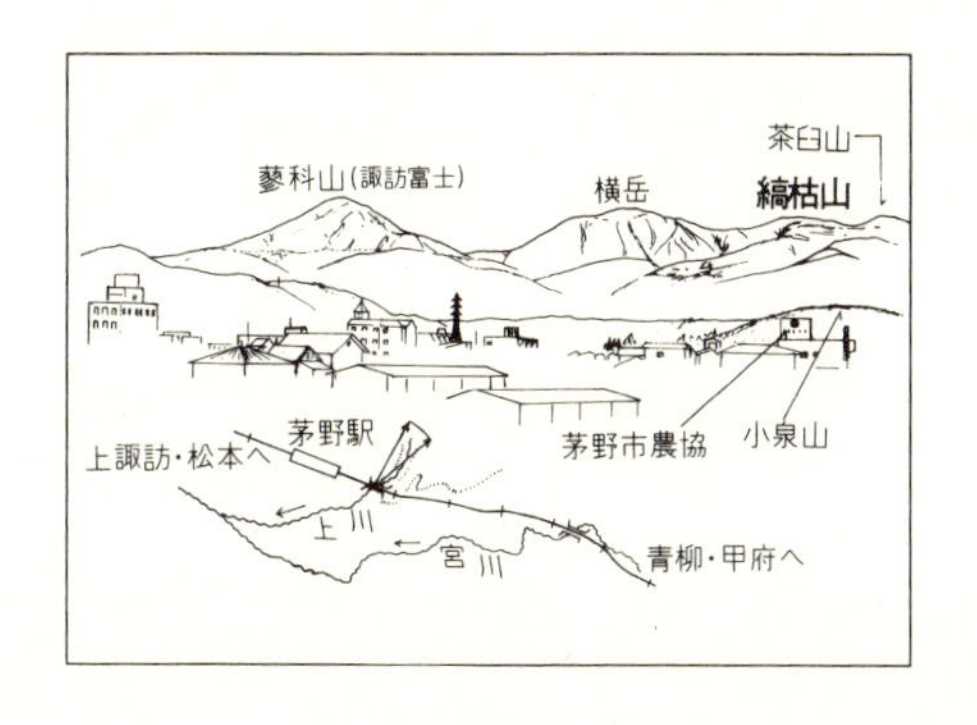

103

塩尻峠

約一〇二〇メートル

行き交った人々の哀歓の歴史を秘める峠道。
塩を運ぶ人も、皇女和宮も、赤報隊など「夜明け前」の人々も。

果して塩尻峠（しおじりとうげ）を山といっていいだろうか。でも富士見から上諏訪辺にかけて、北アルプスの穂高連峰や槍ヶ岳、常念岳の前衛として、諏訪湖の西岸を限る小丘陵ともなれば無視するわけにもいくまい。

北斎の「冨嶽三十六景」、英泉の「木曽街道六十九次」、五雲亭貞秀の「塩尻峠合戦図」など、どれも、ここから諏訪湖をへだてた富士山、八ヶ岳を背景として描かれている。

塩尻とは、南塩（太平洋産の塩）と北塩（日本海産の塩）の終点の意だという。しかし、長野県には信越線の西上田駅近くと、県の東北部、栄村にも塩尻がある。他県では愛知県一宮市にもある。信濃毎日新聞社で出した『新しなの地名考』には「塩尻とは、製塩のさい塩田の砂をかき集め、うず高くしたもので……かき寄せられ、なだらかに裾を引いている姿を塩尻に見立てたのである」とあり、『伊勢物語』の、富士山を初めて見た在原業平（ありわらのなりひら）の「なりは塩尻の如く」を引いている。

でも、塩田の作業などに何のゆかりもない山国の人々が果してこんな発想をしたのだろうか。何はともあれ、峠というものには、そこを行き交った人々の哀歓の歴史が残っている。

例えば、武田信玄の信濃制覇を決したという、天文十七年（一五四八）七月十九日、信濃守護職の小笠原長時を孫子の兵法でやぶった塩尻峠の合戦。その後徳川時代の大名の参勤交代。さらには文久元年（一八六一）、孝明天皇の妹君、和宮が婚約者有栖川宮との仲をさかれ、十四代将軍、家茂の正妻となるべく、この峠を東下したこと。

ついで、藤村の『夜明け前』に出てくる、東山道先鋒鎮撫総督の先駆といわれた赤報隊。それが、岩倉、西郷、大久保らの政治的謀略で「偽官軍」のレッテルをはられ、幹部、相楽総三ら八名が斬首されたのは、慶応四年（一八六八）三月三日であった。為政者というものは、いつの時代でも、何と非常冷酷なものか。

閑話休題。岡谷に岳友、小林啓助、林善一君がいる。彼らは夜空を眺めるのが趣味である。たった数分の皆既日食を見るだけのためにインドまで行ってトンボ帰りしてきたほどである。このグループは、塩尻峠に土地を借り、私設の天体観測所を、プレハブ造りで建てた。信州には、思いこんだら命がけ、一つのことにのめりこむ人たちが多い。でも、星を仰いで徹夜するなんて、このせわしない世の中で、何とロマンにあふれた男たちであろうか。

塩尻峠もさることながら、やはり目はその奥の北アルプスにいってしまう

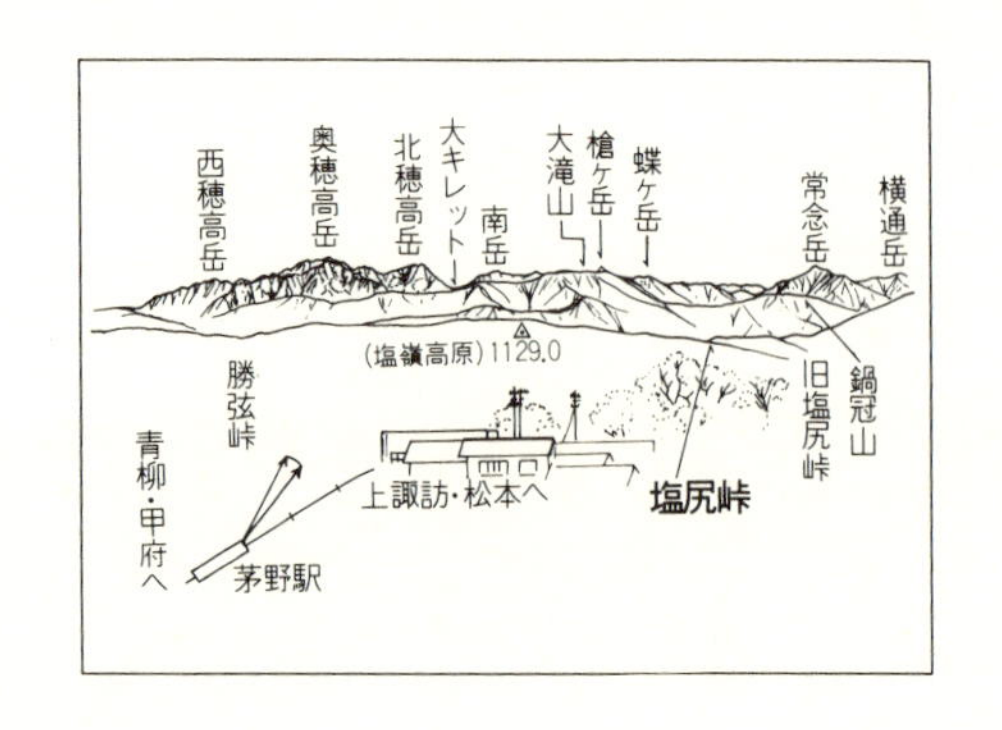

104

富士山 その五

富士見駅を出て諏訪盆地へ下っていく車窓から、なんと富士山が見える！
冬、天気がよければ必ず。

信濃境を過ぎて電車の真後ろに、ぐんぐんと背を高くしていく富士山は圧巻である。でも、これは車内のお客さんは、気の毒だが見ることはできない。最後部の運転台に乗務している車掌の役得みたいなものである。ちなみに国鉄内部では、運転士を前棒、車掌を後棒という。駕籠(かご)かきの現代版である。

次は富士見。これは駅名が示す通り。でも駅前の建物が邪魔して、よくは見えない。すぐに、天竜川系、富士川系の分水嶺となり、富士山ともお別れ。電車の左前方には北アルプスの、穂高岳、槍ヶ岳、常念岳などの連山を見て、一気に諏訪盆地にかけおりていく。

青柳をすぎ、左手、カラマツ林の丘の上に、チマチマとした分譲住宅が軒を連ねているのが見える。これを見送ると、左側真後ろ、甲信国境のスカイラインの上に梯形の富士が小さく見える。まさか！　冬の夜明け、天気さえよければ必ず見える。実に意外だ。やがて、大きくカーブして、電車は上川の鉄橋を渡って茅野である。右窓後ろには、八ヶ岳西面の荒々しい姿が全貌を見せてくれる。

茅野を出てすぐ、右窓後ろに、これまた小さな富士山。ここでは四海に冠たる大芙蓉とは程遠い姿である。さらに上諏訪の手前でも、やはり右後ろにもう一度見える。本当に見えるかと、よく聞かれる。事実、見えるのだ。だが何となくキツネに化かされているような感じである。本当に、意外なところで見えるのである。

意外といえば、雑誌「山小屋」昭和十六年五月号に、気象台の三浦技師が「富士山の頂上で、山麓の鶏の声を聞くことがある」と書いている。いくら静かだといっても、富士吉田とは十五キロも離れている。そんなに遠くの声が、果して聞こえるものだろうか。

でも、山頂でよく経験することだが、麓の町役場のチャイムやちり紙交換車の、毎度おなじみの声などが聞こえることがある。気象条件や、大気の密度などの関係で、想像もつかない遠くの音が聞こえるのかもしれない。

それにくらべ、ここで見える富士山など、有史以来見えていたものだ。これを、今日初めて見つけたからといって、意外だの不思議だのというほうがおかしい。でも、ここから富士山を見つけたときは、鬼の首でもとったような喜びを感じた。四十年近くも乗務していて、沿線の何もかも知っているつもり、自信もある。でも、こうなると、まだまだ見落としているものが、たくさんあることを思い知らされた。

下り線車窓後ろに富士の頂稜がのぞく。晴れた冬の朝がいちばん好条件

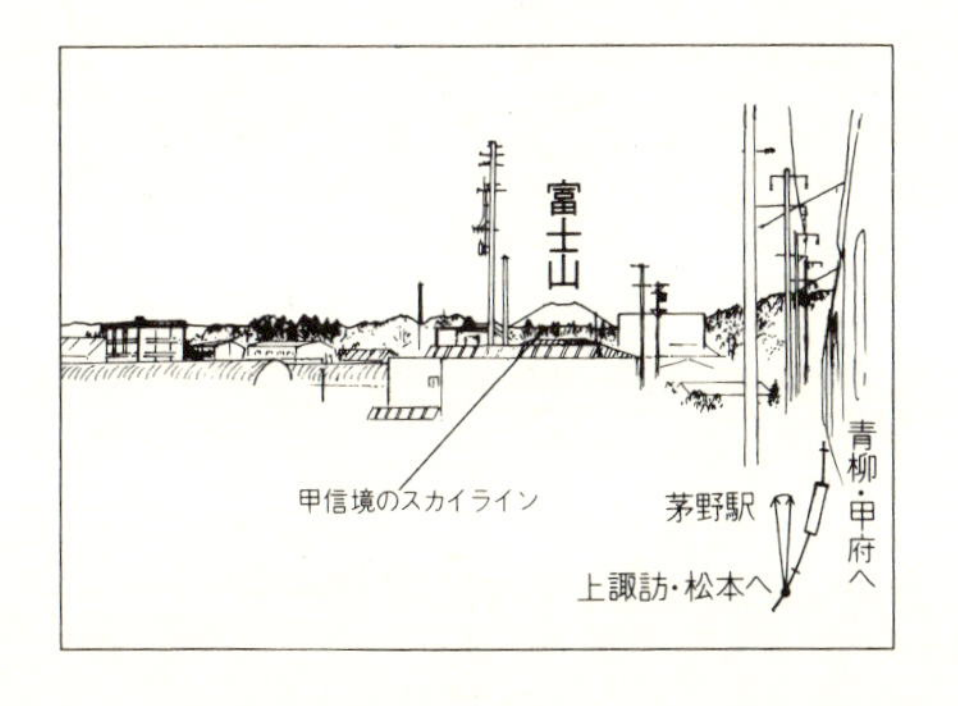

105

霞沢岳

二六四五・六メートル

穂高岳の南に梓川をへだててそびえる山。
いまは登る人もまれだが、探検登山の時代にはパイオニアの足跡が。

塩尻を過ぎ、車窓左の穂高連峰が前山に隠れ出すと、台形の小嵓沢山（こたけざわやま）が目立ち始める。この裏に鎮座している霞沢岳（かすみざわだけ）は、その小嵓沢山と山姿が似ている故よく誤認される。茅野付近で望見すると、間違えられても無理はないほどよく似た山が並んで見える。

昔の本を読むと「霞岳」とある。この文学的な響きのある山名、『古代地名語源辞典』に「カスはカシ、カセ、カテと同じく崖地の名称と考えられ……ミは辺の転、あるいは場所を表す接尾語であろう」とある。上高地のウエストン碑あたりで、頂上の鋸状の岩峰を仰ぐと、なるほどとうなずかざるを得ない。

さて、明治三十五年八月十五日、小島烏水と岡野金次郎は、槍ヶ岳に登るべく白骨温泉からこの山を越え上高地に降りている。探検時代のこの山行で、なぜこのようなヴァリエーション・ルートを辿ったのだろうか。この謎を解明するために霞沢に入ったのは、登山史の専門家、山崎安治氏と、烏水の研究家、近藤信行氏ら。この霞沢探索記は、日本山岳会の機関誌「山」（『現代山岳紀行―続・槍穂高連峰』に再録）と「山と渓谷」誌、昭和五十一年七月号に載っている。

第一回の山行（昭和四十九年八月十四日）は、烏水の「霞沢の絶頂に這ひつきたるは午後一時……」とある「絶頂」を頂上と理解して左俣をつめて直接霞沢岳に立った。でも疑問が残り、翌年八月十四日、再度挑戦。今度は右俣をあがり、烏水の記録した「白雲裂けて自ら文成すところ、堆藍（たいらん）の尖山奇峰――かれこそは穂高山よ、その肩に頤（おとがい）を載せて尖（とが）れる額を突き出せるは、我が鎗ヶ嶽にあらずや――」と同じ光景を眼のあたりにした。この鎗ヶ嶽、実は前穂高の岩峰であったのだが、烏水はこの時の山行記『鎗ヶ嶽探検記』の冒頭で「余が鎗ヶ嶽登山をおもひ立ちたるは一朝一夕のことにあらず」と書いているほどだから、誤認とはいえ、久恋の山を間近かに仰いだ烏水の感激が胸に迫る。

近藤氏らの判断によれば、島々で測量事業に猟師らが動員されて、よい案内人が得られなかったこと。親友滝沢秋暁のすすめで白骨（しらほね）への遊志の強かったこと。白骨からは霞沢越えが上高地への最短経路であったことなどがこのルートをとった理由とされている。

明治四十一年七月にも、烏水らは、奈良田から前山を越えて大井川東俣を経て白峰三山という変則登山をしている。このコースを近藤氏と追跡したことがあるが、へたなミステリー小説を読むよりスリルのあったことを覚えている。

小嵩沢山の左に姿を見せる。雪がつくとよくわかる

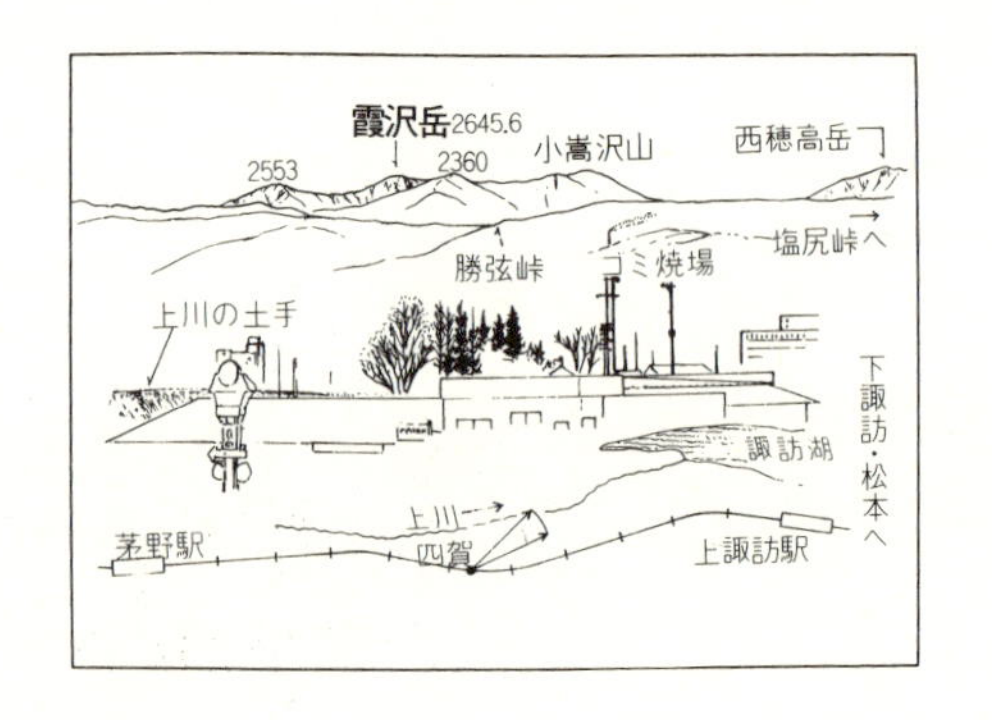

106

守屋山

南アルプス最北端の山、南アルプスの唯一の火山、そして雨乞いと信仰の山。登山はバスの越える杖突峠から。

一六五〇・三メートル

守屋山(もりやさん)にはいくつかの特徴がある。南アルプスの最北端の山。一等三角点の補点であること。南アルプスの中で唯一の火山であり、また雨乞いの山でもある。『信濃宝鑑』によれば、「藤沢村の北方に屹立して高さ三百五十丈山頂に物部守屋を祀れる神祠ありて郡中第一の高山たり……」とある。この物部守屋とは一体何者だろうか。『広辞苑』を引いてみると、「物部守屋・大連(おおむらじ)。尾輿の子。蘇我氏と争い、塔を壊し仏像を焼く。用明天皇の没後、穴穂部皇子を奉じて兵を挙げたが、蘇我氏のために滅された」とある。

蘇我馬子が守屋を殺したのが西暦五八七年だから、今から千四百年も前のこと。それがどうして、こんな山の中に祀られているのだろうか、どうも腑におちない。

さて、この山の北の諏訪湖をはさんで、下諏訪に諏訪大社の下社。対岸の諏訪市神宮寺に上社がある。昭和五十八年に信濃毎日新聞社で出した『信州山岳百科Ⅱ』には「上社の御神体は、境内に続く西側の森約三十ヘクタールの社有林とされて、この社有林のある西側の山を神体山と呼び、氏子の尊崇を受けている。下社のある下諏訪側から望むと、西山山稜上にそびえる守屋山、そしてその左下のすそ野に上社の森が静かに座している。諏訪盆地に住む人々は、昔からこのように信仰の山として守屋山と諏訪湖を結びつけてきた」と書いている。

信濃一ノ宮。全国に分社一万といわれる諏訪大社の祭神は、出雲の大国主命の息、建御名方命（たてみなかたのみこと）とその妃、八坂刀売命（やさかとめのみこと）で、この地方の農耕、狩猟、漁猟の神であり、軍神でもある。

桓武天皇の頃から、七年に一度、申、寅の年に行われる「御柱（おんばしら）」の神事を見れば、いかに諏訪の人たちの生活に密着している神社かがわかる。そして、守屋山は「お諏訪さまの守宮山（もりみやさん）」。そんな思いにかられるたたずまいである。

茅野から国鉄バス高遠行きに乗る。途中峰の茶屋で一休み。八ヶ岳、霧ヶ峰、諏訪湖などを眺め、その先の守屋山入口から西に二時間ほどで山頂に立つ。脇に鉄格子にかこわれた小石祠がある。八ヶ岳、南アルプスの甲斐駒、白峰や仙丈岳。中央アルプス、北アルプス。眼下の諏訪湖の眺めなど、絶品の名に価する。

さすがに一等三角点。と思いきや、それが見当らない。三角点はさらに西に小三〇分。残念なことに、ここは展望がよくない。眺望は東峰にまかせ、わしゃ、お諏訪さまの守護神然とかまえている。それが守屋山である。

家がたてこんで車窓から諏訪湖は見えにくいが、守屋山はその湖の上に

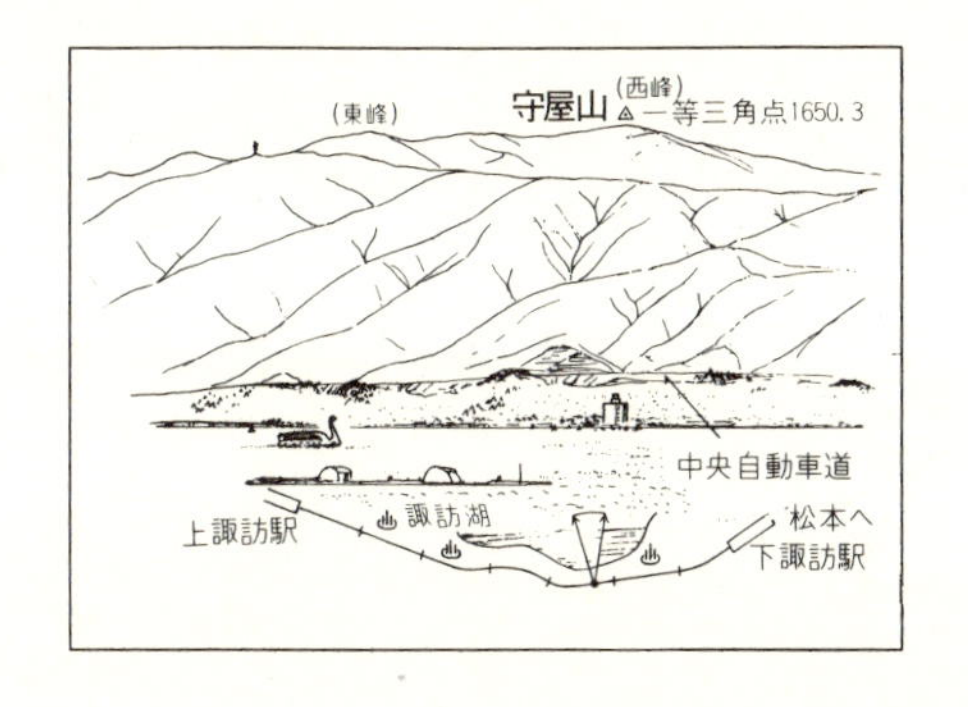

107

三峰山　一八八七・四メートル

美ヶ原と霧ヶ峰の中間、扉峠と和田峠の間にある草原の山。
いますぐ下をビーナスラインが走る。

三峰山(みつみねやま)という名は『日本山名辞典』に十一座載っている。そのほとんどは、三つの行政区分の境となっている。この山も、御多分にもれず、松本市と下諏訪町、和田村との境の山である。

かつて、六月の初め、乗務の待機時間を利用して(かつては、出先で次の列車に乗務するまで、朝から晩まで待ち時間があったこともある)この山を歩いた。

余談だが、車掌の勤務時間に触れてみたい。実際に列車に乗務している時間と準備時間(一乗務で前後二時間ほど)を足したものが勤務時間であり、列車が遅れた場合に超過勤務となる。だから出先の待機時間も自宅にいる時間も勤務時間には入らない。

さて、本題にかえって、松本から村井経由で高ボッチ高原行きのバスに乗り、そこから鉢伏山、二ツ山と広々としたカヤトの原をたどった。レンゲツツジが咲き、左に北アルプスの残雪の峰々、右に霧ヶ峰、八ヶ岳、富士山、南アルプス、眼下には諏訪湖を見、ワラビを摘みながらの草原漫歩であった。

二ツ山で、左に扉鉱泉への道、右は樋橋への道を分け、東に三峰山にあがった。頂上には三峰権現が勧請してあり、眺望絶佳。和田峠に向けて下った。

そこへ、突然、長いつり竿をかざした初老の人が、正に藪から棒に現われた。まさかウィークデイの昼さがり、人に会うなんて。向こうはもっと驚いたらしく、つり竿をすて、脱兎の如く逃げるではないか。一瞬、おれは追いはぎ？　と思った。でも何かの間違い。ふと残された竹竿の先を見ると、トリモチがついていた。そうか、彼氏、野鳥の密猟者だったのか。こちらを監視員か何かと見あやまって逃げたのだった。

その翌年、二ツ山から扉鉱泉に降った時にも、鳥籠をさげた入山者に会った。カッコウの鳴き声のこだまする、やはり六月のことだった。まだ、この山裾の和田峠の新しいトンネルも、ビーナスラインも、インターチェンジも開通していなかった静かな静かな頃のことである。

この和田峠は、昔、中山道の交通の難所で、雪でも降ると、雪踏み人足が動員されたとのことである。元治元年（一八六四）冬、水戸の浪士武田耕雲斎のひきいる尊王の天狗党八百人と、諏訪、松本の両藩が戦ったのは、旧暦十一月十九日のことであった。麓の樋橋には、明治四年、諏訪高島藩の手で浪人塚が建てられ、今日に至っている。

下り線車窓右手うしろ。和田峠へ行く道筋の上にのぞくなだらかな山

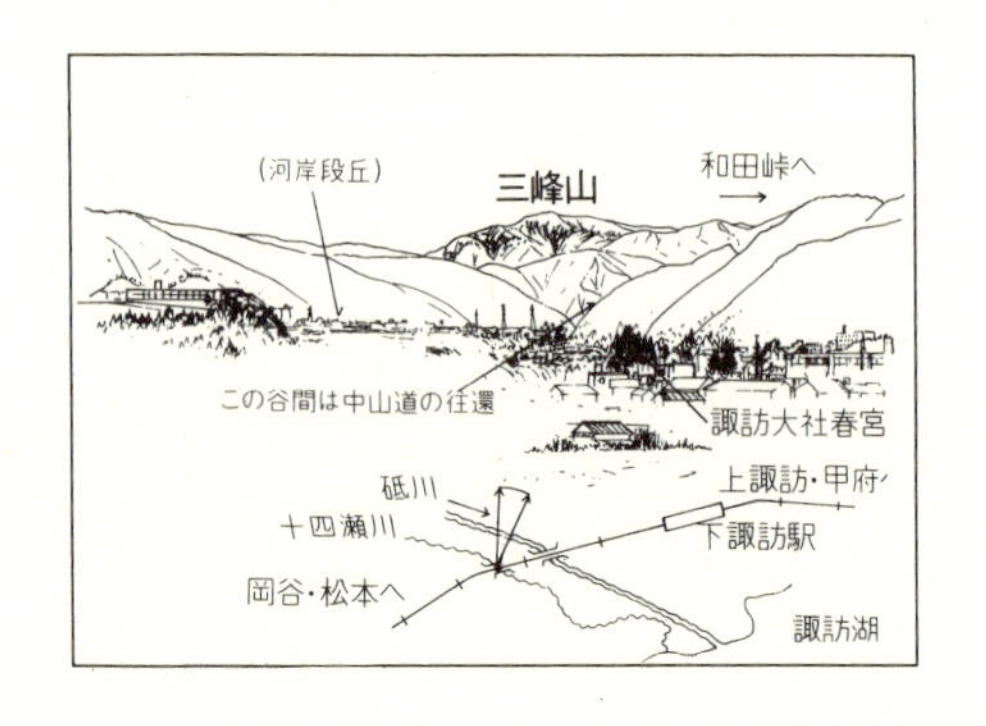

108

経ヶ岳

二二九六・二メートル

下諏訪付近から諏訪湖の対岸はるか、わずかに見える。
権兵衛峠の北、中央アルプス北端にそびえる独立峰。

富士見から茅野にかけて、電車は千分の二十五の下り勾配をかけおりる。前方に、槍、穂高といった北アルプスの盟主が見える。上諏訪を過ぎ、それらが、塩尻峠、鶴ヶ峰など前衛の丘陵にかくれるようになると、電車は諏訪湖を左に見、下諏訪を過ぎてわずか、その時、対岸の丘陵の間に姿を見せるのが、経ヶ岳（きょうがたけ）である。伊那節にうたわれる、「木曽へ木曽へと積み出す米は、伊那や高遠の涙米」。このお米の通い路、権兵衛峠をへだてた、隣の木曽駒ヶ岳（西駒ヶ岳ともいう）には、ワンサと人が押し寄せるというのに、中央アルプス最北端の独立峰のこの山は不遇で、人影も記録も少ない。

戦前には平賀文男著『中央アルプスと御嶽』にとりあげられているが、近年では雑誌「岳人」昭和四十八年六月号の、飯田長姫山岳会の橋爪宏孝氏のものなどはわりに珍しいものではないか。でも、山名の由来について「桔梗の咲く山として〝ききょうヶ岳〟がなまり、経ヶ岳……」とあるが、いかがなものだろうか。

伊那側のメイン登山口、伊那市の北東、羽広（はびろ）の仲仙寺の「仲仙寺縁起」には「弘仁七年開山慈覚大師霊夢により信濃に下向大神護山に霊木を得て十一面観音の尊像を刻みその木片に加法経を書写し経塚に納めてよりこの山を経ヶ岳といふ」とあるが、どうもこのほうがもっともらしい。

この仲仙寺からおよそ五時間で頂上に達する。しかし、中央線の信濃川島から横川峡（現在ダム工事中）――ここで採れる黒色粘板岩は竜渓石といい、辰野駅のホームに原石が展示してある。なお、町内ではなかなか味のある硯（すずり）をつくっている――の林道を経て、北から攻めると三時間ほどで登れるという。

クマザサの頂上からの眺めはすばらしい。木曽の谷をへだてて御岳山、北へ乗鞍岳から始まる北アルプスの大観。蓼科山から八ヶ岳。さらに南アルプスの山並み。南の中央アルプスの木曽駒ヶ岳は指呼の間。かつては神祠があったというが、その跡も見当らない。

前期、橋爪氏は、やはり地元の人だけあって貴重な記録を残している。「経ヶ岳は別名〝泣き面山〟ともいわれ、農家の人々が『泣き面山に雲がきたで、ぼつぼつ合羽の用意をしなくちゃ駄目だに』とか『今年はへえ泣き面に雪がきたで、お葉漬（野沢菜）を漬けにゃあ駄目ずら』などと、生活暦の大切な役目をはたしており……」とある。いくら気象衛星でも、こんな味のある予報をテレビにうつしてはくれまい。世の中、科学ばかりが万能ではないとつくづくと思う。

伊那と木曽を結ぶ権兵衛峠の北にある山。下り線車窓左前方

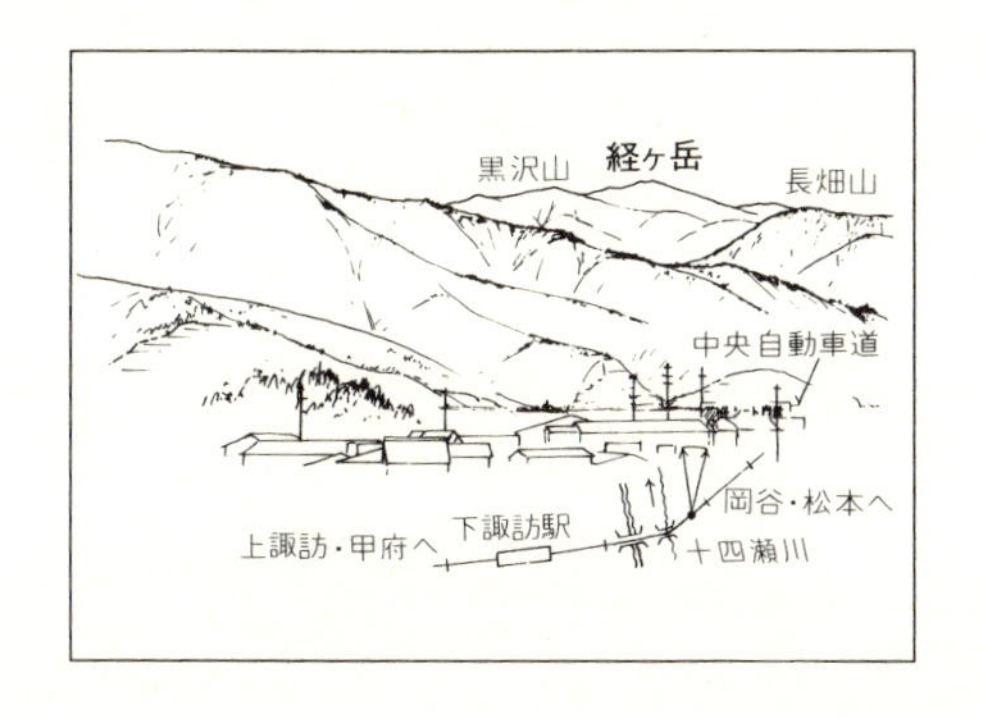

109

富士山　その六

諏訪湖の上に富士山が！　その姿は仙人か聖女のよう。中央線の車窓から見える富士山は、ここが最後。

上諏訪から諏訪湖のふちをまわって下諏訪に到着する。甲州街道と中山道の交わる古い宿駅。この町はいい町だ。鄙（ひな）にはまれなお菓子屋「不二屋」「新鶴」のあることも、旅人にとってはうれしいことだ。

ふと、左窓のうしろを見ると、駅裏の民家の間から、比較的大きく富士山が見える。あれよあれよと思っていると、電車は左に大きくカーブする。するとどうだろう。左手、たんぼの奥の帯のような諏訪湖。その上に浮かぶようなたたずまいで富士山が。きまっているとは、このような構図をいうのであろう。正に芝居の書割りである。

見える高さにおいては、韮崎や小淵沢のそれよりもたしかに劣る。でも、実に端正なのだ。富士も、あまり近くから眺めると、富士の息づかいというか、生臭さというか、そんなものが感じられる。ところが、諏訪湖上の富士は、それらをふっつりと切って、仙人のような、聖女のような侵しがたい姿をもってわが目にうつる。

夜明け、沈んだ朱色。重い黄色。舞いたつような浅黄。まだ眠りからさめない白。そんな感じの空気の中から、わいて立ちあがっているのが富士。無駄なものを一切省略し、暗い真一文字の諏訪湖上に、藍色一色で裾を張っている。これが諏訪湖の富士山なのである。そして夕べ、上手の諏訪湖南岸はすでに日がかげり、わずかな鋭峰をその上にのぞかせているのは甲斐駒ヶ岳。下手八ヶ岳西面の絶壁の雪が、黄から紅（くれない）に変化しはじめると、今日の終わりが近づいてくる。その時に至っても、なお、あかあかと燃えつづけているのが富士。でも、富士の裾野で間近に見る、あかね富士のような激しさはない。一〇〇キロメートルの空気の層を濾過してきた色は、あまりにもおだやかである。

　ひさかたの三日月の湖ゆふくれて
　　富士の裾原雲しづまれり　　伊藤左千夫

　山は皆夜になりゆく大空に
　　富士ヶ根のみぞ暮れ残りける　　田山　花袋

　このまま、ここにしばらくの間、電車をとめておきたい。せめて富士が闇と一緒になるまでのわずかな間。何でそんなに旅を急がなくてはならないのか。そんな融通無碍（ゆうづうむげ）のダイヤは組めないものだろうか。

　非情な電車は、人間の思いなど無視して、富士山をどんどん南の端に追いやってしまう。そして、中央線車窓から見える富士山はこれで一巻の終わりとなる。

中央線の車窓では一番遠くからみえる富士。下り線車窓左うしろ

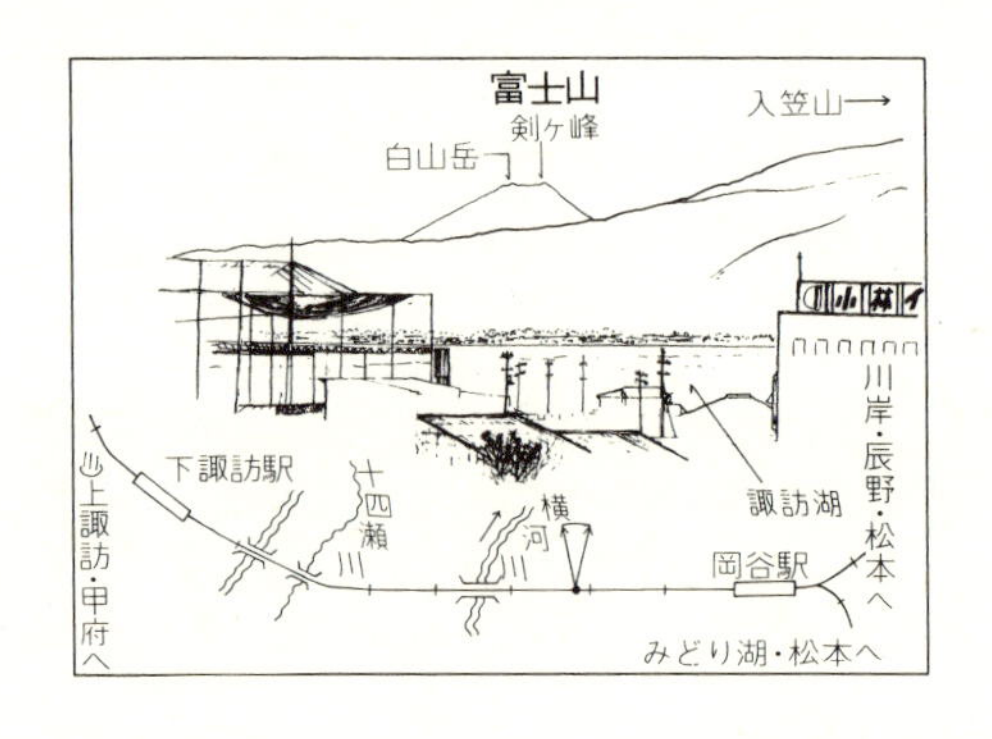

110

鷲ヶ峰

一七九八・三メートル

霧ヶ峰北端の草原の山。近くの七島八島はミニ尾瀬ヶ原と言った湿原。近くからは黒曜石も産出。

鷲ヶ峰（わしがみね）は中山道の和田峠から東に、稜線をたどること一時間にして頂上に達する。オニッツジ、ニッコウキスゲ、マツムシソウと四季折々の花の咲きみだれるカヤトの山である。この山腹をビーナスラインの横切っているのが、川岸―辰野間の車窓うしろに望見される。

この山の南東、霧ヶ峰との中間には、七島八島と呼ばれる高層湿原がある。鎌ヶ池、八島ヶ池など三つの池塘（ちとう）に泥炭層が浮島となっており、植物の種類は三百を数えるという。専門家の調査によれば、一万年も前からつくられたとのこと、国の天然記念物である。古い話のついでにもう一つ。この近くの星ヶ塔から、通称星ぐそという黒曜石が産出される。いうなれば天然のガラスである。かつては、断熱、耐火、防音材の原料として、下諏訪駅から大量出荷されたが、今では貨物ホームもなくなり、その残滓さえ見あたらない。

この石は、ちょっとたたくとペラペラとはがれ、縄文時代には、狩猟の鏃（やじり）として珍重され、関東一円から、関西、東北地方まで行き渡っていたという。

時代はさがって、池の南の旧御射山（みさやま）は、鎌倉武士の近代五種オリンピック（?）の会場となった。古図によれば、御所御桟敷（さじき）、社家桟敷、信濃侍桟敷、甲州侍桟敷、千葉殿、和田殿、佐々木殿、海野殿、望月殿、根津殿、北條殿などの名が見える。そして、今もこれら兵（つわもの）どものスタンド跡が残されている。

雑誌「山小屋」昭和十一年九月号に「霧ヶ峰旧御射山遺跡に就いて」と題し、諏訪史料叢書二十数巻を編集された今井真樹氏がくわしい調査報告を載せている。その中の、千年も前の咸平元宝などの宋銭が発掘された記事を読むと、往古の人たちの行動のスケールの大きさに驚かされてしまう。

さて、山名についてであるが、「諏訪神社の御神体が鷲ヶ峰で、その神霊を祀る場である……」と『日本山名辞典』は述べている。でも私とすれば、「ヒュッテ霧ヶ峰」の主人、長尾宏也氏の書いた『山の隣人』に出てくる文章のほうに何となく共感を覚える。舞台は、鷲ヶ峰に源を発する東俣御料林である。

「瞬間にして沢の源頭にめがけてかけおりた彼女はその鋭爪に仔兎を引懸けて再び飛翔し、私の眺めやる直下へそのゲエムをたたきつけた。（中略）鷲は既に高く飛翔して彼女の棲家御林の渓に去った。そこにはただひとり私のみが思ひ懸けないこのアクシデントに茫然とつつ立ってとり残されてゐた」と。

下り線車窓左うしろ。霧ヶ峰北端の鷲ヶ峰山腹には有料道路の傷あと

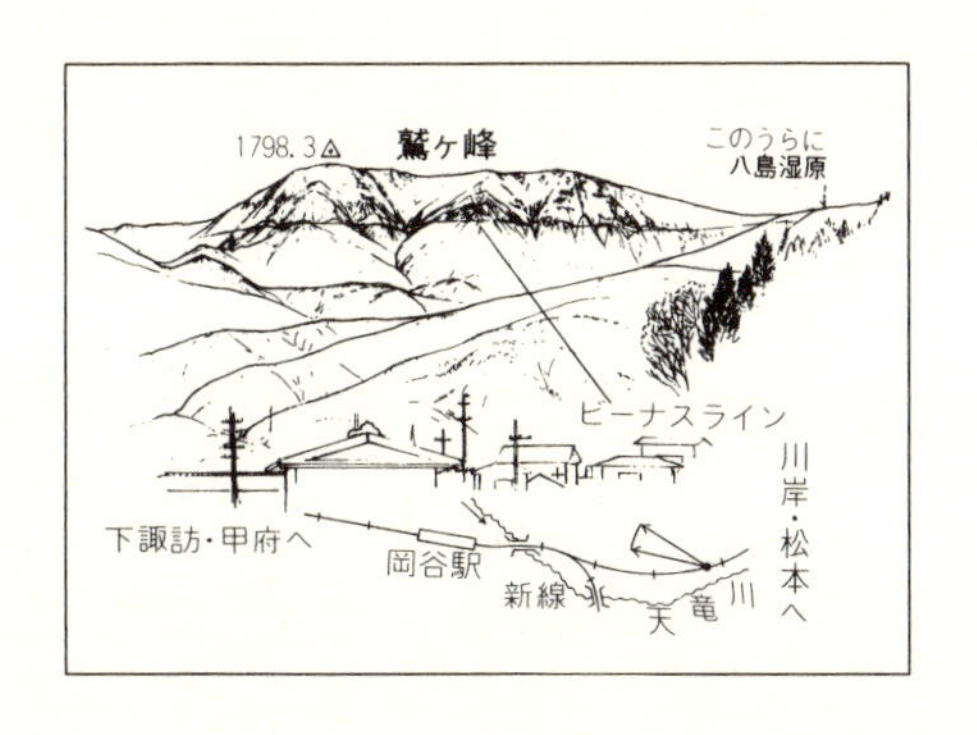

三　木曽駒ヶ岳　二九五六・三メートル

中央アルプスの盟主。伊那谷の人は木曽という他国の名では呼ばず、西駒ヶ岳と呼ぶ。

中央アルプスの盟主、木曽駒ヶ岳(きそこまがたけ)を伊那の人々は西駒と呼び、甲斐駒ヶ岳を東駒と呼ぶ。これは至極当然なことで、自分の土地の鼻先にそびえる山に、他国の名を冠するほど、人間はコスモポリタンではないはずである。

天保六年刊の『信濃奇勝録』に「続日本紀日天平十年八月信濃国献神馬黒身白髪毛云々駒ヶ嶽の名此に出か」とある。やはり、木曽駒の守護神という発想だろうが、甲斐駒ヶ岳にも似たような伝説がある。

この山一帯にたくさんの行楽客が訪れるようになったのは、昭和四十二年七月、麓の、しらび平と宝剣岳直下の千畳敷を結んでロープウェイが運転されるようになってからである。東洋一の高さを通年運転というのだから、大したものである。私もこれを使い、春スキーや秋の縦走を試みたことがあるが、人間て楽なほう、楽なほうへと、ついつい行きたがる習性を持つ動物だとつくづく思った。

この山の特色は何といっても山岳展望のすぐれていることである。用達しの旅ならいざ知らず、かけ足の旅ほど中味がうすくなるものだと思ったら、ぜひとも、山頂付近の山小屋で一泊したいものである。

夕方、天竜川をへだてて連なる南アルプス、南北七十キロの山並みのあかね色に輝く大パノラマ。翌朝、西の方、御嶽から北にかけ、競いあう北アルプスの個性あるピークの雄大な展望。運よくば、木曽の谷をうずめた雲海の上にわが山の影を見るかも知れない。

さて、この山が一躍知られるようになったのは、新田次郎氏の小説『聖職の碑（いしぶみ）』からであろう。大正二年の夏、地元の小学校の教師、卒業生、学童ら三十七名が遭難、十一名が落命した事件を題材としたものである。

頂上と、北の西駒山荘の間に、次の碑が建てられている。「大正二年八月二十六日中箕輪尋常小学校長赤羽長重君為修学旅行引率児童登山翌二十七日遭難暴風雨於死矣共殪者　堀　峰　唐沢武男　唐沢圭吾　古屋時松　小平芳蔵　有賀基広　有賀邦养　有賀直治　北川秀吉　平井　実　大正弐年十月一日　上伊那郡教育会」と五行にきざまれている。しかし、ロープウェイであがり、そのあたりを散策する限り、この碑を目にすることはできまい。

この山は、本峰、中岳、前岳の三つのピークでなりたっているが、伊那側で見ると、前岳が一番立派で、本峰は右はじにひっそりとしている。頂上の石囲いの中に、馬にまたがった守護神の石像が鎮座している。

上諏訪〜下諏訪間、諏訪湖越しにかい間見ることもできる

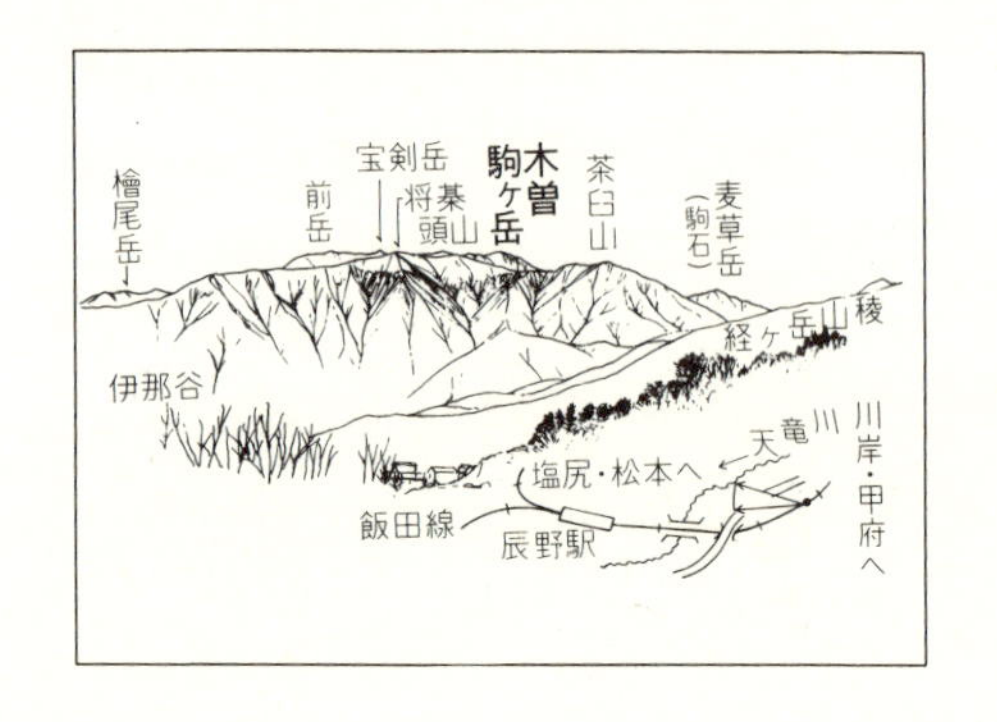

112

大城山

大八まわりといって、政治力で
鉄道路線が曲げられたところが辰野駅。その裏山。

一〇三五メートル

昭和五十八年七月、塩嶺トンネルが開通して、特急「あずさ号」は全列車、岡谷から塩尻に直行するようになった。だから従来の辰野経由の電車は大幅に減ってしまった。しかし、飯田線に直通する「こまがね1〜5号」を併結している急行「アルプス号」の三本は相変わらず辰野まわりである。

この辰野駅のホームから線路をへだてて、せりあがる小山が見える。これが大城山(おおじろやま)である。頂上に二つの電波反射板（電々公社と国鉄のもの）が四角に光っているのですぐにわかる。

この山を、最近では王城山などと貫禄のある字で記しているものが散見される。「塩嶺王城県立公園」とか、辰野町の観光パンフレットや、頂上直下にある、学校法人豊南学園教育研修所の「王城山荘」などである。

王城とはどんな王様の城か知らないけれど、やはり本来は地図にある通り「大城山」で、これはホホジロの生息地に由来しているとのことである。だから、麓の下辰野の人たちの発音をきいていると、やはり「ほほじろやま」ときこえる。

頂上からは南面の天竜川沿いの伊那谷の眺望を楽しむことができる。右岸高みの木曽駒ヶ岳、空木(うつぎ)岳、念丈岳など、中央アルプスの峰々を斜(はす)に眺め、眼下には、辰野駅が正に箱庭のように見える。

この山裾の下辰野公園には、たくさんの石碑があるが、その中に、大変興味あるレリーフの胸像(ブロンズ)がある。その碑文を摘記すると「我盟友伊藤大八君起身南信……列衆議院議員累選六次尤……特中央東線初案自下諏訪直至塩尻君論争終使之経由辰野其地永愛慶福今諸子恵其徳于不朽昭和丁卯九月歿年七十……戊辰十月鉄道政務次官上埜安太郎謹撰」とある。

要約すれば、南信生まれの伊藤大八代議士の努力により塩嶺ルートの計画のあった中央東線を辰野まわりに変更させたというわけである。これに称して、後世の人は「大八まわり」というが、線路をまげるは何も新幹線、岐阜羽島駅の大野伴睦ばかりではなかった。

これと同じく、中央線の勝沼—山梨市間も塩山を迂回している。これは地元塩山の雨宮敬次郎がやったものである。彼は、明治三十六年六月十一日、中央線開通の日、自宅の隣に仮停車場を設け、前総理大臣、伊藤博文を自宅に招いたという。前者にくらべ、どうもこちらのほうが少しばかりスケールが大きかったように思う。またこんな所にも、例の甲州人の自慢癖が出てしまった。

山頂にマイクロウェーブの反射板が二枚見えるのですぐわかる

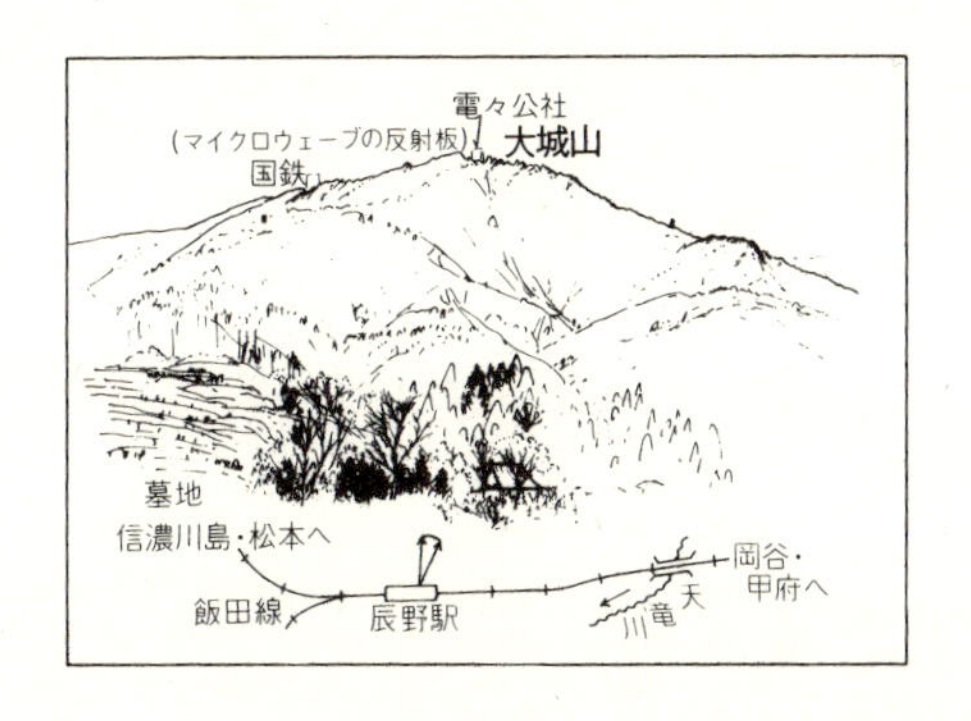

113

戸倉山

一六八〇・六メートル

高遠の南、通称伊那富士。一等三角点補点があり、南、中、北と三つのアルプスの大展望がたのしめる。

戸倉山（とぐらやま）は、飯田線の沿線に二つある。一つは、南端の泰阜（やすおか）村と南信濃村の境にあり、もう一つは高遠の南にある、別名を伊那富士と称するそれである。

ちなみに全国の〇〇富士を列挙してみると、

蝦夷富士、利尻富士、阿寒富士、美瑛富士、北見富士、音威（おとい）富士、温泉富士、津軽富士、南部富士、綾里（りょうり）富士、加美富士、秋田富士、出羽富士、会津富士、滝富士、三春富士、生瀬（なませ）富士、榛名富士、谷川富士、八丈富士、信濃富士、高井富士、諏訪富士、越後富士、上田富士、加賀富士、能登富士、越前富士、若狭富士、千頭富士、伊豆富士、下田富士、川根富士、尾張富士、近江富士、大和富士、紀州富士、有馬富士、播磨富士、淡路富士、伯耆富士、浅利富士、備前富士、周防富士、讃岐富士、伊予富士、筑後富士、糸島富士、佐世保富士、豊後富士、玖珠富士、薩摩富士、

と結構あるものであるが、本名を並記する余裕のないのは残念だ。

電車の窓からは、辰野を過ぎて北上するとすぐに左うしろ、伊那谷の彼方、荒川三山

と赤石岳の間に姿を現わす。しかし、いわゆるそびえ立つ富士山を予想されても困る。でも前記の〇〇富士の中には、首をかしげたくなるような山姿のものもあるが、それらにくらべれば、かなり整っているように思う。

登山路は、通常飯田線の駒ヶ根駅から天竜川を渡り、大曽倉行きバスで中山下車。村落のはずれ、林道終点からよく手入された登山道をたどる。ほぼ十分おきに〇合目と書かれたブリキ板がある。途中で天竜川をへだてて中央アルプスを眺め、九合目を経て西峰の人となる。お饅頭形の頂上には、カラマツ、ソウシカンバなどの巨木の下に、不動明王の石像、摩利支天尊（慶応四年建）、庚申塚、石祠、享年四年とほられた石灯籠、「霊犬の碑」などが群立している。

さすがに一等三角点の補点（三角点は二〇〇メートルほど離れた東峰にある）、眺望絶佳。西の中央アルプスから北アルプスへ。北には美ヶ原から蓼科山。眼下には美和ダム。その上に鋸岳、甲斐駒、仙丈、白峰。さらに南に塩見、荒川、赤石、聖岳へと南アの大パノラマが時のたつのを忘れさせる。それに頂上直下まで、三ヶ所も水場のあることもうれしい限りである。

山名の由来については研究不足だが、「とぐら」というのは、「鳥のねぐら」とのこと。でも、土俗信仰の名残りの色濃く残っている山だから、何かいわれがあるものと思う。

辰野駅を出てすぐ左車窓うしろに

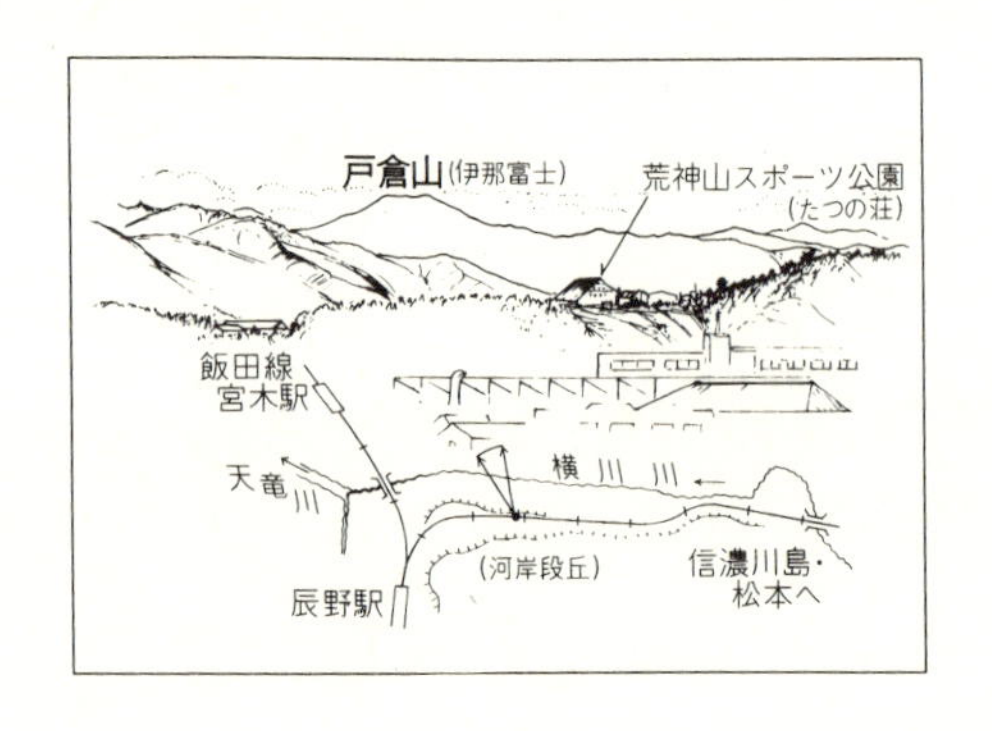

114

塩見岳

三〇四六・九メートル

南アルプスのヘソ。頂上直下に張った天幕からは、夜、天の川の下に遠く御前崎の灯台の灯が見えた。

文学者はうまい表現をするもので、深田久弥先生は、甲武信岳を「奥秩父のヘソ」と書いている。その伝でいうと塩見岳(しおみだけ)は「南アルプスのヘソ」である。東に北俣岳、西に天狗岳と従兵を二人連れて、山の字形の姿をもって登山者を迎えてくれる。南アルプスのほぼ中央に位置し、宗教的メモリーの何一つないこの独立峰。四囲の景観も抜群なので、その礼讃者は意外に多い。

もう三十年も前、この頂上直下で幕営したことがある。夜、南北に流れる天の川の下、真南の御前崎の灯台の明滅する灯りを見た。さすがに塩見岳。太平洋が見えるといたく感激した。でも、白峰、荒川岳、赤石岳、聖岳からも見えるのに、あえてこの山を塩見岳と何故にいうのだろうか。

麓の鹿塩(かしお)に残る伝説によれば、建御名方命(たけみなかたのみこと)が狩のさなか、鹿が水を飲んでいる谷川に塩分のあることを発見したという。この辺り、塩畑、塩川、満塩、海満塩、孫塩、小塩、大塩、八田塩、塩沢といった小字がある。明治年間には製塩も行われており、明治三十三年五月十日、大正天皇の御婚儀の際、ここの塩十斤が献上されたと、前澤淵月氏の『赤石嶽より』に載っている。この山に登ると、山中では珍しい塩が採れる里が見える故、塩見岳といったのが山名の由来だろう。

一般にこの山に入るには、飯田線の伊那大島から鹿塩を経て三伏峠から登る。この峠は日本で一番高い峠で二五六〇メートルもある。正面に塩見岳を望むなだらかなスロープのお花畑はつとに有名である。

この高い峠を越えて甲州と結ぶ、今でいうスーパー林道、当時の名で甲信新道がつくられたのは、遠く明治九年のことであった。麓の大河原の人たちが、一度無塩の魚を喰べたいという願いから工事が始まった。

かくて、甲州富士川の切石港に水あげされたサンマは、笹走、新倉、転付峠の北方から大井川におり、桜島を経て西俣をあがり、三伏峠から豊口山、上蔵（わぞう）、大河原にやって来た。大河原の人たちは、餅を背負ってサカナを迎えに三伏峠にあがったという。そして喰べたのは「眼から血の出るようなサンマ」だった。そして、もう次の年は誰も口にしなかったという。

昭和五十六年の夏、この旧道を探して、大井川西俣の源流を歩いた。はからずも小西俣の東海パルプＫＫの作業小屋で東京大学井川演習林の職員方と同宿した。彼らの釣った、それこそサンマに近い大きさのイワナを腹一杯ごちそうになった。彼ら曰く、こんな大ぶりなのは本味ではないと。

中央線の車窓で塩見岳が見えるのはここだけ。大八まわりにも効能はあった？

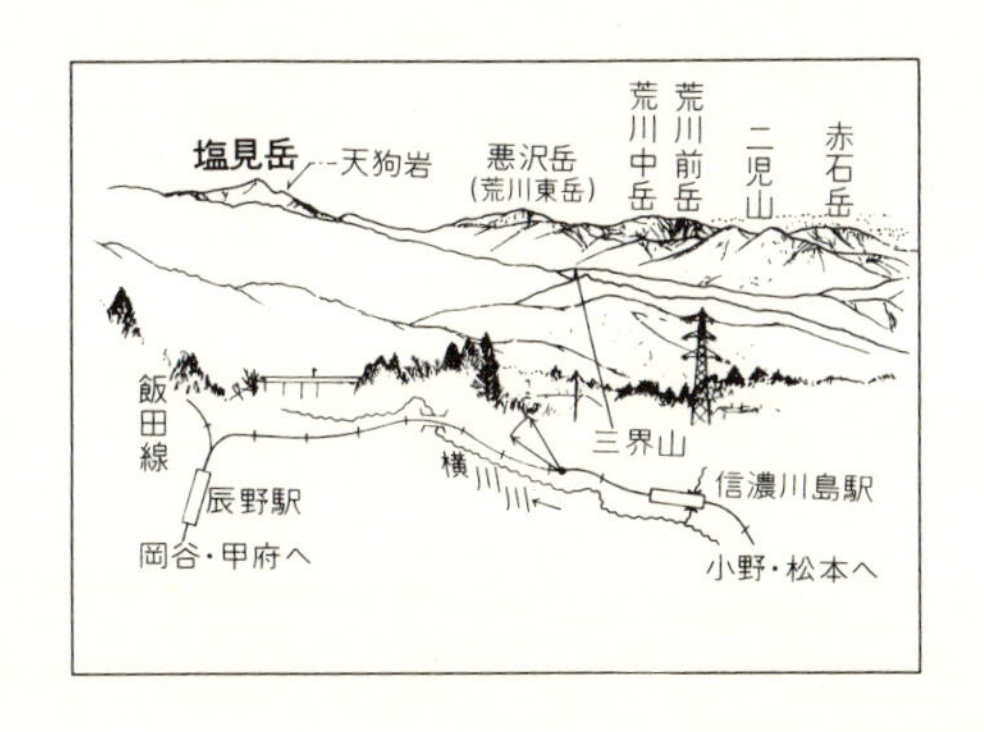

115 荒川中岳　三〇八三・二メートル

南アルプス三メートル峰の一つ。
隣の主峰悪沢岳にかくれて甲州側からは見えない山が意外にも。

南アルプスには三〇〇〇メートルを抜く山が十三ある。そのほとんどは、勝沼駅から見ることができる。でも、仙丈岳、塩見岳、荒川中岳（あらかわなかだけ）と荒川前岳だけは残念ながら見ることができない。それが、予想もしない所から見えるのだから、車窓の逆旅もまんざら捨てたものではない。冬、戸倉山と重なりあうように、伊那谷の彼方に白く光っている山、これが赤石岳と荒川三山である。東から順に、悪沢岳（地図の東岳）、荒川中岳、荒川前岳へとつづく。

昭和八年、飯田の教師、前澤淵月氏のあらわした『赤石嶽より』はよくまとまった本である。ただ地方出版（西沢書店飯田支店刊）だったので一般の眼にふれることは少ない。巻末の赤石岳からの三六〇度のパノラマのイラストは力作である。面白いのは富士山の名前が落ちていることである。

本題にかえって、その本の中に「荒川岳の名」という一項がある。その中に、下伊那郡河野村の行者、堀本丈吉が明治十九年秋に書いた「荒川嶽開闢（かいびゃく）記」が出てくる。「此岳ハ嵐烈シクテ、其時天狗来ル事有、今日ハ快晴ニテ富士山モ見ヱ。（中略）阿禮ハ胞衣山、天照皇大神御誕生ナサレタル山也。此ハ駒ヶ岳、其先ヱ見ヱルハ木曽ノ御嶽、次ニ乗鞍嶽、阿レハ加賀ノ白山、是ハ越中立山、是ハ立科山、煙ノ立ルハ浅間山、其先ヱ見ヱルハ越後国明光山是ハ上野國白根山、是ハ八ヶ岳、是ハ甲州駒岳、御岳、國々皆見ヱル也ト訓導有之……」とあり、どのようにして山座同定をしたのかわからないが、よく山岳展望を記録している。

明治三十一年には、それぞれのピークの祭神も決められた。荒川嶽（悪沢岳）には天之御中主神、天照皇大神、高御産巣日神、國常立神、神産巣日神、伊弉諾神、伊弉冊神。前岳には日本武尊、大山祇神、天手力男神、中岳に天児屋根神、級長津彦神、級長戸部神が祀られたという。

伊那の小澁川を二十回にものぼる徒渉を繰り返し遡行して行くと、左手頂稜から一気に落ちる大崩落に出合う。これを初めて目にした村人は、恐らく「荒川谷」と叫んだに違いない。そして、その頂を称して荒川中岳、前岳といったのではないだろうか、そんな思いを抱かせるほどの大ガレである。

前記、前澤氏が「この無名と見られた山々は、それぞれ、それより以前から名を持つまでに地方の人から親しまれて居た。それはいつよりかといふ年は判明しないけれど、明治十九年以前からあった事だけは説明し得られる」と書いているが、宣なるかなと思う。

この風景を見たかったら、辰野まわりの電車に乗ること

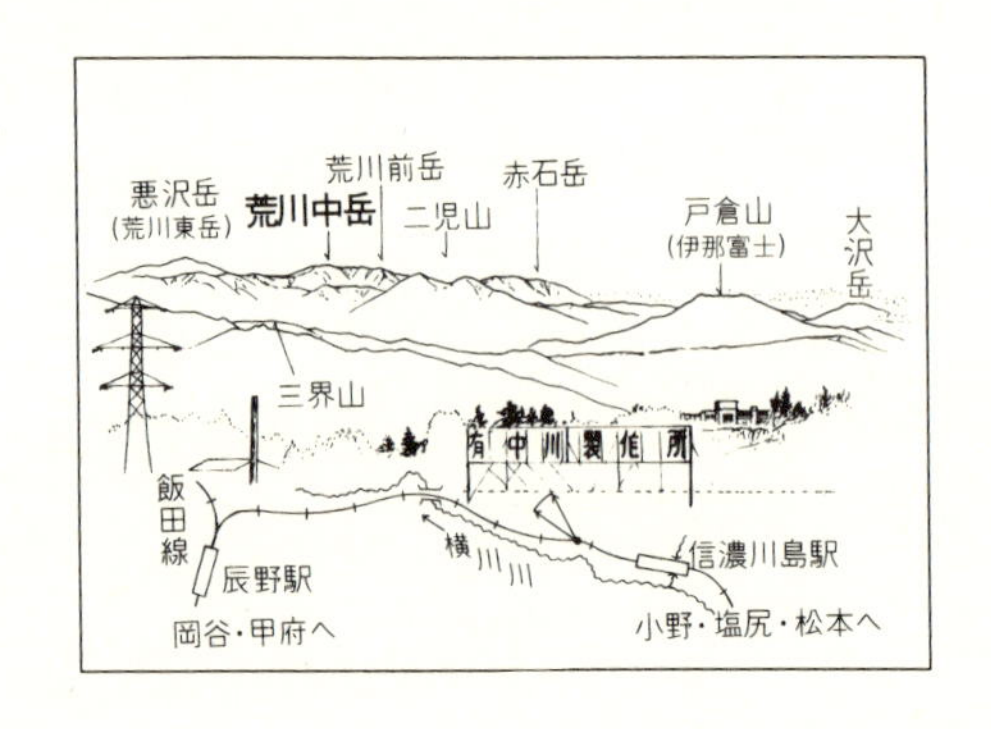

116

鶴ヶ峰

一二八五メートル

新宿―松本間を特急で行く人には見えない山。
「日本の中心」と地元ではいうけれど。

諏訪地方には「○ヶ峰」という山がいくつかある。この鶴ヶ峰をはじめ、霧ヶ峰、鷲ヶ峰、晴ヶ峰などである。でも何となく人為的な語感がし、最近の分譲住宅地の「○○ヶ丘」といった名前が連想される。

特に、この鶴ヶ峰は、六年前、東部カラコルムに遠征したとき、ミルザカファール氷河の源頭の山を「鶴ヶ峰」と仮称していたから、なおのことその感を深くする。これは私の所属する「鶴城山岳会」(旧甲府中学、現甲府一高山岳部OB会)にちなんで名付けられたものである。

鶴ヶ峰は、富士見、下諏訪、岡谷から塩尻峠の延長線上に遠望できる。でも、間近に見えるのは、信濃川島駅の手前、右側の高みである。ほんの一瞬であるが、頂上にあるラセン階段の鉄製展望台を認めたら、それが鶴ヶ峰である。

このちっぽけな山をとりあげたのは、他でもない、地元辰野町で、昭和四十五年十一月に「日本中心の標」という、横長、両端凹六角型の石碑を建てたからである。この字は、洋画界の元老、地元の中川紀元画伯の揮毫によるものである。それには東経一三七度五九分三六秒。北緯三六度〇〇分四七秒。標高一二七七Mと横にほられている。この碑の二〇〇メートルほど西の山が鶴ヶ峰。

果してここが日本の中心だろうか。日本の最北端は北海道の宗谷岬で北緯四五度三一分。最南端は沖ノ鳥島で北緯二〇度二五分だから、南北の中心は北緯三二度五八分で、八丈島の南あたりの線になってしまう。

これではおかしいので、鶴ヶ峰を中心に沖ノ鳥島までの経度数をひっくりかえしてみると、北緯五一度三六分三四秒で、カムチャツカ半島の南端となり、これでは北千島まで北方領土は返還ずみである。

次に東西であるが、最東端は南鳥島の東経一五三度五八分。最西端は与那国島で東経一二二度五六分である。となると東西の中心は一三八度二七分。鶴ヶ峰より約二七分半東により、八ヶ岳の硫黄島のほぼ東七キロとなる。中心とうたう以上、その計測の根拠を明示しなくては、いたずらに混乱のもとになる。

まあ、細かな詮索はさておき、この展望塔からの眺めは絶品の一語につきる。さすがに「日本の中心」というだけのことはある。ともかく、辰野から七蔵寺林道を車であがれば、否応なくこの景観を手中にできる。百閒は一見にしかずというものだ。帰りは、北に山巓ドライブ。天然記念物の「しだれ栗」の自生地を経て小野の集落で三州街道に出合う。

信濃川島駅に入る手前、右側。ほんの一瞬車窓に姿を見せる。ここが日本の中心？

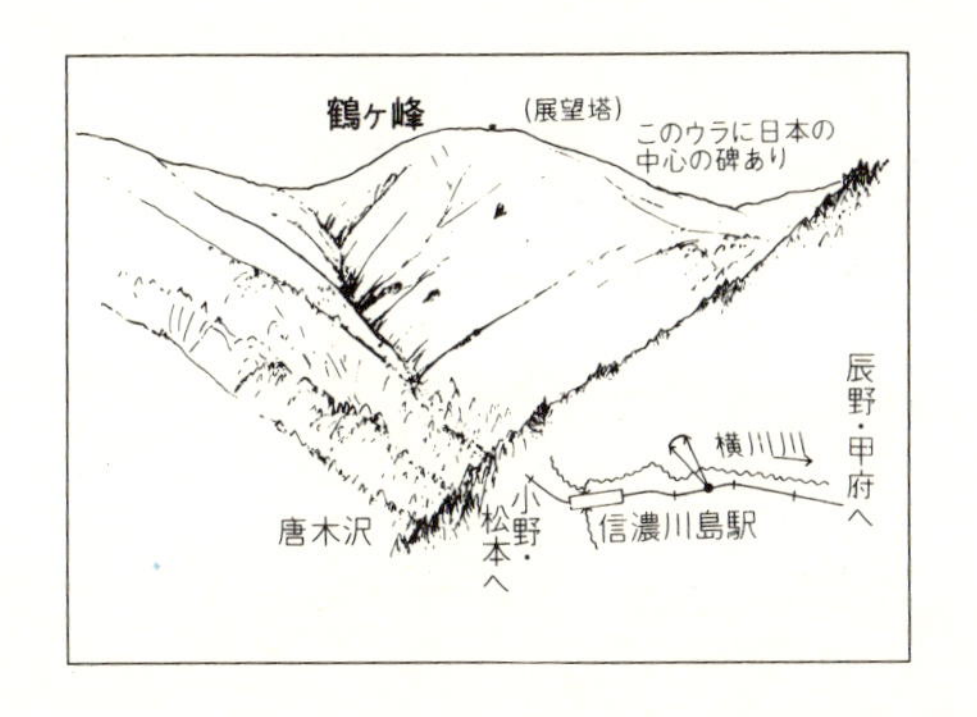

117

霧訪山

一三〇五・四メートル

霧の訪れる山。どんな人が、いつ名付けたのか、
詩情をたたえる優雅な名前。

日本人は「霧」という言葉には弱いように思う。だからか、演歌には「霧」がそれこそキリもなく出てくる。山名でも、この霧訪山（きりとうやま）をはじめ、霧ヶ岳、霧ヶ峰、霧子山、霧島山、霧立山、霧積山、霧ノ塔、霧藻ヶ峰、霧石峠、霧越峠、霧降高原などと旅情をそそる山々を拾うことができる。

それはともかく、中央線の信濃川島と小野（おの）の間には、年間通してよく霧が発生する。南北に山がせまり、風も動かず、川もあれば、冷温二層の空気がよどむからではないか。でもこれと、美しい山名、霧訪山とはうまく結びつかない。

地図で見ると、小野駅の北方からだいぶ奥まで林道が入っている。暮もおしつまった日、不意に体が空いた。ふと思いたって車を駆った。谷間（あい）の工場では仕事おさめか、工員が注連（しめ）かざりの支度をしていた。林道の途中から雪が深くなり、車にチェーンを巻いた。終点から、北側の大芝山との鞍部をめざし、沢筋をつめた。雪の下の沢水が凍り、登りづらい。やっと稜線に出て微南に尾根を伝う。

ぽっかりと開けた小さな台地、三角測量の名残りか、ポールに赤布がはためいていた。でも、雪の中をいくら探しても、三角点の標石を発見できなかった。

正面に経ヶ岳が大きな根張りを見せ、ふりかえると、眼下に桔梗ヶ原から松本平のひろがりが見え、北アルプスの連嶺は暗くしぐれていた。北側から東にかけて、美ヶ原、高ボッチ、霧ヶ峰、八ヶ岳。その下の塩嶺の小丘陵の上に、諏訪湖の東半分が見え、南アルプスは雪雲の中にあった。

ふと見ると、東の尾根通しに、あまりにもはっきりした山道がある。何だ、これが正規のルートか。下り始めると、右側松林の中、松茸が採れるらしく、ビニールテープが張られ、他者侵入禁止の掲示がいくつもあった。

もう雪が舞い始めた。とるに足りない小さな山でも、暮のせわしない時、はからずも入山でき、何となくリッチな思いがした。

この優雅な名前の山、誰も気づかぬ筈はない。帰ってから調べてみると、「新ハイキング」誌の昭和二十七年十一月号と昭和四十六年四月号にガイドが載っていた。

山名の由来について。北隣の大芝山とのキリト（山稜が切れ込んで低下した場所――高橋文太郎著『山と人と生活』より）にある山の意ではないか。でもこんな即物的な山名考は実に味気ない。やはり『古今和歌集』あたりにそのいわれを探りたくなってくる。

この付近、霧のたちこめることが多い。車窓左手。特急利用では見えない

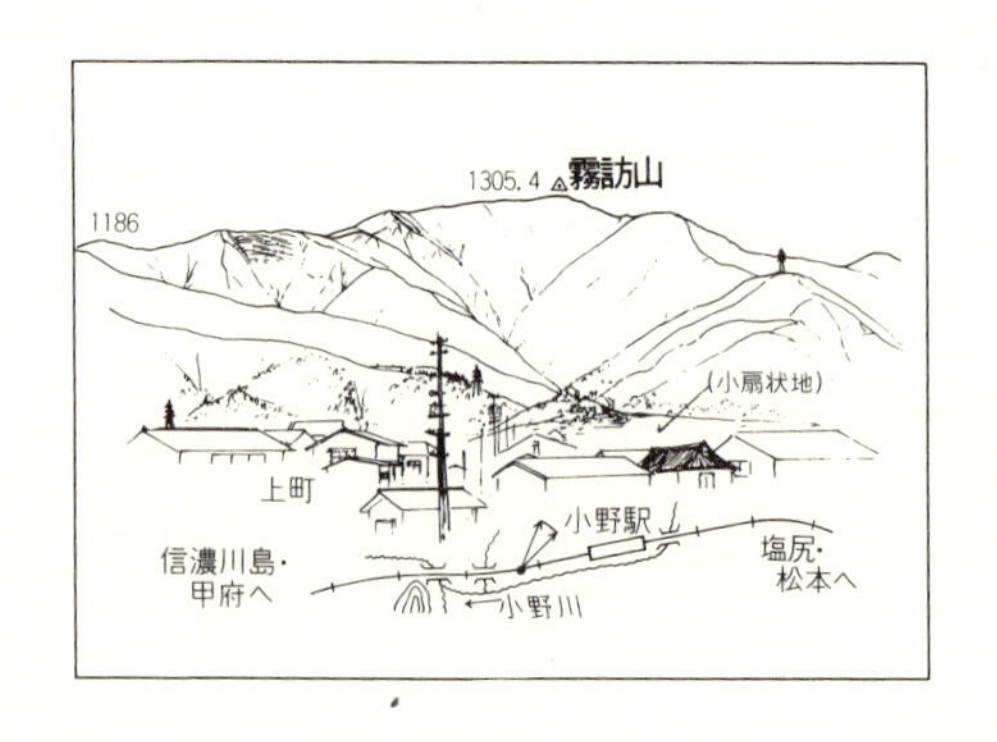

118

鹿島槍ヶ岳

二八八九・七メートル

特徴のある優雅な双耳峰は車窓からもはっきりとわかる。
北アルプスの中でも玄人受けのする山の一つ。

もう十五年も前になろうか。奥志賀から竜王越えのスキーツアーの帰り、長野から急行「甲斐駒」に乗車。すぐに犀川の鉄橋を渡った。走り去るトラスの間から、上流に大きく姿を見せた双耳峰。まぎれもなく鹿島槍ヶ岳（かしまやりがたけ）であった。

かくて六年前、カラコルム遠征の最後の合宿が、五月のこの山であった。雪の消え残った麓の大谷原はフキノトウで足の踏み場もなかった。そして、四囲の山腹をおおったコブシの白い花と残雪のミックス、どれが雪か、コブシか紛うばかりの光景に目をみはった。

東尾根の小台地に幕営、夜、信濃大町の灯が見えた。翌朝、雪の状態は悪かったが、若手の、中島、永田、上原はザイルを結んで頂上をめざした。こちらは風邪気味で、リーダーの大沢と一緒にテントキーパーを決めこんだ。こんなにたるんでいて、果して遠征ができるだろうかとひとり落ちこんでいた。

昭和五十二年、アサヒソノラマで出した『日本の名峰』の中に「一人だけの山頂」と題した、東京中野で山の道具屋を営む、松永敏郎氏の文は印象に残る。

「快晴の空は深く澄んで果てしなく広がり、僕は、その空の下、打ち重なる砕石の上に積った雪の吊尾根に新しい踏み跡をつけながら、南槍の頂上のケルンへ向かって歩いた。黒部川の深い谷をへだてて、そこに剣岳があった。（中略）鹿島槍ヶ岳の山頂は、まさしく、僕一人だけのものであった。強い風にさからって立ち、たたなわる山の峰々に向かって、なつかしい想い出に満ちた挨拶を送る僕の体に、吹き過ぎる風が鳴り、本格的な冬がすぐ近くに来ているのを感じさせていた」と。

さて、この山には異称が結構ある。背競べ（双耳峰なるが故）、隠里嶽（山下のカクネ里に由来）、岩壁に残る雪形から獅子ヶ岳、鶴ヶ岳。南峰を乗鞍岳、北峰を槍ヶ岳。あるいは鹿島入岳、鹿島山。または錫杖岳ともいう。

『信府統記』には「昔シ鹿島明神出現アリシトテ此所ニ登リシヨリ今ニ此名アルナリ」とある。『新しなの地名考』には「この付近の地をしばしば襲った大地震や水害をさけるため、嘉吉三年（一四四三）、常陸の鹿島明神をこの地に勧請したことによって生れた地名である」と載っている。

実際、フォッサ・マグナの西縁にあたるこの一帯は地質的に不安定で、東側の大断崖帯はそのつめ跡かも知れない。そして、鹿島の入り（奥）の岳がなまって、鹿島槍ヶ岳となったのではないだろうか。

これは望遠レンズで引きよせた写真。しかし肉眼でもはっきりと見える

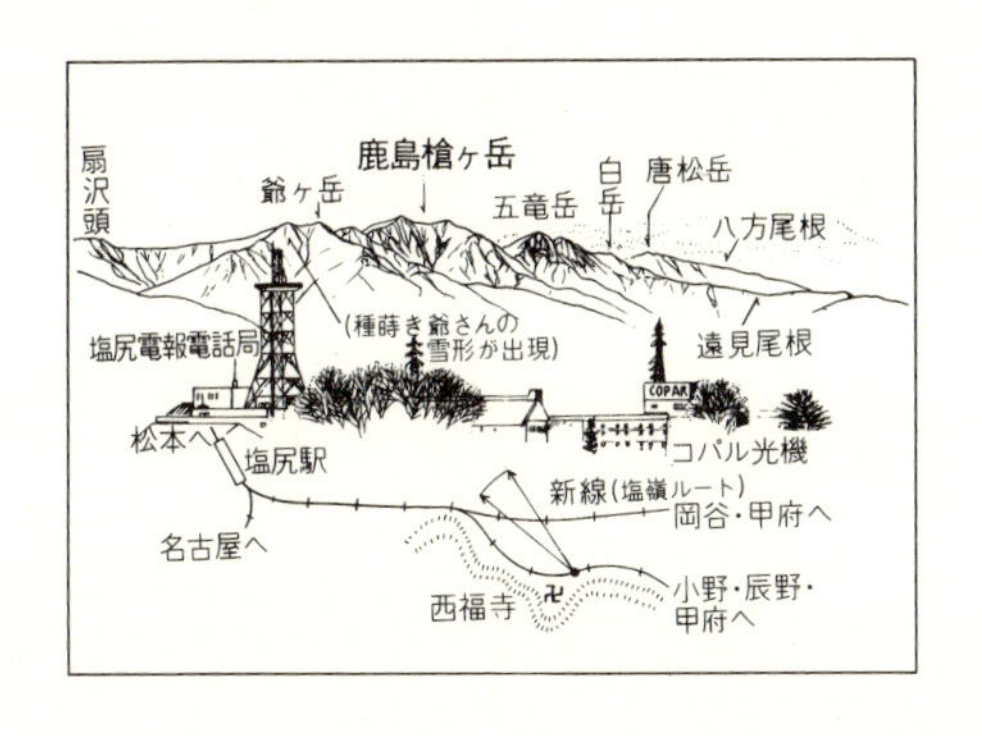

119

高ボッチ山

一六六四・九メートル

タカボッチ。日本語ばなれした山名。
太平洋と日本海の分水嶺。夏空の下では草競馬。

高(たか)ボッチ山(やま)とは日本語ばなれした山名である。『世界山岳百科事典』には「アイヌ語の名残りといわれ、巨大な高原という意味」とある。『地名語源辞典』には「ボッチとは方言でミネの最も高いところ、要するに凸形のものをさす語」、『信州山岳百科I』では逆に「所々に広い凹地ができている。高ボッチという名は、この凹地に由来するといわれる」とある。

三つを比較すると、巨大な高原、ミネの最高点といっても、近くの美ヶ原、霧ヶ峰のほうがはるかに広い。高さでは鉢伏山のほうが高いし、山姿はミネというよりは丘陵形である。となれば「高凹地」に軍配をあげたくなる。

私見だが、ボッチを榜示と読みかえたい。榜示とは地面に棒杭を打ち境界を示す言葉である。この山の南の小野は、小さな集落でありながら二つの行政区分に分かれている。南は辰野町小野、北は塩尻市北小野である。降幡利治氏の『信州の駅物語』には「天正十九年、村の真ん中に境界線が引かれ二つに分割、北小野は筑摩へ、南小野は伊那に属することになった」と。それにつれて、氏神さんも北小野は小野神社、南小野は矢彦神社とならんで二つある。この集落の高みにある榜示。よって高ボッチ。少し無理のようだ？　でもこの山は、太平洋水系と日本海水系の境になっているのは偶然だろうか？

とまれ、この山には乗務の待機時間を利用して、春夏秋とよく登った。夏は臨時バスが頂上直下まで走るので実に便利であった。全土を彩るオニツツジ、それにワラビがたくさん採れた。秋には四囲の眺めをあきるほど楽しんだ。

俗臭粉々たる美ヶ原より人影も少なく、松本平をへだてた北アルプスには早くも雪を見、反対側、眼の高さの霧ヶ峰、瞳をこらすと霧ヶ峰の強清水のヒュッテも見える。その上に八ヶ岳。眼下には諏訪湖、その高みに南アルプスと富士山。人っ子一人いない山頂の一ときは、しんから心安らぐものがあった。

夏、一度だけ大にぎわいに遭遇した。塩尻峠から登りついたところの、すり鉢状の平地で草競馬が行われていたのだ。粗末な柵をめぐり、駄馬にうちまたがって鞭をあてるにわかジョッキーのシャツのけばけばしさには眼をみはった。見物人も三々五々輪になって、うちからつくってきた「お重」をひろげ声援をおくっていた。この競馬の胴元は一体誰であったのだろうか。澄みきった空の下、歓声と交わるカッコーの乾いた鳴き声、今でもはっきりと印象に残っている。

善知鳥（うとう）トンネルを抜けて松本平へ下るあたり、おおらかな丘のつらなり

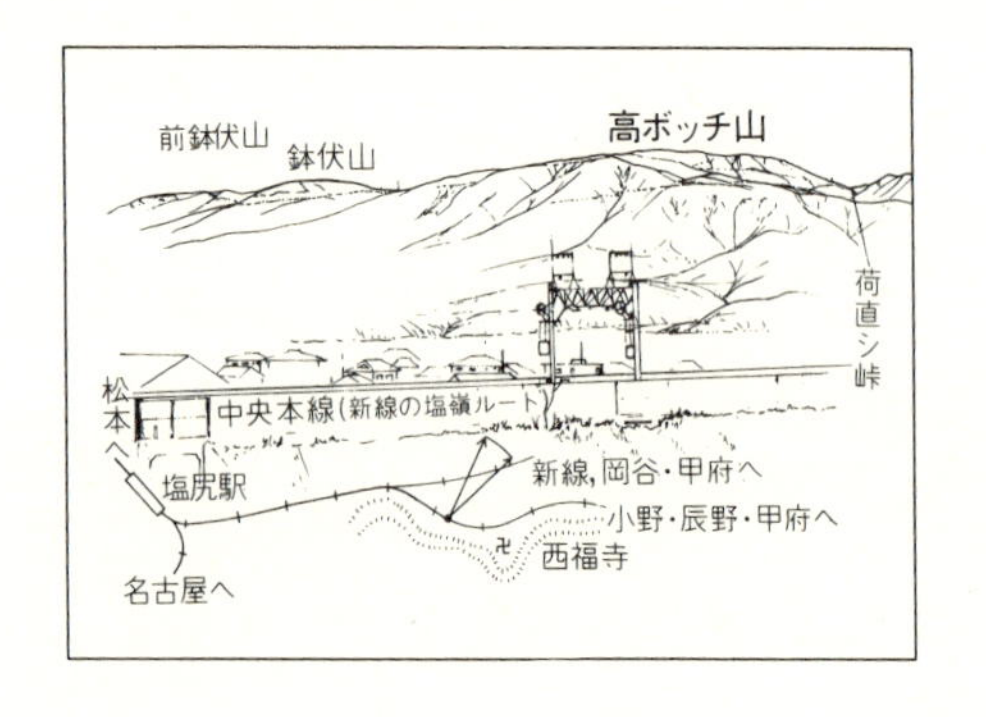

120

白馬岳

二九三三メートル

初夏、この山の北方山腹に現われる黒い馬の雪形。
代かき馬か白い馬か。謎の山名をたどってゆくと……

最近は、東塩尻の高みを走らず、平地の、みどり湖駅経由の電車が増えた（特急はすべて）ので、北アルプス北端の白馬岳（しろうまだけ）は見えにくくなった。やはり、大糸線から車窓間近に、迫力ある山姿を仰ぐにしくはない。

初夏の候、この山のすぐ北、三国境に西向きに現われる奔馬の黒い雪形、これを目安に村人は田んぼの代（しろ）かきを始めたという。故に代かき馬が本意で、決して白馬ではないといわれている。でも、明治十三年二月、長野県で編纂の『信濃地誌略』下巻に「篦嶽（一ニ楠川入山ト云）ハ千國村ニ面起スル高山ニシテ、山脈乗鞍薬師白馬等ノ諸嶽ニ亘リ……」とあり、別表に「ハクバ」とルビがふってある。

この山名の移り変わりは、白馬村の教育長、長沢武氏が、大町山岳博物館の機関誌「山と博物館」に「白馬岳小史」と題し、昭和三十六年〜八年、四回にわたり詳述している。それによれば、越中では上駒ヶ岳、越後では大蓮華山または華山嶽。肝心の信州では一般に「タケ」と呼んでいたらしい。それが、文政七年（一八二四）三月の千国村対塩沢村の「山論済口絵図」に始めて「白馬の嶽」と出てきたとのことである。

かのウエストン師は、明治二十七年と大正二年の夏、白馬岳に登っているが、前者は大蓮華、後者では白馬岳と書いている。その二十七年には一等三角点の本店が撰点され、大正二年には陸地測量部の五万分の一の地図「白馬」が刊行されたので、一応山名論争に終止符がうたれた。でも最近では、村名も駅名も「ハクバ」というようになったのだからどうなっているのだろうと思う。

さて、その早期登山者の一人に長野中学の博物の教師、志村烏嶺がいる。雅号の通り、彼は栃木県の烏山の生まれである。明治三十七年に白馬岳に登り植物採集。またその時撮った写真は、日本人としては初めて、英国山岳会のアルパイン・ジャーナル詩上を飾った。明治四十年に『やま』を出版、それには白馬岳とか白馬尻という名が出ている。そして、明治四十二年には、山岳写真集『山岳美観』二巻を刊行した。これは日本の山岳写真集の嚆矢をなすものである。

少々私事を述べれば、もう十五年も前のゴールデンウィーク、白馬の中央稜をやるという若い仲間に同行。こちらはスキーで大雪渓をあがり、頂上からデブリ（雪崩の跡）を避けながら豪快（?·）に滑りおりた。彼ら曰く、「山村さんも堕落したもんだ。スキーで下るとは」と。

みどり湖駅付近、よく晴れた晩秋～早春の車窓からは、はるかに白馬連峰（望遠レンズ）

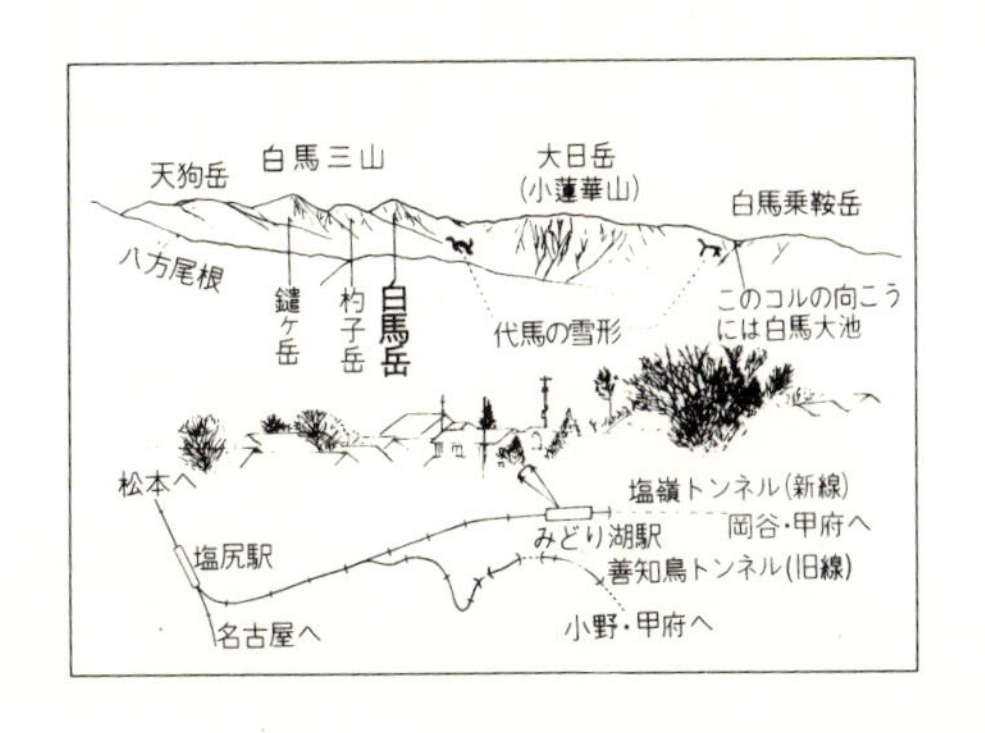

121

鉢盛山

二四四六・四メートル

松本平の西南にひときわめだつ鉢を伏せたような山。
登山者にはなじみのないような山にでかけてみると……。

昭和四十三年、松本市郊外の神田地籍に、池田三四郎氏が、自社の家具製作職人の寄宿舎を建てた。御案内をいただき早速参上。富山県の合掌造りの民家を移築したもので「民藝生活館」と名付け、いかにも池田氏好みの豪壮きわまるものであった。

二階から常念、燕など北アルプスの前衛の山々が見え、松本市街の彼方に、どっしりとした円頂の山が眼についた。池田氏曰く、「あれは鉢盛山だ。東の鉢伏山とは好一対ではないか」と。

人間というものはおかしな習慣があり、遠出はするが、手近なものにはなかなか食指が動かない。やっと重い腰をあげたのは本年（昭和五十九年）七月二十三日。塩尻から、御道開渡、御馬越といわくあり気な集落を経て、野俣川左岸の林道を車であがった。

終点近くの岩沢入尾根の入口で朝食をとっていると、神戸ナンバーの車が来た。過去六年間、ウィークデイの藪山で人に会ったのは今朝が初めてである。向うも、こんな山に先客がいたので驚いた様子だった。この初老の紳士に、みちみちお話を聞きながら登り始めた。神戸市東灘区西岡本にお住いの小坂明氏である。山を五十五歳になってから始められ、この鉢盛山が九七六番目とのこと。今西綿司先生は千四百座お登りだが、私は先生のお年には、それを突破するでしょうという。今まで登った山の高さを累計すると、青森から山陽線の相生あたりまで来ている。今リストアップしてある山、千五百山を終わる頃は熊本に達するだろうとのこと。恐るべき方だ。

道は入山者の少ないわりによく整備されており、ハト峰に通ずる村界尾根に上ると、シラビソ、コメツガの樹林帯となり、セリバシオガマが咲いていた。やがて権現の原という小湿原に出、ついでプレハブの山小屋が現われた。中にはガスコンロ、寝具、非常食まで完備しており、びっくりした。

ここから一投足、一等三角点の補点が三つの祠に囲まれていた。登高二時間、梅雨のさ中、四囲の展望はなかった。少し離れて、中部電力ＫＫの巨大な反射板二基がたっている。これが車窓から光って見えるのだ。

この山は、松本平の西南の台地一帯の常習旱魃地の雨乞いの山であったという。『信濃国地誌略』には「八森山――一名鉢伏山ト云フ」とあるが、山姿からいえば、本物の鉢伏山よりはるかに鉢を伏せたように見える。

車窓左、梓川の谷左手の高みにあってよくめだつ山

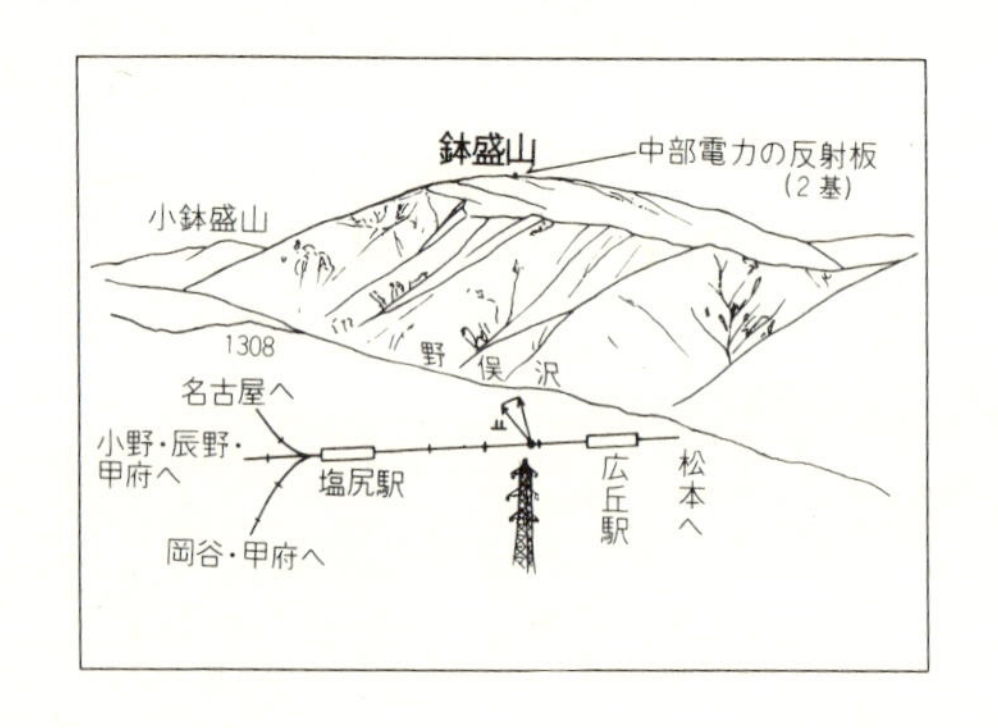

122

鉢伏山

一九二八・五メートル

太平洋と日本海の分水嶺をなす東山の一峰。
鉢を伏せたような形の山だが、その山名考証をたどってみよう。

松本平の人たちが通称している東山は、太平洋と日本海との分水嶺をなしており、二ツ山―鉢伏山(はちぶせやま)―横峰―高ボッチ―東山―塩尻峠へと南北に走る丘陵状の山並みである。その中で、鉢伏山から高ボッチにかけては、樹木はほとんどなく草原となっており、格好の山岳展望が得られる。

『長野県町村誌』は「頂上より東を望めば、浅間嶺の煙高く靡き、諏訪湖の漁舟は眼下に集まり、富士の高嶺は巍然(ぎぜん)として雲外に聳え、西南に回顧すれば、駒ヶ岳、御嶽、乗り鞍(ママ)岳の諸岳突立して眺望佳絶の地なり」と叙している。でも、私のふるさとの山、八ヶ岳や白峰などが抜けていてちょっと淋しい。

雑誌「アルプ」一二八号に「鉢伏山名粗考」と題した密度の濃い文章が載っている。「粗考」などと謙遜しているが、とんでもない。筆者は、岡茂雄氏である。氏は著書『本屋風情』で第一回日本ノンフィクション賞を受賞しておられる。経歴は異色で、一八九四年松本生まれ、陸軍幼年学校、士官学校を卒業。一九二〇年、陸軍中尉で軍籍をはなれ、のちに岡書院、梓書房をおこす。昭和の初期、山岳名著といわれている本のほとんどはここから出版されている。

その本文（のち実業之日本社刊『炉辺山話』に収録）をそっくりここに再掲したいが、その要旨だけで我慢してほしい。徳川期には鉢伏山であったのが、明治初年、検地の役人の宛字で「八伏」の字を使ったらしい。その証拠を、明治六、七年明治九年の絵図からはじめ、明治二十年の土地台帳まで探し出して考証しておられる。

また一方では、明治年間の吉沢鶏山著『信濃地名考』、『菅江真澄遊覧記』の中、天明三年の記録、明治三十五年の『塩尻嶺の露』、大正七年の『塩尻地誌』に出てくる「いの字山」と鉢伏山とのかかわり。そして「文字通り山容が鉢を伏せたようだからというう以外説明のしようがない」と結論づけ、それがいつ頃からつかわれた山名であるかまで言及しておられる。

また、この山と習俗との関係におよび、麓の牛伏寺（ごふくじ）の守護神蔵王権現が、鉢伏権現と名をかえたのは平安中期と断定。山頂近くの「鳴雷神」とほられた大きな自然石から、この山が雨乞いの山であることの証明。さらに、春先に山腹に残る雪形の鎌雪（田淵行男氏の『山の紋章　雪形』には「帰雁」とある）を麓の農民は農耕の目安にしたことなどに触れておられる。

さすがに、考古学者、人類学者の鳥居龍蔵先生の教えを受けられた方だと思った。

高原状のゆったりとした山が右車窓いっぱいにひろがる。このあたり、右、左、車窓展望は忙しい

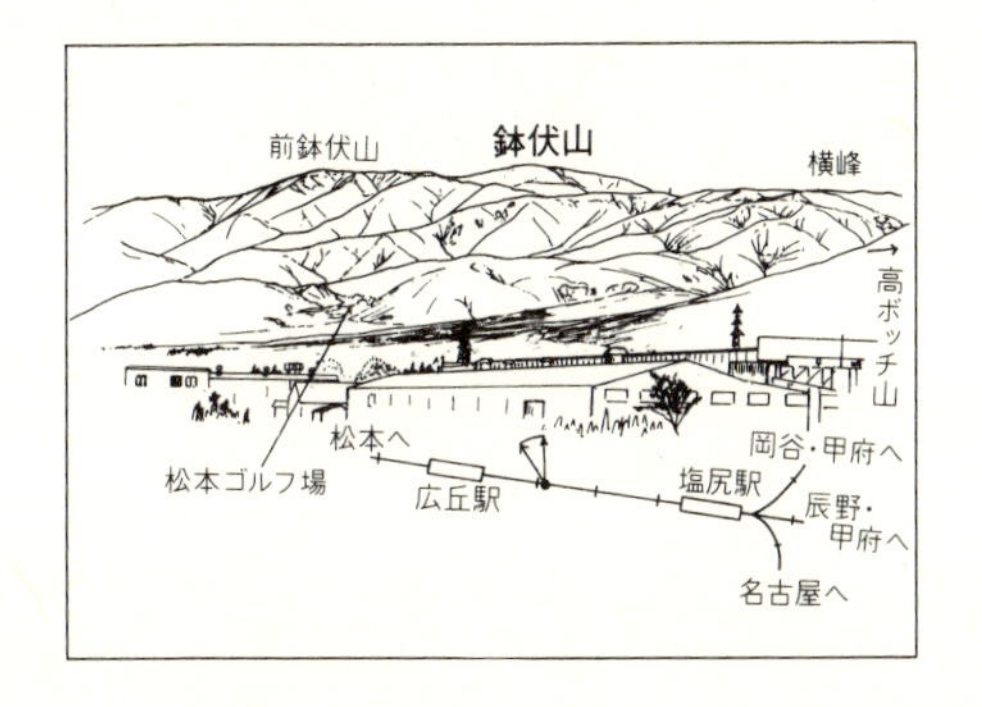

123

鍋冠山　二一九四・二メートル

高峰、秀峰並びたつ北アルプスの中では、
二〇〇〇メートルを抜いていても半端な前山扱い。

鍋冠山（なべかんむりやま）とは全くうまい名前を付けたものだ。鍋をかむったように見えるからである。家庭の日常生活用品の鍋（といっても最近の洋風鍋を連想してもらっては困る）からヒントを得た山は全国にたくさんある。鍋頭、鍋ヶ森、鍋倉山、鍋尻山、鍋底山、鍋岳、鍋釣山、鍋蓋山、鍋山などと数えあげたらきりがない。

明治十三年発行の『信濃国地誌略』には「鍋冠山ハ安曇村ノ東ニ面起シ、山脈黒沢山ニ東走シ、南ハ霞岳ニ連ナリ、北ハ鳥川山ニ亘ル」とあるが、ナベカブリヤマとルビがふってある。『善光寺道名所図会』もそうである。これが本来の呼び名であろう。

北アルプスの中でこんな半端な山は誰も見向きもしない。でも何とかして観光の波に乗せたいと考えた人がいた。

松本から島々、安房（あぼう）峠を越えて高山までは定期バスも走っている。途中から分岐した上高地は袋小路で観光客を独占している。このお客を何とかおびきよせるには回遊道路をつくるしかない。

そこで考えついたのが、大滝山の項でも触れているが、上高地から大滝山、鍋冠山を経て三郷村に抜ける旧飛驒新道の復活である。でも、まさか国立公園の真唯中に観光自動車道の建設を正面からうたうわけにはいかない。事実、戦後、たくさんの観光林道が建設されたが、不思議なことに、正面から観光を目的にうたったものは一つもない。

鍋冠山一帯の林業経営の便をはかること。ついでに袋小路の上高地は災害にあうと孤立するので脱出ルートにすること。これには梓川沿いの渓谷道より山巓道路のほうが安全であること。こんな発想で、地元では昭和二十八年から十年がかりで三郷村スカイラインをつくったが、やはり反対運動がおこり開通は一頓挫。でも昭和三十三年の上高地一帯の集中豪雨のときは、その本領を発揮し、脱出ルートとして役立ったという。

人間というのはずるいもので、いったん林道が開通すると意外にこれを利用してしまう。実際、大糸線の一日市場から終点まで車を使えば、あと二時間たらずで頂上についてしまうのだから無理もない。

さて、その三郷村だが、昭和二十九年に、明盛、温、小倉の三つの村が合併したものである。私にとってこの村が忘れられないのは「野沢菜茶漬」の製造元「日本エフディＫＫ」があることである。山行時、これをあたたかな御飯にまぶしてよし、冷たい御飯のお茶漬けもまたよし、実に便利なものだからである。

名は体を表わす？　一見してそれとわかる鍋冠山は北アルプスの前山

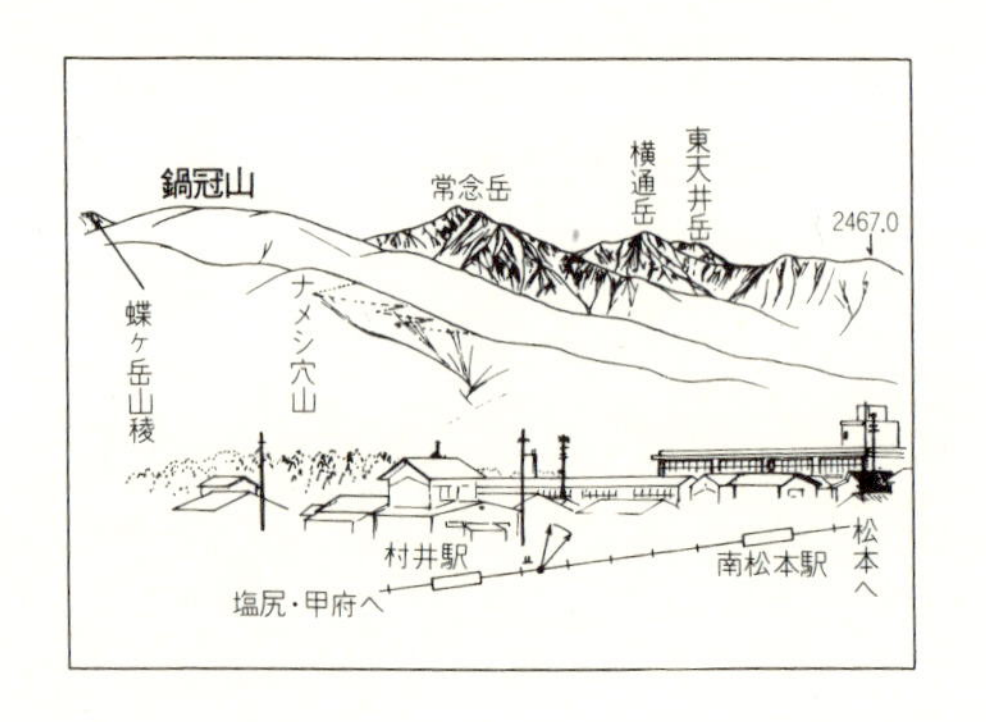

124

燕岳

二七六二・九メートル

夏には小学生も団体で登る。北アルプスでいちばんなじみ深い山の一つ。
山名は鳥のツバメとは関係ない？

「出発」山田先生の声が中房温泉旅館の庭にひびき渡った。

＊

小学六年生の国語の教科書「燕岳に登る」の冒頭である。なつかしいのひと言。

本年（昭和五十九年）梅雨の中休みの宵、横浜の三田幸夫氏（日本山岳会名誉会員）のお宅で小さな集まりがあった。その席で登山史の研究家、山崎安治氏より大変珍しい絵はがきが披露された。

残雪の燕岳から槍ヶ岳を撮ったブロマイド写真の裏に、びっしりと認められたペン書きの字であった。これは板倉勝宣氏のお宅からあずかっているとのこと。「……燕ハ天気がヨカッタ仕合セシタ。遠イ処ハ富士ヤ赤石カラ中部ヂャ立山ヤ笠ヤ鎗ヤ近イ所デハ例ノ双六レンゲ鳥帽子ノ屋根ガスッカリ見エタ。夏ト餘リ感ジガ異フノデ度膽ヲ抜カレタ。鎗ノ天丈沢ト千丈沢ハ見ルカラニ誘惑スルネ。真向ダ……」と綴られていた。

これは、大正十年一月、畠山善作を案内に、山崎深造氏と雪の燕岳にスキーで初登頂を果たした松方三郎氏が、学習院初等科からの同級生、前記板倉勝宣氏にあてたものだという。

板倉氏は、備中松山藩主、勝弼の九男。北大から京大大学院に入る予定のところ、大正十二年、槇有恒氏、三田幸夫氏と冬の立山に登る途中、風雪にあい、一月十七日午前零時五十七分、松尾峠で槇氏に抱かれて亡くなった。享年二十五歳。その状況は、槇氏の『山行』に延々五十五ページにわたり報告されている。一方、三田氏は救援依頼のため下山中であった。そして彼も三日間雪中を彷徨。「松尾坂の不思議な幻影を思ひ返して」がその消息を伝えている。

話しを本題にかえそう。風化した花崗岩がつくる特異の岩塊とハイマツの織りなす色彩のコントラストのこの山は、北アルプスの入門コースとしてつとに有名である。特に、ここから大天井（おてんしょ）岳、赤石岳を経て東鎌尾根から槍ヶ岳に至るルートを表銀座コース、常念岳に抜けるものを前銀座コースと通称しているほどである。

さて、山名について。明治三十九年八月、小島烏水は燕岳に登っているが、その紀行「燕岳及大天井岳に登る記」に「土地の人はツバクラ岩と言って岳とは呼ばなかった」と記録している。「ツバ」も「クラ」も崩壊地形または浸食地形を指す言葉なので、恐らく山容から付けられた名前ではないだろうか。

塩嶺トンネルを抜けると、北アルプスの山波が目に入る

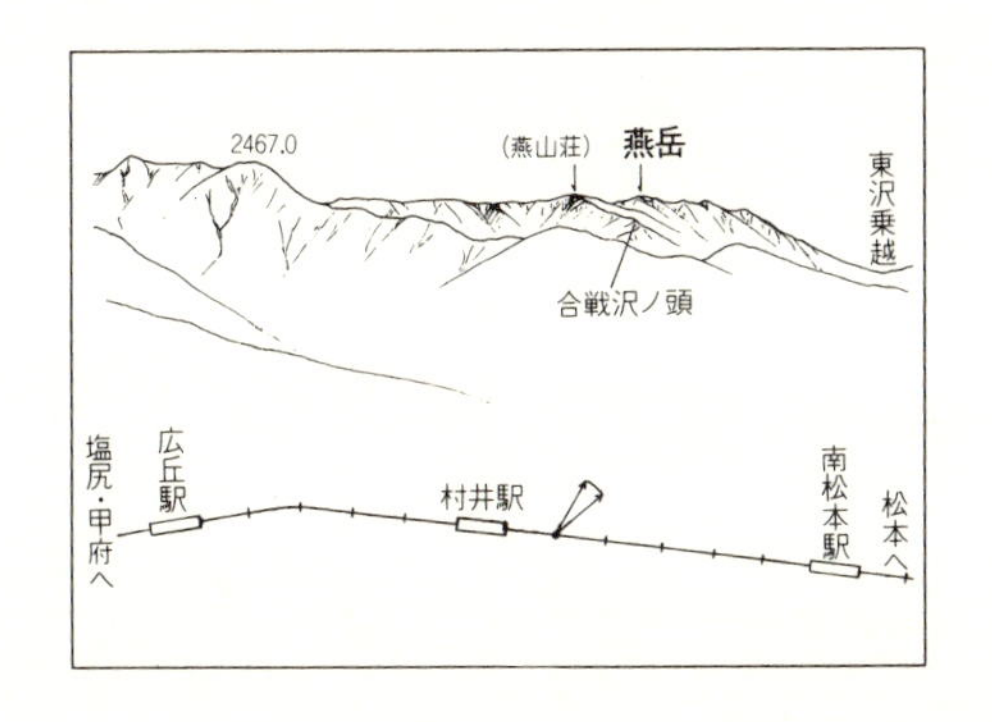

125

仙丈岳

三〇三二・七メートル

三〇〇〇メートルを抜く高峰なのに里から見えにくい山。
それが思いがけない地点の車窓から見えた。

車中で、お客さんの話を小耳にはさんだ。村井のあたりで富士山が見えるというのだ。早速地図にあたると、見えそうだ。善は急げと、休みの日、村井駅で夜明けを待った。やがて、塩尻峠のスカイライン上に、アレッ、富士山じゃない。甲斐駒のピラミッド。その右隣の潜水艦形は？　そうだ、仙丈岳（せんじょうだけ）ではないか。

これで、新宿―松本間の車窓から、南アルプスの三〇〇〇メートルを抜く高峰十三座が全部見えることになった。全く仙丈岳という山は恥ずかしがりやで、伊那谷を除いて、里からは本当に見えにくい。それでも『甲斐国志』には「千丈ヶ嶽、白峯ノ西北ニ在リテ能呂川北沢ヲ隔ツ是伊奈郡ニ界スル高山ナリ」と載っている。恐らく、山腹のカールを千畳敷にみたてて名付けられたものだろう。

武田久吉博士の『明治の山旅』には「前岳、御鉢岳」と伊那の人たちはいっているとある。安永八年（一七七九）、高遠藩士葛上源五左衛門著の『木之下蔭』にも「前岳」とある。これは白崩山（東駒、甲斐駒ヶ岳）に対しての前岳であって、白峰のそれではない。御鉢岳というのは、仙丈と同じくカール地形からきている。

登山者として積雪期初登頂は、大正十四年三月十九日、京都三高山岳部の西堀栄三郎氏らであった。「三高山岳部報告」第四号に、桑原武夫氏は登頂の夜「小屋から今朝自分たちの刻んだジッグザッグが星の光に輝いて上へ上へと登ってゐるのを眺めた時の気持ちは、自我といふやうなものを離れた、もっと澄んだ喜びであった」と描き残している。

本年（昭和五十九年）四月七日、京都で、今西錦司先生の千四百山登頂の祝賀会が開かれた。その時の登頂メンバー、前記西堀、桑原、それに多田政忠の諸先生が顔を揃えた。思い出の山の初登頂者たち。千載一遇、早速、あつかましくもサインをねだった。

思い出せば、昭和三十二年十二月の新婚旅行の山であり、その時、今は亡き春陽会の創立発起人の一人、山岳画家の足立源一郎先生からは、ここから見た甲斐駒ヶ岳を描いた色紙をお祝いにいただいた。それにまた、銀婚式記念登山の山でもあったからである。

東京での生活をすて、この山と三峰（みぶ）川をへだてた廃村、「浦」で晴耕雨読の交野（かたの）武一氏（日本山岳会名誉会員）からは四季折々、仙丈岳を写した自作の絵はがきをいただく。四囲の眺めのよさ、高山植物の豊富さもさることながら、この山を媒介とした、人と交わりを強く意識する、それが仙丈岳である。

村井駅を過ぎて見える。もちろん村井駅構内からも

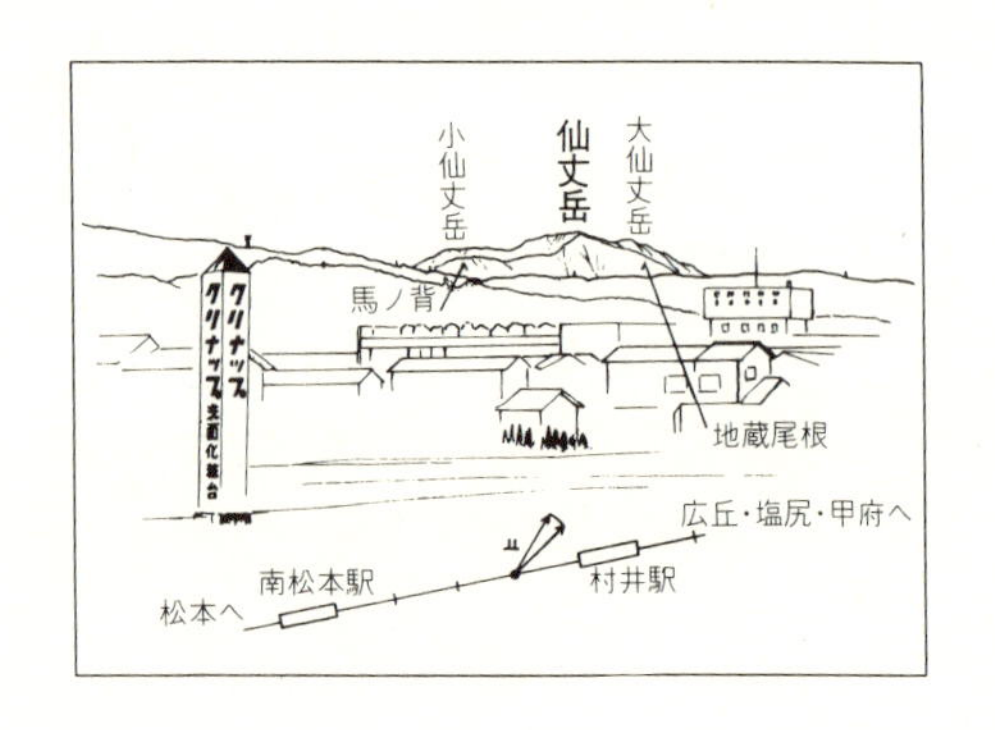

126

王ヶ鼻

二〇〇八メートル

王様の鼻？　全体が大きな天狗の鼻に見えたからという。
美ヶ原の一角、テレビ塔が林立。

王ヶ鼻（おおはな）というよりは、美ヶ原（うつくしはら）の西端の頂といったほうがわかりやすいかも知れない。テレビやマイクロウエーブの中継塔の林立するこのピーク、何が故に「王ヶ鼻」だろうかと、永いあいだ疑問に思っていた。

ところが、雑誌「アルプ」一三二号（のち『炉辺山話』—鉢伏山の頂参照—に収録）に、岡茂雄氏が「美ヶ原史話」と題し一文を草されたので氷解した。「全体が大きなそして不気味な天狗の鼻に見えたのである。大きな鼻の形をした山というのが原義なのではないか」と書き、稜線の鼻形を白抜きでなぞった写真を載せておられる。やはり、山名は山姿から名付けられたものが多いようだ。

それにしても、美ヶ原とは。どうせ観光業者か何かの命名であろうと思ったが、あにはからんや、松本藩が享保九年（一七二四）に編んだ『信府統記』に「うつくしが原ト云フアリ此ノ原ハ山ノ上ノ平ニテ凡ソ二三里ニ及ベリ是ヨリ富士山其外近国ノ大山皆見ユ……」とある。

「美し森」の項でも述べたが「ウツクシ」は「ケモノの通い路」が原意だろう。

この高原には四季を通しよく足を運んだ。今から二十四年前、長女が生後九ヶ月の五月、この頂に立ったこともある。さわやかな風の心地よさは赤ん坊にもわかるのか、行き交うハイカーに、のどを鳴らすような声を出して、盛んにお愛想をふりまいていた。

もう十年も前、信越線の上田からバスにゆられてあがった。車内には関西から来たという娘さんと二人きりになった。運転手が、「お客さんたち、いい時に来たよ。昨日までは雨で。夏なんか来てごらん。人ばかり多く、とても美ヶ原なんていえた義理はないよ」といい、初夏のツツジもいいが、放牧の牛もおりてしまった晩秋、今の季節が一番いいと力説していた。

白樺平から台地を横ぎっていった。牛伏山に立つと、西のほう、新雪の槍や穂高が斜光を浴びておだやかに連なっていた。尾崎喜八の詩碑として有名な美しの塔を後にして、女の子は三城牧場のユースホステルに泊まるといって、足早に百曲りのほうに消えていった。

私は、美ヶ原高原荘の人となった。客もいないらしく、お土産品コーナーには、はやシートがかけられていた。王ヶ鼻に立ち今しも御嶽（おんたけ）の山腹に沈む日輪を眺めた。

翌朝、松本の井上デパートの展覧会場で、予定通り棟方志功師に会った。図録の扉に目にもとまらぬ早さで、大きく「棟」のサインをいただいた。昭和四十七年十一月十二日。生前の棟方師の見おさめであった。

松本到着間近、田川鉄橋から。テレビ塔が林立しているのですぐわかる

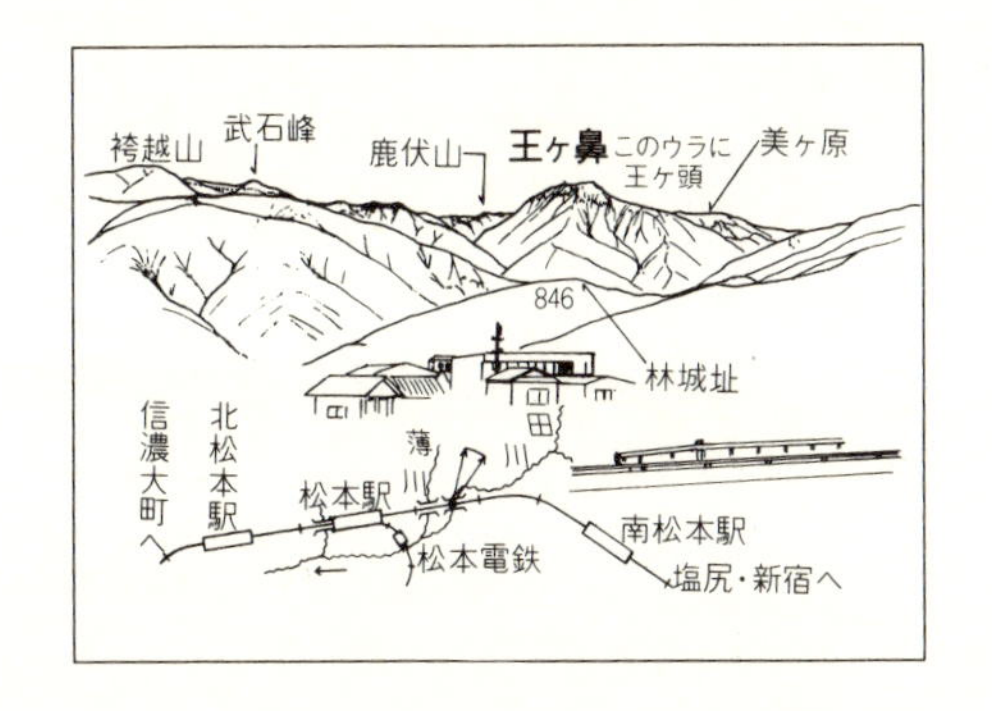

127

常念岳

二八五七メートル

松本付近から見るすべての峰の中で、
常念岳の優雅な三角形ほど、見る者に印象を与えるものはない。

「新しく着任した校長は……毎週月曜日に行われる校庭での朝礼には『常念岳を見ろ……』ということしか言わなかった。」あの長編『安曇野』五巻をものした臼井吉見氏の「山近ければ山を忘る」の一節である。

「庭の紅梅の蕾もかたく、たむけの花にもことかくさびしい葬式だった。霜どけの田圃道を、兄の棺は荷車につまれて焼場にむかった。わだちもきしむ泥道を行く惨めな若者のとむらいを、黙りこくった山脈が、あの常念岳が見おろしていた。」敗戦時、陸軍士官学校に在学、家族の疎開先、豊科（鳥羽、吉野、新田、成相の四集落の頭文字の合成）に復員し病没した亡兄への鎮魂歌。戦中戦後の少女期五年間をこの地に暮した、蜂谷緑さんの『常念の見える町—安曇野抄』（実業之日本社刊）の一節。同世代にあった者として身につまされた。

この常念岳(じょうねんだけ)に登山者として最初に登ったのは、かのウエストンである。師は「松本附近から見るすべての峰の中で、常念岳の優雅な三角形ほど、見る者に印象を与えるものはない」と書き、初登頂を果したのは、明治二十七年（一八九四）八月七日のことであった。その前夜、常念乗越の幕営地で、ガイドの藤原という猟師は次のような伝説を語っている。

盗伐の一団が夜営をしていた。そこへ、頂から吹きおろす夜風とともに、僧侶の読経の声と鐘の音が何時間も続いた。彼らは良心の呵責にせめられ里に逃げかえり、ふたたびこの山に行かなかったという。その話をきいた松本平の人たちは「『常念坊』『常念岳』（いつも祈りをしている僧がいる峰）という名を付けた」（岡村精一訳、ウエストン著『日本アルプス・登山と探検』より）。

この山、松本平の北部の人たちは別名で乗鞍岳という。奥常念と前常念とのつながりが馬の鞍形に見えるからである。ちなみに、三角点は前常念岳にあり一等三角点の補点である。

明治三十九年、この頂に立った小島烏水は、「いつまで経っても、融(とろ)けもしなければ揺ぎもしない、身も魂もこの空気の中に融けてしまひさうだ。併しいつまで経っても、融けもしなければ揺ぎもしないものは、穂高と槍である。無限の時間と空間とに、不朽の身を向けている一本槍ヶ岳は、ここから見ると、七八箇の鈍頂と一箇の鋭錐とを有して天を刺してゐる……常念は穂高と直線に睨み合ひ、槍に向って北東へ近斜線を放ち、御嶽や乗鞍岳に向って南西へと遠く、大斜線を放射してゐる」と的確な描写を残している。

端麗な三角錐の常念岳。初夏、常念坊の雪形が東北斜面に現われる

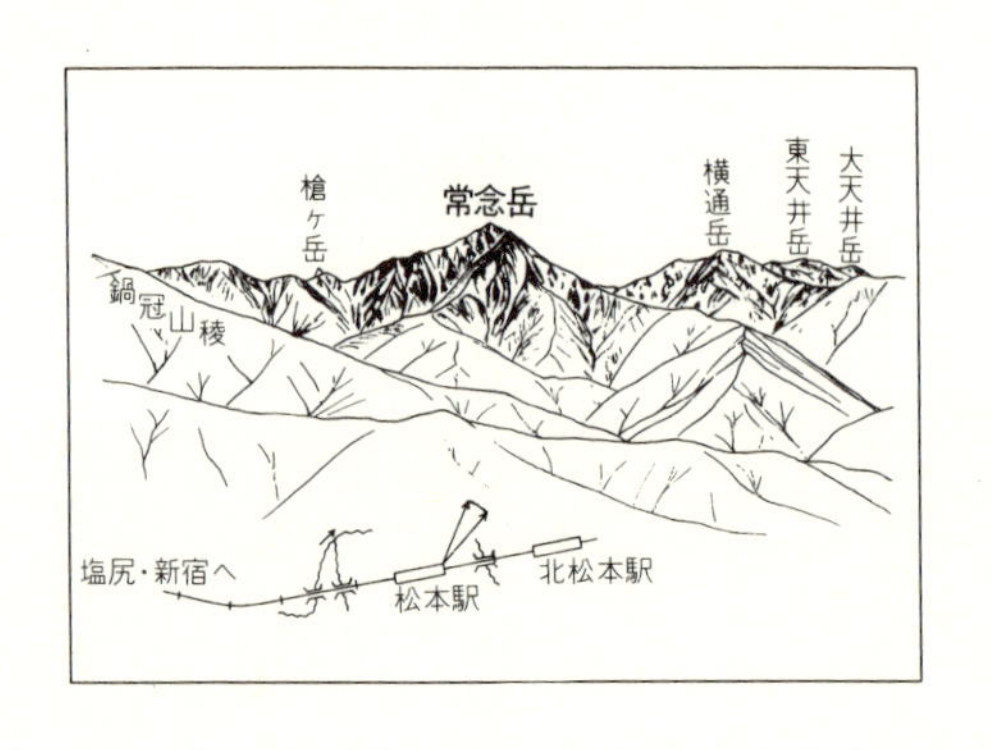

128

大滝山

二六一四・五メートル

徳川期、信州と飛驒を結ぶアルプス横断の道がこの山に。
神道開削の難事業に生涯を賭けた二人の男。

大滝山（おおたきやま）は、『日本山名辞典』に九座載っている。長野県には二つあり、伊那の経ヶ岳の北、大滝沢の脇にあるものと、穂高連峰の前衛の大滝山である。この山も、島々谷の奥、大滝沢の源頭の山となっている。でも、享保九年（一七二四）、松本藩編の『信府統記』には「大嶽」とある。恐らく山頂に横に大きく広がっているところから名付けられたものであろう。

この山に登るには、上高地の奥、徳沢（トクサのたくさんはえている沢の意か）から登るのが最短経路である。このコースは、徳川期に開削された、松本平と飛驒高原郷（たかはらごう）とを結ぶ飛驒新道がもとになっている。建設のいきさつについては「アルプ」一五三号から一五五号にかけて．岡茂雄氏が書いておられる（のち実業之日本社刊『炉辺山話』に収録）。

それによると、文政二年（一八一九）に安曇郡岩岡村の庄屋伴次郎、小倉村の中田又重郎の二人が松本藩に新道開発の願書を出した。松本平の米と、北陸から飛驒に入る海産物との物資交流がねらいであった。松本藩から金子百八十両の補助はあったものの、二人は資産すべてをなげうっての大工事。そしてようやく全線開通したのは天保二年（一八三一）八月十一日。でも半年は雪で通行不能ということもあって、折角の道路もわずかに二十五年の寿命であったという。

この道は、松本、小倉、鍋冠山、大滝山の肩、徳沢、上高地、中尾峠、中尾と上下したものであった。今考えれば、どうして高い山をわざわざ越したのだろうかと不思議である。恐らく、沢通しの道は距離ものびるし、山崩れ、洪水などの危険性があり、保守するにも手間ひまがかかったからであろう。それにしても、この難事業に生涯を賭けた、伴次郎、又重郎の心のささえは一体何であったろうか。

さて、又重郎は、この飛騨新道の工事が縁で、槍ヶ岳を開山した播隆上人と出会った。そのいきさつは、前記岡氏のものとともに、昭和五十七年刊、朝日新聞松本支局編『秘録・北アルプス物語』にくわしい。

森林限界をようやく抜けた、ハイマツの山稜からの眺めには特徴がある。眼前の、長(なが)塀山(かべやま)とはよくぞつけたと思うほどの長い塀を思わせる尾根越しに、中腹以上を見せる穂高連峰や槍ヶ岳。さらに北には、大きなふんばりを見せる常念岳。四季、それぞれの賑わいを見せる北アルプスの中にあって、わりに人影の少ない地味な山域である。気の合った仲間との秋の山旅などにはうってつけの山といえよう。

あまり訪れる人もないアルプスの一峰だが、古い歴史を秘めている

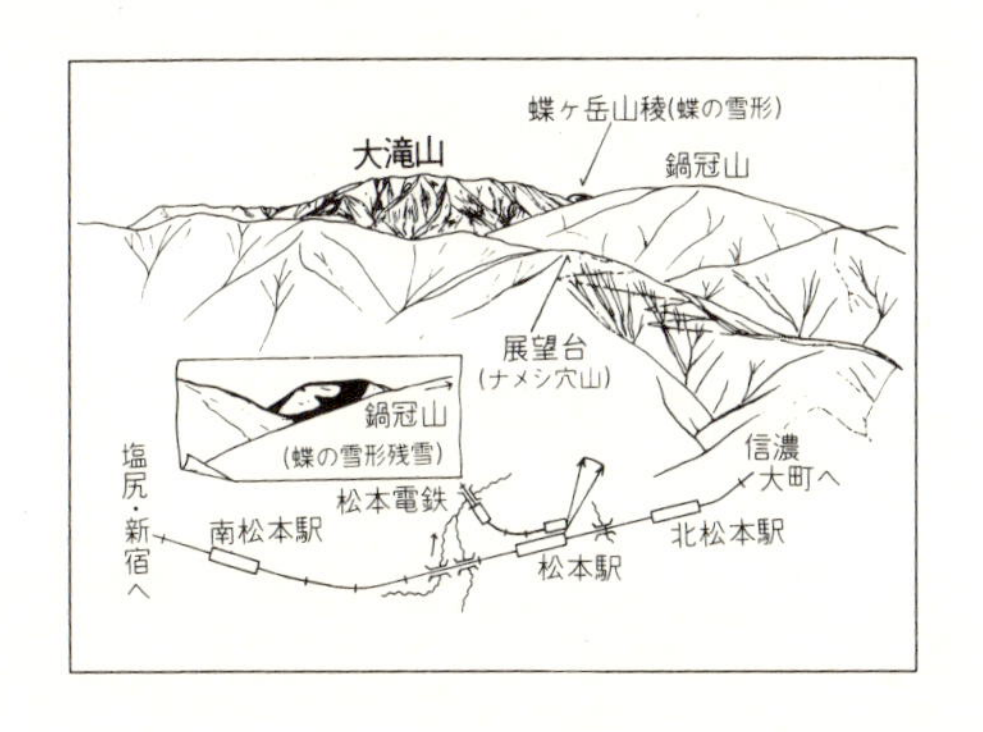

129

有明山

二二六八・三メートル

信濃富士、有明富士の名で親しまれる。
信濃の奥に、なぜこんな文学的な山名が付いたのか。

松本車掌区の棟つづきに、乗務員宿泊所がある。この三階に泊り、翌朝、窓をあけると、眼前に北アルプスの峰々がとびこんでくる。特に冬の朝、雪の山肌がピンクに染まるときなど、いくら見なれた風景とはいえ、胸おどり、感激あらたなるものがある。

正面にどっかりと構えるのは常念岳の三角錐であり、その右はるか離れて小さくはべっているのが有明山(ありあけやま)である。もしそこに残月でもあればまさに、有明け。

有明のつれなくみえし別れよりあかつきばかりうきものはなし
ほととぎす鳴きつる方を眺むればただ有明の月ぞのこれる

いずれも小倉百人一首の歌であるが、鎌倉初期の歌人、西行法師は、

信濃なる有明山を西に見て心ほそのの道を行くめり

と歌っている。心細さと、麓の細野村との「かけことば」がうまく決まっている。

どうして草深い信濃の山奥に、このような文学的な山名がついたのだろうか。『日本名勝地誌』は、有明山の頂で「霖雨ある毎に河水汎濫上流より巨石を押流し来りて雨後

は必ず沿岸の景色一変す」と記している。案ずるに、有は、荒磯をアリソというように「荒」の転化。「明」は『古代地名語源辞典』でいう「崖」「湿地」であるとすれば、中房川の氾濫で生じた「荒れはてた湿地」あるいは花崗岩の風化による「荒れた崖」の源頭の山という意ではないかと思う。

『有明開山略記』に、享保六年（一七二一）「宥快法師先達にて有明の嶽に登る峰けはしく谷ふかくして……中々本山に登るべき道なし岩せき屏風を立てたるがごとく……」とあれば、いかがなものだろうか。

『日本山嶽志』は「山頂ニ達スルヤ、華表アリ、奥ノ小祠ヲ有明神社トナス、松本市ノ粉壁、梓川・奈良井川ノ銀蛇、歴落眼ニ入リ、天風飆々（ひょうひょう）、塵寰（じんかん）ヲ絶ス」と山頂の様子を活写している。

『信濃案内』（大正二年刊）には「戸放（とばなし）山ともいひ、タヂカラオノミコトが天の岩戸を排して日の御神を誘ひ出し……」とあり、どこかで聞いた覚えのある伝説を伝えている。

その他、天狗が現われ、一夜で田植えをしてしまったとか、結構土俗的な話も残っている。それだけ里人の生活に密着していたわけである。また名を「信濃富士」「有明富士」ともいい、登山者の数は少なく、お隣の燕岳の賑わいがウソのような、わりに静かな山である。

北アルプス前山の一つ。信濃富士の別名のとおり特徴のある姿でよくわかる

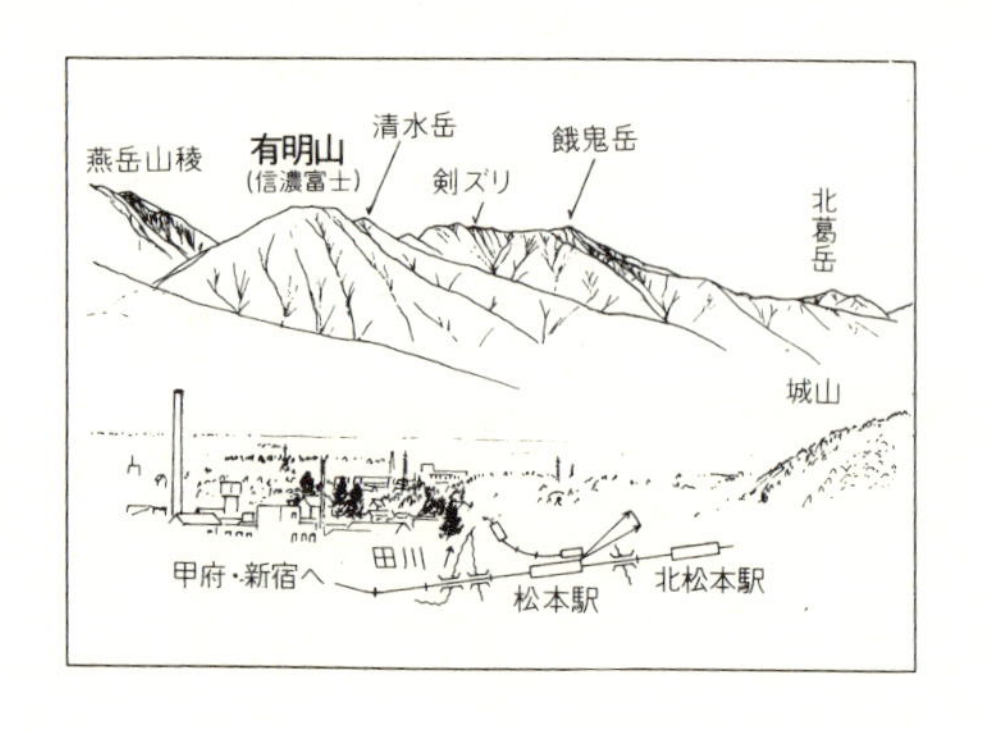

130

乗鞍岳　三〇二六メートル

乗鞍はひと目見しかばおごそかに年を深めてますます思ほゆ——長塚　節。
忘れられない想い出を残す山。

明治四十二年八月二十二日、松本郊外、浅間温泉の小柳の湯に泊まった伊藤左千夫は、

秋かぜの浅間のやどり朝露に天の門ひらく乗鞍の山

と詠んだ。また長塚節の歌集の明治四十四年の項には「乗鞍岳を憶ふ」と題し、十四首載っている。その一部を抜けば、

うるはしみ見し乗鞍は遠くして一目といへどながく矜らむ

乗鞍は一目我が見て一つのみ目にある姿我が目に我れ見つ

乗鞍はひと目見しかばおごそかに年を深めてますます思ほゆ

車窓からは、南松本あたりから松本にかけて、梓川の扇状地の奥にゆるい起伏をもって望見される。男性的な山容を誇る北アルプスの中で場違いではないかと思われるほどの、おだやかなたたずまいである。

山名の由来について。昭和六年、鉄道省が編んだ『日本案内記』の中部篇に「乗鞍の名は乗鞍、恵比寿、四ッ岳等の峯が略ぼ南北に並列して、これを西方高山盆地から遠望

すれば、恰（あたか）も馬背に似たるよりこの名が起ったといふ」とあるが、おおむね妥当なとこであろう。

この山は、春スキーで二度登った。帰りに山うどをごっそり掘って来た。でも忘れられないのは、松本民藝館の前館長丸山太郎氏との、高山・富山の小旅行である。

昭和四十年十月二十四日、平湯からタクシーでスカイラン（昭和十八年日本陸軍がつくった軍用道路を改修したもの）を鶴ヶ池まであがった。私の生まれて初めての山岳ドライブであった。消え残る新雪を踏んだ。あたりには人影もなく、小屋もしまっていた。でも、間近かに仰いだ焼岳の噴煙、紅と黄の織りなす樹々の上にせりあがる穂高岳、槍ヶ岳。紺碧の秋空。南東に重畳とせめぎあう中央アルプス、南アルプス。南にかけて、木曽の御嶽（おんたけ）。さらに遠く恵那山など。ありがたくて涙がこぼれそうになった。

高山では、時の市長日下部礼一氏のおもてなしをうけ、二泊して道具屋廻り。富山では安川慶一富山民藝館長の歓待をうけた。飲み屋で、生の魚ばかり注文して、おやじ曰く、「お客さん方、信州か甲州かね」一座大爆笑でお開きとなった。お二人ともすでに逝った。

丸山さんは、私には父、子供たちには祖父とも仰いでいる方。四十年の車掌生活で、実にいい方にめぐりあったとしみじみと思う。

車窓展望の掉尾は北ア最南の 3000m 峰。常念岳以降の４枚は松本車掌区の窓から撮影

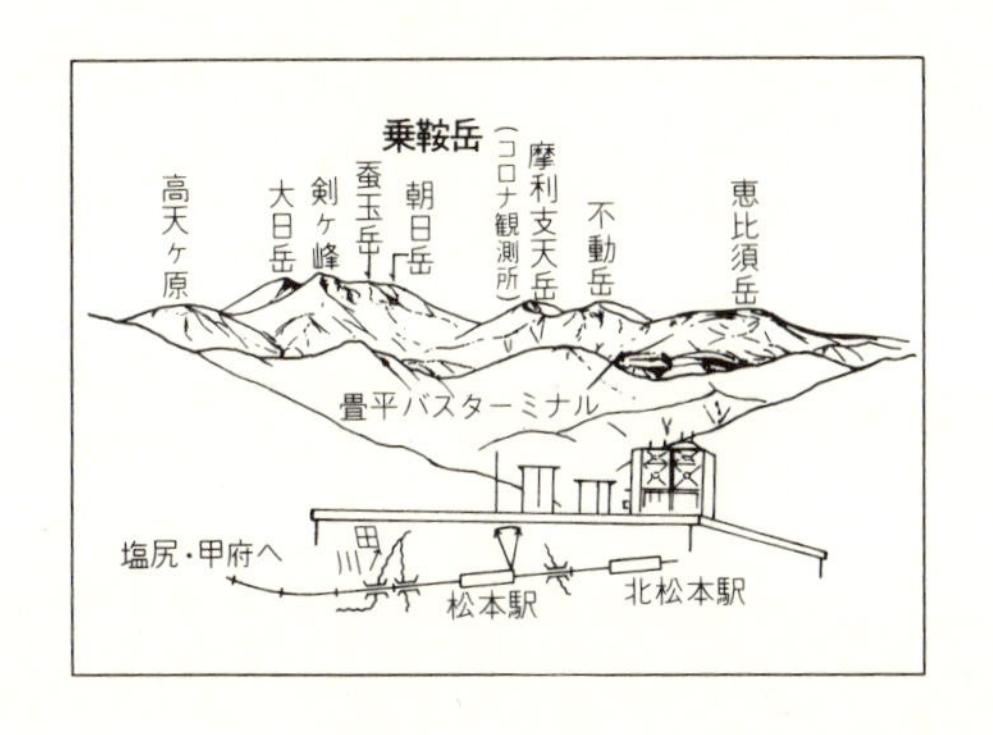

おわりに

難産だった。一冊の本をつくるのに、こんなに手間、暇がかかるとは予想だにしなかった。自分一人の力では如何ともしがたいものであることを痛感した。

展望解説図を描いて下さった東京都立練馬高校の社会科の先生、藤本一美氏。私たちの山岳展望は、時計でいえば、アナログ的だが、氏はデジタル的に計測するので正確無比である。

本文のチェックをしていただいた日本山岳会々員の横山厚夫氏。氏の山に接する態度は、ある時はマクロに、ある時はミクロにと実にくわしい。そのうえ今回は、西荻窪からの雲取山の写真までお借りしてしまった。

表紙カバーの絵をわざわざお描きいただいた山里寿男画伯。日本山岳画協会の重鎮であり、奥様が塩山市のご出身なのも何かの縁か（＊）。

編集のご面倒をおかけした実業之日本社の大森久雄氏。このような影武者（それも筆者よりはるかに有能な方々）の力によって生まれたことを改めて告白する次第である。

本書の元（もと）になったのは、一九八一年一月から翌年八月にかけて朝日新聞山梨版に断続的に連載した「観望旅行──車窓の山々」である。これを加除改訂のうえ、前後、武蔵野

（＊）文庫版編集部注：オリジナル版のカバーについてです。
文庫版とは異なります

と信州分を加えたのが本書である。いってみれば〝キセル乗車〟といったところか。

中央線に満三十九年間乗務していれば、沿線のどの家で、どんな柄のフトンを干すかまで知っていたつもりであった。また、この辺の山を四十五年も登って、イッパシのつもりでもあった。ところが、いざその気になってみると、あまりにも見落し、思いちがいの多かったことに改めて驚いた。

本書で、もし自慢する点があるとすれば、通り一辺の旅では見ることのできにくい山をとりあげたこと。例えば、竜王駅の太刀岡山の二枚の写真。長坂─小淵沢間の穂高岳。下諏訪の経ヶ岳。信濃川島の手前からの赤石岳。荒川三山。塩見岳。村井からの仙丈岳などである。

次は引用の出典を明示したこと。これは、逆にいえば、市井の無学な者にとっては責任のがれでもあった。

ただ残念なのは、いくつかの山をスペースの関係で心ならずも割愛してしまったことである。これらは読者諸賢がそれぞれの山旅記を綴っていただけたらと思っている。なお掲載写真は、この五年間に撮りだめたものの中から使ったので、現状と若干異なったものもあるが了とされたい。

ところで、引用した文献中、頻繁に出てくる江戸時代のものの解説を若干試みたい。

『新編武蔵国風土記稿』昌平坂学問所で編纂。天保元年（一八三〇）頃完成した。二六

五巻。明治十七年、内務省地理局から出版された。

『新編相模国風土記稿』前記書の完成した後、天保十二年（一八四一）脱稿、一二六巻。同じく明治十七年から四年間かけて刊行。両者共に、江戸時代の官撰の地誌である。

『甲斐国志』甲府勤番支配の松平定能が幕命をうけ、文化十一年（一八一四）に完成した。一二三巻、甲州の代表的地誌。現在七種の刊本があり、内容に若干の差異がある。

『甲斐名勝志』天明六年（一七八六）、現在の山梨市の国学者、萩原元克が甲州一円を踏査して、名勝、社寺などの沿革を記したもの。

『甲斐叢記』現在の山梨県甲西町の大森快庵が、甲州の概説、名所旧跡、山川、社寺などを街道別に記している。さし絵入りで嘉永四年（一八五一）刊行。

『裏見寒話』甲府勤番士、野田成方が三十年間にわたち山梨県下の社寺、山河、地名のいわれ、口碑、伝説、奇譚などを記録。宝暦二年（一七五二）三男の正芳が訂追補、写本として流布。題名は「葛の葉や裏見て寒し甲斐の不二」と詠んだ成方の遺詠から名付けられた。

『甲陽軍鑑』甲州流の軍学書、全二〇巻。軍学者小幡景憲が集成したという、江戸時代のベストセラーの一つ。しかし史書としての価値はあまりない。

『信府統記』松本藩主、水野家が編纂した、領内をはじめ、信州一円にわたる地誌。全二二巻、享保九年（一七二四）完成。

その他、柳沢吉保につかえた、荻生徂徠の『峡中紀行』『風流使者記』（宝永三年〈一七〇六〉刊）などがある。

＊

とにかく、やっと日の目を見ることになった。側面から応援していただいた日本山岳会の、三田幸夫、島田巽、山崎安治、近藤信行、宮下啓三の各氏をはじめ図書委員会のメンバーや、前松本民藝館長の丸山太郎氏、古くからの岳友、田中義元氏（写真を全部焼いていただいた）、石垣政雄、平井和雄の諸兄。職場の今井洋地、堀口丈夫、山本稔、篠原健夫の若い山仲間、そして鶴城山岳会の面々に感謝の意を表したい。

また、山を人文的にとらえる楽しさを教えて下さった、元甲府中学校山岳部長、嶋田武先生。小学校時代、「綴り方」を徹底的に仕込んでいただいた、歌誌「むらやま」の主宰者、高根良徹先生（二人ともご健在）に心から御礼申し上げる次第である。

終わりに、戦中戦後の困難な時代、山登りなどという非生産的な遊びをゆるしてくれた亡き両親、家庭を持ってからは妻の秀子、子供の聖と光（南アルプスの山の名前を親の道楽で名付けられ、さぞ迷惑なことだろう）などに、改めて「有難う」といいたい。

一九八四年十二月

山村正光

著　者
山村正光（やまむら　まさみつ）

昭和2年、山梨県生まれ。旧制甲府中学の山岳部入部以来、南アルプス全域のほか、甲州、信州の山に足跡を残す。日本山岳会会員。
昭和20年12月、汽車にタダで乗れるからというのが唯一の理由で国鉄に入り、以来40年間、甲府車掌区に在勤。主に中央線の車掌として新宿－松本間をおよそ4000回乗務、昭和60年3月末に退職。せっかく汽車にタダで乗れるから入った国鉄も、北は北海道、西は広島までしか行ったことなし。この40年を支えていたもの、それはただ、中央線沿線の風光と車掌という仕事が好きだったから。

車窓の山旅（しゃそうのやまたび）　中央線から見える山（ちゅうおうせんからみえるやま）
2017年11月15日　初版第一刷発行

著　者……………… 山村正光
発行者……………… 岩野裕一
発行所……………… 株式会社実業之日本社
〒153-0044　東京都目黒区大橋1-5-1 クロスエアタワー8階
電話【編集部】03-6809-0452
【販売部】03-6809-0495
http://www.j-n.co.jp/
印刷・製本………………大日本印刷株式会社

ISBN978-4-408-45693-5（第一趣味）